Le conflit israélo-palestinien : que dit le droit ?

Comprendre le Moyen-Orient

Collection dirigée par Jean-Paul Chagnollaud

De la Méditerranée Orientale à l'ancienne Perse, lieu d'émergence de prestigieuses civilisations et berceau des trois grandes religions monothéistes, le Moyen-Orient est une région unique par l'importance extraordinaire de ce qu'elle a donné au monde.

Aujourd'hui il est le théâtre de tant de drames enchevêtrés que les origines des conflits comme les enjeux en présence se perdent souvent dans le tumulte des combats : vu de l'Occident, il paraît plus « compliqué » que jamais au point que beaucoup renoncent à y voir clair.

Il est pourtant indispensable de chercher à comprendre ce qui s'y passe car le destin de cette région nous concerne directement : outre les liens religieux, culturels et politiques que l'histoire a tissés entre nous, les bouleversements constants qui la secouent affectent gravement nos ressources énergétiques, nos équilibres économiques et même notre sécurité.

Loin des rigidités idéologiques et des conceptions a priori, cette collection entend contribuer à rendre plus intelligibles ces réalités apparemment insaisissables en publiant des ouvrages capables de susciter une véritable réflexion critique sur les mouvements profonds qui animent ces sociétés aussi bien que sur le jeu complexe des relations internationales.

Elle est ouverte à tous ceux qui partagent cette ambition intellectuelle.

Dernières parutions

Rodrigue EL HOUEISS, *Anecdotes du Liban. Reflets d'un peuple*, 2023.

Héloïse DROSS, *Les talibans face à l'opium*, 2023.

Jacques POUS, *Palestine (1917-1949), Figures d'un Colonialisme de Remplacement*, 2023.

Sabri CIGERLI, *Le Kurdistan. Dans les archives diplomatiques françaises (1945-1979)*, 2023.

Habib Gherari

Le conflit israélo-palestinien : que dit le droit ?

L'Harmattan

5-7, rue de l'École-Polytechnique ; 75005 Paris

http://www.editions-harmattan.fr

ISBN : 978-2-336-44440-6

EAN : 9782336444406

À mes deux « L ».

« Ben-Yehuda, comme Einstein, disait que les Juifs
et les Arabes étaient *mishpacha*, une famille,
qu'ils devaient partager la terre et vivre ensemble. »
Colum McCann, *Apeirogon*, 2020.

Sommaire

Liste des sigles et abréviations

AGNU	Assemblée générale des Nations unies
CDI	Commission du droit international
CEDH	Cour européenne des droits de l'homme
CICR	Comité international de la Croix-Rouge
CIJ	Cour internationale de Justice
CJUE	Cour de justice de l'Union Européenne
CNUCED	Conférence des Nations Unies sur le commerce et le développement
CPI	Cour pénale internationale
DIH	Droit international humanitaire
JOUE	Journal officiel de l'Union européenne
LGDJ	Librairie de droit et de jurisprudence
MSF	Médecins sans frontières
OMS	Organisation mondiale de la santé
ONG	Organisation non gouvernementale
ONU	Organisation des Nations Unies
P.	page(s)
PUF	Presses universitaires de France
S.	Suivants
SDN	Société des Nations

UE	Union européenne
UNESCO	Organisation des Nations Unies pour l'éducation, la science et la culture
UNICEF	Fonds des Nations unies pour l'enfance
UNRWA	Office de secours et de travaux des Nations unies pour les réfugiés de Palestine dans le Proche-Orient
UNSCOP	United Nations Special Committee on Palestine
Vol.	Volume

Introduction

Les racines du conflit israélo-palestinien remontent au début du 20e siècle lorsque la Grande-Bretagne a promis la terre palestinienne, alors sous autorité ottomane, à la communauté juive pour y créer son « foyer national ». Après bien des péripéties, entre crises et accalmies, le projet aboutit et Israël voit le jour en 1948, à la grande différence de l'État palestinien qui suivra un tout autre destin et se cherche encore. Tous deux étaient pourtant prévus par un plan de partage de la Palestine préparé par l'ONU et voté par son Assemblée générale en 1947 après que la Grande-Bretagne eût annoncé sa décision de mettre fin à ses responsabilités et au mandat que la SDN lui avait confié au sortir de la Première Guerre mondiale.

Même s'il a été proclamé officiellement et unilatéralement en 1988, et même s'il est reconnu en tant qu'État par 139 pays (chiffre qui pourrait augmenter si l'on en croit les déclarations récentes de certains pays européens), l'État de Palestine ne contrôle toujours pas son territoire, car celui-ci est occupé par Israël. Et les pays qui le considèrent comme État l'ont d'ailleurs fait en étant conscients des particularités de sa situation. Après plusieurs guerres contre les pays arabes, Israël occupe en effet le territoire de la Palestine (en gros, la Cisjordanie, y compris Jérusalem-Est, et la bande de Gaza), et cela depuis près de 57 ans. S'est alors installé un conflit toujours non résolu à ce jour alors que les paramètres de sa solution sont connus de tous et depuis longtemps. Et aujourd'hui, il est légitime de s'inquiéter devant la violence dans laquelle baigne constamment celui-ci, la division et la faiblesse des Palestiniens et les desseins, à peine dissimulés, des gouvernements israéliens quant à l'avenir de ce territoire. Sans véritable État, sans armée, sans administration, économiquement faibles et dépendants de l'État d'Israël et de l'aide étrangère, divisés plus que jamais, et subissant l'apathie de la communauté internationale face à leur drame, les Palestiniens ne semblent plus peser ni compter alors que face à eux se dresse un État fort, reconnu et soutenu, moderne et performant qui leur est, diplomatiquement, économiquement et militairement, incomparablement supérieur. Une asymétrie si criante, un blocage si persistant, des drames si nombreux et une souffrance sans fin vécus par les deux peuples, une situation humanitaire désespérée, conduisent à penser que le droit est susceptible d'offrir une lueur d'espoir, pour peu bien sûr qu'il soit pris en compte et respecté, ce qui - on en conviendra - est tout sauf évident.

Les deux parties ont une approche différente de la place du droit dans le conflit qui les oppose. Les Palestiniens sont bien conscients des enjeux qui se jouent autour de l'invocation du droit international et de leur intérêt à s'en servir. Ainsi le Président de l'Autorité palestinienne pouvait-il déclarer en 2011 sa volonté de saisir les organes de surveillance des droits de l'homme ainsi que la Cour internationale de Justice (CIJ). De fait, la Palestine a adhéré à de multiples grandes conventions internationales, notamment sur les droits de l'homme et le droit humanitaire, et demandé, avec des succès divers, à devenir membre de plusieurs organisations et instances internationales (ONU, UNESCO, groupe des 77...) Après moult hésitations, elle a fini par intégrer la Cour pénale internationale (CPI) et œuvré avec succès pour que la Cour internationale de Justice soit saisie d'une demande, formulée par l'Assemblée générale de l'ONU, d'un deuxième avis consultatif après celui rendu en 2004 et demeuré sans suite. On a parlé à ce propos d'une véritable « offensive juridique ». Après la riposte d'Israël à l'opération *Déluge d'Al Aqsa* lancée par le Hamas en octobre 2023, l'Afrique du Sud a saisi la Cour internationale de Justice d'une requête contre Israël pour génocide. Et celle-ci a déjà rendu une ordonnance, le 26 janvier 2024, portant sur les mesures conservatoires sollicitées par l'Afrique du Sud en attendant le procès sur le fond. Du 19 au 26 février 2024 ont eu lieu les audiences consacrées à l'avis demandé par l'Assemblée générale de l'ONU à propos de la légalité de l'occupation israélienne du territoire palestinien et prévues pour une cinquantaine d'interventions.

Côté israélien, l'approche à l'égard du droit est imprégnée de méfiance et de distance et la gestion du conflit privilégie le recours à la force sous ses diverses formes, la supériorité de ce pays en la matière étant écrasante et ses soutiens internationaux pèsent de façon déterminante. À l'inverse de la Palestine, Israël, quand il le peut, fuit le droit international, ou alors en retient l'interprétation qui lui est systématiquement la plus favorable, quitte à être désavoué ensuite. Le plus souvent, il se dérobe devant les juridictions internationales (ainsi n'a-t-il pas jugé bon de se présenter devant la CIJ statuant sur l'avis consultatif précité) ou tente de les convaincre de ne pas examiner le problème qui leur est soumis. En résumé, l'État hébreu entend, autant que possible, amoindrir l'impact du facteur juridique sur le conflit comme en témoignent, entre autres, les suites qu'il ne donne quasi-systématiquement pas aux décisions internationales.

Au total, deux politiques juridiques opposées, l'une offensive, l'autre défensive.

À regarder les événements les plus récents, et en particulier la violence déclenchée par le Hamas, organisation qualifiée de terroriste, et son opération *Déluge d'Al-Aqsa*, on pourrait penser que le tableau que l'on vient rapidement d'esquisser est par trop schématique, même s'il est simplifié par la force des choses. Deux observations, cependant. D'une part, le Hamas ne représente ni la Palestine ni le peuple palestinien, c'est un mouvement nationaliste et l'autorité *de facto* de la bande de Gaza. D'autre part, si l'invocation par Israël de la légitime défense en réponse à cette attaque relève bien du registre juridique, c'est une tout autre question de savoir si ce droit est fondé en l'espèce et s'il est exercé dans les faits conformément aux conditions dont il est habituellement entouré. Et à la supposer fondée, la légitime défense n'exonère pas du respect d'autres obligations, notamment celles du droit international humanitaire. On revient alors à l'idée, présentée à l'instant, d'une interprétation orientée et du coup contestable du droit.

Dès lors il devient indispensable d'interroger le droit international, pour connaître le bien-fondé des positions des uns et des autres. Aborder ici la question palestinienne sous l'angle du droit international revient à s'interroger sur ce que dit le droit sur les revendications et positions de la Palestine et des Palestiniens, comme sur celles d'Israël et des Israéliens. L'ensemble des règles et principes examinés n'a pas été conçu pour avantager ou pénaliser telle ou telle partie de ce drame à répétition. En ce sens on pourrait dire que ces règles sont objectives, et donc crédibles pour montrer la voie à suivre afin de tourner la page d'une confrontation lourde de conséquences négatives et de drames sur bien des plans, mais avant tout sur le plan humain, avec ses trop nombreux morts et blessés et ses souffrances sans fin.

Sans prétendre à l'exhaustivité, impossible au demeurant pour un conflit si long et des plus complexes, notre propos sera divisé en trois chapitres pour examiner les principaux aspects juridiques pertinents. Mais avant de ce faire, cet ensemble sera précédé par un chapitre historique, indispensable pour comprendre la portée de l'analyse proprement juridique.

Notre feuille de route se décompose comme suit :

1/ **Chapitre I : « Aux origines du conflit »** : il s'agit d'un rappel à grands traits de l'histoire de ce conflit en partant de la déclaration Balfour jusqu'aux récentes opérations militaires du Hamas et d'Israël, toujours en cours à l'heure de relecture de ces lignes (mi-février 2024). Cela permettra d'évoquer la naissance d'Israël, les conflits armés entre Israël et les pays arabes, la quête d'un État par les Palestiniens, le processus d'Oslo et son échec, l'impasse et les violences qui marquent ces dernières années.

2/ **Chapitre II/ « Le droit à l'autodétermination du peuple palestinien »**. C'est le fondement juridique qui justifie le droit des Palestiniens à un État sur le territoire désigné habituellement comme « le territoire palestinien occupé ». Simple dans sa signification, la mise en œuvre de ce droit se heurte à de nombreux obstacles, parmi lesquels l'occupation sans fin et la politique résolue en faveur des colonies israéliennes au point que l'on évoque une sorte d'annexion de fait et peut-être bientôt de droit. Une analyse juridique montrera l'ampleur des obstacles qui se dressent sur la route de l'émancipation palestinienne.

3/ **Chapitre III/ « Le droit international humanitaire et les droits de l'homme »**. Quel est le sort fait au droit international humanitaire et aux droits de l'homme dans le territoire palestinien occupé ? Tel est le fil conducteur de ce troisième volet de l'ouvrage. La position d'Israël et son comportement concret seront évoqués de même que l'appréciation qui en a été retenue par différentes instances et juridictions internationales. Le dernier point est consacré au débat, vif et passionné, relatif à l'existence ou non d'une politique israélienne d'apartheid. Seront rappelés les termes de ce débat et les positions prises par un certain nombre d'acteurs.

4/ **Chapitre IV/ « La justice internationale ».** Différents tribunaux internationaux ont connu ou connaissent actuellement de la question palestinienne, et cela, de façon directe ou indirecte. Sont présentées les affaires et, lorsqu'elles existent, les décisions des juridictions suivantes : la Cour internationale de Justice, la Cour pénale internationale, la Cour de justice de l'Union européenne, la Cour européenne des droits de l'homme ainsi que le Comité de l'ONU pour l'élimination de la discrimination raciale.

L'écriture de cet ouvrage s'est achevée à la mi-février 2024.

CHAPITRE I.

Aux origines du conflit

1– Il existe d'excellents ouvrages et de nombreuses études sur l'histoire de ce conflit, riches d'analyses fines et d'informations précieuses, et les uns et les autres ont d'ailleurs été utilisés pour la rédaction du présent chapitre (une bibliographie indicative se trouve à la fin de cet ouvrage). Il n'est bien évidemment pas question de retracer ici cette histoire bien documentée et fort bien connue maintenant. En revanche, un historique, bref et portant sur l'essentiel, paraît un préalable indispensable à l'examen juridique auquel il sera ensuite procédé. Avoir à l'esprit les caractéristiques fondamentales de la création de l'État d'Israël et du sort du peuple palestinien permet de mieux comprendre la portée humaine, sociale, économique et politique des principes juridiques exposés ensuite. Cela permet aussi de percevoir un certain nombre de permanences dans cette histoire dont la connaissance ne peut qu'alimenter la réflexion sur la légitimité des positions, actuelles et anciennes, défendues par les parties prenantes.

2– Une césure importante résulte de la naissance de l'État d'Israël avec en quelque sorte un avant et un après. Raison pour laquelle, c'est autour de cette idée que cette approche historique a été ordonnée. La première section couvre ainsi la période qui va de la déclaration Balfour (1917) à l'émergence de l'État d'Israël (1948). La seconde, elle, rend compte de la période qui court depuis cet événement (1948-2024).

SECTION 1/
L'ignorance des droits du peuple palestinien

3– C'est en effet ce qui frappe lorsque l'on se penche sur cette séquence historique si décisive pour la suite. Elle est marquée par la déclaration Balfour, le mandat sur la Palestine confié à la Grande-Bretagne par la Société des Nations (SDN), vu tant dans sa teneur que dans sa mise en œuvre, et, enfin, le plan de partage de l'Organisation des Nations Unies (ONU).

§1/ La déclaration Balfour, une initiative lourde de conséquences

4– C'est un texte aussi célèbre que fondamental dans la genèse du contentieux israélo-palestinien. De quoi s'agit-il ? Citons-le d'abord dans son intégralité compte tenu du rôle qu'il a joué.

« Cher Lord Rothschild,

J'ai le grand plaisir de vous transmettre, de la part du gouvernement de Sa Majesté, la déclaration suivante de sympathie avec les aspirations juives sionistes, qui a été soumise au cabinet et approuvée par lui.

Le gouvernement de Sa Majesté envisage favorablement l'établissement en Palestine d'un foyer national pour les Juifs et fera tout ce qui est en son pouvoir pour faciliter la réalisation de cet objectif, étant clairement entendu que rien ne sera fait qui puisse porter atteinte soit aux droits civils et religieux des collectivités non juives existant en Palestine, soit aux droits et au statut politique dont les Juifs disposent dans tout autre pays.

Je vous serais obligé de porter cette déclaration à la connaissance de la Fédération sioniste.

— Arthur James Balfour »

5– Quelques mois plus tôt, le ministre des Affaires étrangères anglais, Lord Balfour, demande à Lord Rothschild, membre connu de la communauté juive britannique et soutien très important du mouvement sioniste, et à Chaïm Weizmann, membre de la même communauté et tout aussi connu, car il avait, des années auparavant, contribué de façon significative à l'effort de guerre britannique, de mettre au point un projet de déclaration portant sur l'appui du gouvernement britannique à l'immigration juive en Palestine. Après plusieurs échanges sur la forme et les termes du projet, celui-ci se présente sous la forme d'une lettre adressée par Lord Balfour à Lord Rothschild, le 2 novembre 1917 (et publiée dans le *Times* de Londres quelques jours plus tard).

6– Avant d'en mesurer la portée, il n'est pas inintéressant de resituer cette déclaration dans son contexte, lequel offre un précieux éclairage sur ses raisons et ses objectifs. À cette époque, la Palestine faisait partie de l'Empire ottoman comme d'ailleurs d'autres futurs États arabes. De son côté l'Organisation sioniste mondiale, qui voit le jour en 1897, œuvre à la naissance d'un État pour les Juifs considérant que l'assimilation était impossible et qu'il fallait réagir aux différents pogroms subis par la communauté juive en Russie et ailleurs. Il faut toutefois savoir que le territoire palestinien n'était pas le seul visé par cette ambition, d'autres alternatives (par exemple l'Ouganda ou le nord-est du Sinaï) avaient également été examinées ; mais finalement le Congrès sioniste mondial fixa son choix sur la Palestine. Si l'on voit aisément l'intérêt que cette prise de position présentait pour la communauté juive et plus particulièrement pour le mouvement sioniste mondial, qu'en était-il pour la Grande-Bretagne ? Par cet engagement, ce pays travaillait en réalité à servir ses propres intérêts, immédiats et lointains, même si bien des membres du cabinet britannique de l'époque avaient de la sympathie pour la cause sioniste. Qu'est-ce à dire ?

7– 1917 marque un moment critique de la Première Guerre mondiale et la Grande-Bretagne cherche des alliés et une stratégie contre l'Empire ottoman d'autant que sur ce front, elle ne remporte pas, dans un premier temps du moins, les succès militaires escomptés. C'est ainsi qu'en 1915, par une correspondance entre Mac Mahon et le Chérif Hussein du Héjaz, elle promet à ce dernier la reconnaissance de l'indépendance d'un État arabe sur chaque parcelle de territoire libéré de l'emprise ottomane. Le but est d'affaiblir l'Empire ottoman et pour cela de susciter des troubles en son sein, et de fait un soulèvement arabe contre Istanbul prend forme dès le 5 juin 1916. D'un autre côté, elle compte sur la communauté juive pour influencer plusieurs États comme la Russie ou les États-Unis, la Russie pour la dissuader de se retirer de la guerre et les États-Unis pour au contraire conforter leur récent engagement dans les hostilités. Un régiment juif (la légion juive) est également créé, le 23 août 1917, au sein de l'armée britannique. Un intérêt plus à long terme doit également être mentionné, celui de sécuriser la route des Indes et de s'implanter durablement au Moyen-Orient en ayant, qui plus est, un allié reconnaissant sur place qui pourrait l'aider dans sa compétition avec l'allié-rival français. Peut-être y a-t-il également là une volonté de préserver la Grande-Bretagne de l'immigration juive.

8– Ces promesses ne sont d'ailleurs pas sans contradiction entre elles tant « Londres avait tout promis à tout le monde ou presque... »[1], car celle en faveur de l'indépendance arabe télescope de plein fouet l'Accord Sykes-Picot de 1916 par lequel France et Grande-Bretagne se sont partagées les possessions de l'Empire ottoman au Moyen-Orient pour en faire des zones d'influence une fois les combats terminés (Liban et Syrie pour la première, Arabie, Irak, Palestine et Transjordanie pour la seconde). Celle en faveur des Juifs ignore la promesse faite aux Arabes et bien sûr l'existence et les droits du peuple palestinien[2].

9– La déclaration Balfour feint de croire que la Palestine est en quelque sorte une *terra nullius* (une terre sans maître) alors même que si, à la fin de la période ottomane, la population juive y est estimée entre 5.000 et 82.000 personnes, la population arabe (musulmans, chrétiens, Druzes et autres) dépasse, quant à elle, 600 000 âmes. La déclaration présente cette écrasante majorité comme une pluralité de « collectivités » « non-juives ». Et ces dernières voient protéger uniquement leurs droits « civils et religieux ». Nulle mention n'est donc faite de leurs droits « politiques », à la différence « des droits et statut politique dont les Juifs jouissent dans les autres pays » et que la déclaration dit ne pas vouloir affecter. Cela n'est pas non plus sans cohérence avec le slogan sioniste de l'époque (sioniste-chrétien avant de devenir sioniste-juif)[3] : « une terre sans peuple pour un peuple sans terre ». Et aujourd'hui encore, les autorités israéliennes se servent notamment de ce texte pour faire valoir que toute la Palestine leur était promise à l'exclusion de toute autre communauté[4]. Inutile d'indiquer que la Grande-Bretagne n'avait aucun titre juridique pour prendre un tel engagement. Comme Arthur Koestler a pu le résumer de façon saisissante, « une nation a solennellement promis à une seconde le territoire d'une troisième... ».

---

[1] P. Blanc et J-P. Chagnollaud, *L'invention tragique du Moyen-Orient*, Autrement, 2017, p. 22.

[2] « La Palestine, une terre deux fois promise », 7.01.2024 (www.lemonde.fr).

[3] J-P. Filiu, *Comment la Palestine fut perdue et pourquoi Israël n'a pas gagné*, le Seuil, 2024, p. 37.

[4] Voir notamment le rapport Levy de 2012 rédigé à la demande du gouvernement israélien : *Unprecedent. A Legal Analysis of the Report of the Committee to Examine the Status of Building in Judea and Samaria [the West Bank] ("The Levy Committee") – International and Administrative Aspects* (https://www.yesh-din.org/en/unprecedented-a-legal-analysis-of-the-report-of-the-committee-to-examine-the-status-of-building-in-judea-and-samaria-the-levy-committee/).

§2/ Un mandat britannique ignorant le peuple arabe palestinien et ses droits

10– Les (14) territoires des puissances vaincues après le premier conflit mondial allaient être régis par l'article 22 du Pacte de la Société des Nations organisant le système des mandats. Celui-ci masquait en réalité des visées coloniales à peine dissimulées en raison de l'insistance du Président américain, Woodrow Wilson, sur le droit des peuples à disposer d'eux-mêmes. Trois types de mandats (A, B et C) étaient prévus selon, entre autres considérations, le degré de développement des populations concernées, autrefois administrées par les puissances défaites. Et c'est le mandat A qui fut choisi pour les territoires détachés de l'Empire ottoman, dont la Palestine. Ce type de mandat était destiné aux populations dont l'existence en tant que nations indépendantes peut être, dit l'article 22, reconnue provisoirement, pourvu qu'un pays mandataire les guide et les conseille jusqu'au moment où elles pourront se diriger seules. On peut donc en déduire que ces populations avaient vocation à l'indépendance, laquelle était simplement différée[1].

11– Les territoires autrefois sous souveraineté ottomane furent, en droite ligne de l'Accord Sykes-Picot évoqué plus haut, attribués respectivement à la France (Liban et Syrie) et à la Grande-Bretagne (Irak, Palestine et Transjordanie), et ce lors de la conférence de San Remo du 25 avril 1920 ; choix avalisé ensuite par la Société des Nations, le 24 juillet 1922. Tous ces pays ont, quelques années plus tard, accédé à l'indépendance, alors que la Palestine suivra un autre chemin bien plus tourmenté. C'est que le mandat sur la Palestine présentait un fort particularisme, à savoir que la déclaration Balfour y est mentionnée et quasiment reproduite mot pour mot - ce qui lui procurait cette fois un appui international -, avec en plus un ajout significatif, à savoir « *que cette déclaration comporte la reconnaissance des liens historiques du peuple juif avec la Palestine et des raisons de la reconstitution de son foyer national en ce pays.* » Mais surtout, la déclaration oriente fondamentalement le mandat dans la mesure où, entre autres exemples, l'article 2 dit bien que la Grande-Bretagne aura pour mission d'instituer dans le pays un état de choses politique, administratif et économique de nature à assurer l'établissement du foyer national juif... L'Organisation

---

[1] P. Daillier, M. Forteau et A. Pellet, *Droit international public*, LGDJ, 2009, p. 543-544 ; Ch. Rousseau, *Droit international public*, tome II, Sirey, 1974, p. 382.

sioniste est reconnue comme une entité qui donnera des avis et coopérera avec les autorités anglaises pour réaliser cet objectif (article 3). De même, la Grande-Bretagne « facilitera l'immigration juive... encouragera l'établissement intensif des Juifs sur les terres du pays » (article 6), s'entendra avec l'agence juive pour développer les ressources naturelles du pays (article 11), etc.

12– Est-il besoin de préciser que le peuple arabe palestinien (l'immense majorité de la population) n'a jamais été consulté sur les termes du mandat (ni d'ailleurs sur son principe), et il est vraisemblable que la Grande-Bretagne était bien consciente de son profond rejet du mandat et du projet sioniste. De même, aucun compte n'a été tenu des conclusions de la Commission d'enquête *King-Crane*, du nom de ses deux membres américains (France et Grande-Bretagne refusèrent d'y nommer leurs délégués), qui, devant le désir d'indépendance du peuple palestinien et son hostilité profonde au programme sioniste, qualifié par elle « d'extrémiste et au fondement non sérieux », indiquent que celui-ci devra subir une modification profonde et que force devrait revenir au principe de l'autodétermination des peuples cher au Président Wilson[1]. C'est peu dire que ces dernières recommandations n'ont guère retenu l'attention alors même que, comme le rappelle la Cour internationale de Justice (CIJ) : « (l)e mandat avait été créé *dans l'intérêt des habitants du territoire* et de l'humanité en général, comme une institution internationale à laquelle était assignée une mission sacrée de civilisation... (Et) *Cette mission devait être exercée au profit des populations en cause* auxquelles on reconnaissait des intérêts propres. »[2] On reste en effet frappé par la contradiction entre les termes du mandat britannique et ceux de l'article 22 du Pacte de la Société des Nations, lequel insiste sur « le bien-être et le développement des peuples (concernés) qui forment une mission sacrée de civilisation ».

§3/ L'impasse de la mise en œuvre

13– Avec de telles prémices, il n'est guère surprenant que la mise en œuvre du mandat britannique ait finalement débouché sur une impasse poussant la Grande-Bretagne à se défausser sur l'ONU pour décider du sort de la Palestine. En fait, ce pays va finalement prendre conscience des

---

[1] ONU, *Origines et évolution du problème palestinien, 1917-1988*, Étude établie à l'intention et sous la direction du Comité pour l'exercice des droits inaliénables du peuple palestinien, 1990, p. 26.

[2] *Certaines terres à phosphates à Nauru, arrêt du 26 juin 1992*, CIJ Recueil 1992, p. 256, § 41 (italiques ajoutés).

aspirations et de la résistance des Palestiniens face aux ambitions du mouvement sioniste. Contradiction qu'il ne réussira tout simplement pas à surmonter.

14– Dans un premier temps, le projet d'implantation juive, favorisé par le mandataire, progressa régulièrement avec une immigration et un achat de terres en constante augmentation. Dès les années 1880 la communauté juive, estimée à 3 % de la population vivant essentiellement dans les villes, voit ses rangs grossir grâce à plusieurs *alyas* (« ascension » ou « élévation spirituelle » désignant l'immigration en Israël par un Juif) : une première *alya* forte de dizaines de milliers de Juifs fuyant les pogroms russes, une deuxième à partir de 1904 avec quelque 40.000 migrants juifs, une troisième entre 1919 et 1922 formée de 35.000 juifs notamment de Pologne, une quatrième de 60.000 migrants entre 1924 et 1926, une cinquième de 250.000 juifs fuyant le nazisme à partir de 1933. Sur ce dernier point, on sait que l'Allemagne nazie et le mouvement sioniste ont trouvé un modus vivendi pour faciliter l'immigration juive vers la Palestine[1]. Et encore n'est pas ici prise en compte l'immigration illégale qui, elle aussi, monta en puissance notamment à partir de 1934 dans le contexte rappelé à l'instant.

15– En 1939, on compte alors 445.000 juifs sur une population totale de 1,5 million d'habitants, soit presque un tiers de la population totale contre 10 %, 20 ans plus tôt[2]. L'achat de terres palestiniennes par les Juifs poursuivit son essor, surtout qu'il était organisé de longue date et assuré d'un financement régulier. Outre les initiatives privées de l'étranger, fut créé dès 1901 le Fonds national juif destiné à cette fin. Les terres appartenaient à des propriétaires palestiniens vivant dans les villes ou à l'étranger et les métayers qui y travaillaient depuis plusieurs générations se sont retrouvés évincés car, dans la plupart des cas, les nouveaux propriétaires refusaient d'employer de la main d'œuvre non-juive. La communauté juive compléta et perfectionna également son organisation (création de l'agence juive interlocutrice des autorités anglaises, de la Haganah, une milice d'autodéfense préfigurant la future armée israélienne, etc.)

---

[1] « Il y a 90 ans, le « transfert » négocié de Juifs allemands vers la Palestine », 6.8.2023 (www.lemonde.fr).

[2] ONU, *Origines et évolution du problème palestinien, 1917-1988*, *op. cit.*, p. 45.

16– Compte tenu de l'objectif poursuivi par la communauté juive, de l'ampleur prise par sa réalisation et de l'appui qui lui était accordé par les autorités anglaises, il était inévitable qu'à un moment la population palestinienne réagisse. Déjà en 1920 (Jérusalem) et 1921 (Jaffa), on assista à des émeutes et des violences contre les Juifs. En 1929, de nouvelles émeutes et des violences à Jérusalem, Jaffa, Hébron et Safad se soldent par plusieurs dizaines de morts aussi bien arabes que juifs. Ce climat poussa la Grande-Bretagne à publier son deuxième livre blanc qui limitait, pour la première fois, l'immigration juive et s'inspirait des rapports *Shaw* et *Passfield* identifiant les achats de terres par des Juifs et l'immigration juive comme étant à l'origine des troubles. Mais très vite la Grande-Bretagne recule, de nouveau en faveur des visées sionistes (lettre de *Ramsay MacDonald* de 1931).

17– Le mouvement de protestation repart alors de plus belle malgré les divisions des Palestiniens. La reprise de l'immigration ainsi que la persistance du problème de fond expliquent la révolte arabe à partir de 1936 contre les Juifs mais aussi les Anglais avec un appel à la grève générale pour la fin de l'immigration juive et du transfert des terres palestiniennes ainsi que pour la formation d'un gouvernement national. Un personnage important, devenu un symbole depuis, apparaît alors : Ezzedine Al-Quassam. Religieux et prédicateur, il prêche en faveur de la révolte armée, réunit des fidèles, livre bataille aux forces armées britanniques, mais finit par être tué[1]. En 1936, le Haut Comité arabe voit le jour sous la direction du grand mufti de Jérusalem, Amin al-Husseini. Et cette révolte se généralise avec notamment un attentat sur un convoi de taxis et des émeutes avec leur lot de morts et de blessés dans les deux camps. L'État d'urgence est décrété, des troupes anglaises de l'étranger sont appelées en renfort, et une répression féroce s'abat sur la population palestinienne avec punitions collectives (démolitions de maisons), recours à la torture et à la détention administrative, déportations, condamnations à mort, collaboration entre les forces britanniques et la Haganah, etc. Des représailles juives s'ajoutent à la forte réaction anglaise.

18– La Grande-Bretagne crée alors, en plein milieu de ce soulèvement (1937), une commission (la *Commission Peel)* pour réfléchir au pourquoi de ces événements, qui recommande, et ce, pour la première fois, la partition du pays. Deux difficultés apparaissent dès le départ : d'une part,

---

[1] X. Baron, *Les Palestiniens. Genèse d'une nation*, Points, Histoire, 2000, p. 45-49.

un transfert de populations envisagé pour résoudre les difficultés nées de la non-correspondance entre l'État titulaire du territoire et la population qui y vit, et, d'autre part, un rattachement de l'État palestinien à la Transjordanie. Finalement, ce rapport est bien accueilli par la communauté juive et la Transjordanie, mais pas par les Palestiniens qui privilégient l'indépendance. D'où la reprise des violences, mais, compte tenu de la dissymétrie de puissance, ce mouvement populaire ne pouvait durer et il prendra fin en 1939. Le bilan sera bien lourd avec la mort de 5.000 Palestiniens, 300 Juifs et 262 Britanniques. La plupart des leaders nationalistes arabes ayant participé à la révolte, quand ils n'ont pas été arrêtés, fuient pour trouver asile dans les pays arabes voisins. Ce soulèvement est considéré par d'éminents historiens « comme la plus grande révolte anticoloniale de l'époque »[1].

19– Quoi qu'il en soit, ce contexte, mais peut-être aussi la crainte de s'aliéner le soutien des États arabes dans la perspective du Second Conflit mondial vont conduire la Grande-Bretagne à revoir l'orientation imprimée jusque-là à son mandat. Elle publie alors un nouveau livre blanc la même année caractérisé par de nouvelles lignes de force : indépendance de la Palestine dans un délai de 10 ans, un statut de minorité pour le *Yichouv* (communauté juive de Palestine), un gouvernement juif et arabe, limitation de l'immigration juive (75.000 personnes sur 5 ans) avec pour objectif de porter la communauté concernée à environ un tiers de la population totale, interdiction ou restriction des achats de terres par des Juifs, sauf accord contraire... Cette fois-ci, le rejet viendra tant du côté juif que palestinien, ce qui, dans ce dernier cas, paraît plus surprenant eu égard au rapport de force[2]. Telles sont en résumé les données du problème alors que le bruit de la Seconde Guerre mondiale se fait entendre.

§4/ Le plan de partage de l'ONU, solution inachevée

20– Lors de la guerre, les Juifs seront du côté des Alliés interrompant ainsi leurs attaques contre les Anglais (mis à part le cas des extrémistes du groupe Stern), mais sitôt celle-ci terminée, la trêve est rompue et les violences juives contre les Anglais reprennent. Pour contrer l'application du livre blanc de 1939, le mouvement sioniste intensifie l'immigration

---

[1] H. Laurens, « Construction de la question palestinienne » in C. Ayad et autres, *Ce que la Palestine apporte au monde*, Institut du monde arabe, le Seuil, 2023, p. 152.
[2] E. Rogan, *Histoire des Arabes*, Perrin (Tempus), 2013, p. 291 et s.

illégale, recourt au terrorisme (via l'*Irgoun* et le *Lehi*) et se rapproche des États-Unis. C'est dans ce contexte que s'inscrit, par exemple, l'attentat juif contre l'hôtel King David en 1946 qui frappa tant l'opinion. De leur côté, les États-Unis font pression sur la Grande-Bretagne pour ouvrir les frontières de la Palestine aux réfugiés juifs, peut-être pour ne pas (trop) ouvrir les leurs. Et en effet la situation internationale a changé avec une nouvelle donne au poids déterminant, la Shoah avec ses millions de morts et la question urgente des réfugiés juifs d'Europe[1]. Énième tentative de sortie de crise : une conférence se tient à Londres en 1946-1947, mais débouche sur un échec, au demeurant prévisible tant les positions palestiniennes et juives étaient éloignées (indépendance de la Palestine contre application complète et immédiate de la déclaration Balfour). Ce qui fait que la Grande-Bretagne se dessaisit alors du problème et le soumet officiellement à l'ONU, en février 1947.

21– À l'ONU la question est confiée à l'Assemblée générale, où siègent tous les États membres, laquelle met sur pied une commission spéciale (UNSCOP : *United Nations Special Committee on Palestine*) composée de 11 membres, dont aucun n'est une grande puissance, et avec pour mission de lui soumettre un rapport accompagné de propositions appropriées à la solution du problème palestinien. Les positions défendues sont bien connues : indépendance immédiate de la Palestine d'un côté, application intégrale et sans délai de la déclaration Balfour de l'autre ; et le libellé de la mission est rapidement contesté par la partie palestinienne, car passant sous silence la question de l'indépendance de la Palestine.

22– Cette Commission avait pouvoir d'enquête et se rendit sur place et en Europe pour y entendre les réfugiés, ce qui fut mal perçu par les Palestiniens dans la mesure où, à leurs yeux, ce point était sans lien avec le sort de la Palestine. Initiative sans doute malheureuse : le Haut Comité arabe boycotte les travaux, à l'inverse de l'Agence juive qui s'impliqua activement, ce qui fut - comme la suite allait le montrer - une décision avisée. La Commission fut, semble-t-il, impressionnée par les avancées sociales et les progrès techniques de la communauté juive et touchée par les péripéties vécues par les 4.500 réfugiés juifs de l'*Exodus*, refoulés par les autorités anglaises vers la France provoquant alors une vive émotion et une condamnation générale de la Grande-Bretagne. Quoi qu'il en soit, la Commission spéciale se divisa sur ses préconisations : une partie (8

[1] A. Gresh, *Israël-Palestine. Vérités sur un conflit*, Fayard, 2001, p. 22.

membres) proposa un plan de partage avec une union économique entre les deux États, tandis que l'autre (3 membres) préféra la constitution d'un État unique, fédéral et indépendant.

23– Lors de sa deuxième session, l'Assemblée générale opta finalement pour la division en deux États assortie d'une union économique et d'un statut spécial pour Jérusalem, et cela, par sa résolution 181 (II) du 29 novembre 1947 votée, après beaucoup de débats et de pressions multiples (notamment américaines) sur les délégués, par 33 voix pour (pays européens, Amérique latine, Canada, Australie, URSS, États-Unis...), 13 contre (pays arabes, Inde, Turquie...) et 10 abstentions (Grande-Bretagne, Argentine, Chili...) La Palestine est divisée en huit zones : trois pour chaque État, la septième, Jaffa, une enclave palestinienne en territoire juif, et la huitième, Jérusalem, un *corpus separatum* sous responsabilité internationale et pendant 10 ans au moins sous celle de l'ONU. 56 % environ de la Palestine mandataire et plusieurs grandes villes à majorité palestinienne sont attribués à l'État juif alors que celui-ci ne regroupe qu'un tiers de la population. Autrement dit, comptant pour deux tiers des habitants, les Palestiniens n'obtiennent que 44 % du territoire (hors la zone Jérusalem-Bethléem).

24 – Juste après cette importante décision rejetée du côté palestinien et arabe (à l'exception, semble-t-il, de la Transjordanie qui convoitait les terres palestiniennes), une guerre civile va être déclenchée et opposer Juifs et Palestiniens pendant 6 mois jusqu'à la fin, précipitée, du mandat britannique (14 mai 1948) et la proclamation de l'État d'Israël (15 mai 1948). La Haganah, aguerrie, va s'emparer de plusieurs localités et de nouvelles zones palestiniennes et agrandir ainsi le territoire dévolu par l'ONU à l'État juif. Peu formés aux combats, les Palestiniens et l'Armée de libération arabe, sorte de brigade internationale à leurs côtés, offriront une faible résistance et le paieront de diverses manières, notamment avec quelque 15.000 morts.

25– C'est dans cette période que s'inscrit un des épisodes les plus dramatiques, le massacre de *Deir Yassine* en avril 1948, du nom d'un village palestinien à côté de Jérusalem, dont une partie des habitants fut tout simplement exécutée par les hommes de l'*Irgoun* et du *Lehi*, deux organisations terroristes juives dont les responsables de l'époque occuperont bien plus tard les plus hautes fonctions au sein de l'État d'Israël. Ce massacre fera l'objet d'une condamnation générale, y compris de la part de l'Agence juive. Mais d'autres conséquences en résulteront, car il sera à l'origine, objectif semble-t-il recherché par la partie juive suivant le plan Daleth (anéantissement si résistance et expulsion des populations arabes hors des nouvelles frontières du territoire juif), d'un profond effroi au sein de la population civile palestinienne dont une partie substantielle va, pour se protéger, chercher à s'éloigner des zones de combats et quitter ainsi, à jamais, mais sans le savoir, habitations, terres et biens. C'est le premier exode des Palestiniens qui en connaîtront d'autres.

SECTION 2/
Conflits israélo-arabes et conflit israélo-palestinien

26– Avant de retrouver sa centralité, le conflit israélo-palestinien a d'abord provoqué, directement ou indirectement, plusieurs guerres entre Israël et les pays arabes, étant entendu que chacun de ces derniers avait également ses motifs et ses mobiles propres.

§1/ Les conflits armés entre Israël et les pays arabes

27– Après cette guerre de 1948, vont se succéder plusieurs confrontations armées entre Israël et différents États arabes voisins. L'État d'Israël est en effet proclamé le 15 mai 1948, au lendemain du départ des britanniques, et deviendra membre de l'ONU, le 11 mai 1949 (résolution 273 de l'Assemblée générale), après un premier vote négatif du Conseil de sécurité motivé par le refus israélien de se conformer aux résolutions onusiennes antérieures. Il n'est pas inutile de remarquer d'ores et déjà que la résolution d'accession d'Israël à l'ONU se réfère aux résolutions 181 (II) sur le partage de la Palestine et 194 (III) sur le droit au retour des réfugiés palestiniens.

A/ De la guerre...

28– *Le 15 mai 1948, les armées de plusieurs États arabes envahissent la Palestine*. Y participent des troupes d'Égypte, de Syrie et de Jordanie secondées par des soldats irakiens et libanais. Le 28 mai 1948, la Haganah se transforme en armée officielle d'Israël (Tsahal), et incorpore *l'Irgoun* et le *Lehi*. Elle reçoit rapidement de l'armement sophistiqué, notamment de Tchécoslovaquie, et se montre progressivement bien plus efficace que les armées arabes, mal organisées et mal équipées. Plusieurs trêves sont décidées notamment suite aux interventions du Conseil de sécurité de l'ONU. Folke Bernadotte, l'envoyé spécial de l'ONU, propose, dans l'espoir de ramener la paix, plusieurs plans et solutions alternatives, y compris celle de l'annexion de l'État palestinien par la Jordanie. Refus net et vigoureux des deux côtés (mais pas de la Jordanie) assorti de menaces israéliennes contre cet émissaire qui le paiera finalement de sa vie puisqu'il sera assassiné, le 17 septembre 1948, par le *Lehi*, organisation terroriste de la droite israélienne dissoute dans la foulée[1]. Victorieux sur le terrain, Israël signe des accords d'armistice avec l'Égypte (le 24 février 1949), le Liban (le 23 mars 1949), la Transjordanie (le 3 avril 1949) et la Syrie (le 20 juillet 1949).

29– Dans ces conditions, la question d'un État palestinien n'est plus d'actualité : en effet, la bande de Gaza est désormais administrée par l'Égypte (qui n'en revendique pas la souveraineté), Jérusalem-Ouest est annexée par Israël dès février 1949 ainsi que 78 % de l'ancienne Palestine mandataire, soit largement plus que ce qui résultait du plan de partage de l'ONU. De son côté, la Transjordanie (devenue Jordanie) s'empare, en 1950, de Jérusalem-Est et de la Cisjordanie. Les frontières dessinées par ces accords d'armistice seront connues sous le nom de *Ligne verte*. Nouvel exode des Palestiniens (plus de 700.000) qui ont dû fuir, soit pour se protéger, soit par suite d'expulsions, et se répartiront principalement entre la Jordanie, Gaza, le Liban et la Syrie. Des villes et des villages entiers ont été vidés de leurs habitants palestiniens, une sorte d'épuration ethnique que les officiels israéliens ont pudiquement appelé « transfert » de population[2]. L'ONU a adopté le 11 décembre 1948 une résolution 194 (III) promettant à ces réfugiés soit un retour dans leur foyer, soit une compensation financière. Jusqu'à l'heure actuelle, ceci est resté lettre morte. Cette défaite arabe sera amère et aura bien des prolongements à l'intérieur de chacun des pays concernés. Pour les Palestiniens, un seul mot résume cette épreuve et sert à la désigner : la *Nakba* (catastrophe), désormais commémorée chaque 15 mai par l'ONU qui crée, le 8 décembre 1949, l'UNRWA pour secourir ces réfugiés (Office de secours et de travaux des Nations Unies pour les réfugiés de Palestine dans le Proche-Orient)[3]. Par contraste, pendant cette même période, plus de 700.000 Juifs vont immigrer en Israël, et la « loi du retour » est adoptée en 1950 qui prévoit

---

[1] Ch. Enderlin, *Par le feu et le sang. Le combat clandestin pour l'indépendance d'Israël, 1936-1948*, Hachette, 2009, p. 312 et s.

[2] « La Nakba, grande déchirure de la Palestine », 8.01.2024 (www.lemonde.fr).

[3] « L'ONU marque les 75 ans de la Nakba, le déplacement de plus de 700.000 Palestiniens », *ONU info*, 15.05.2023.

que tout Juif peut immigrer en Israël et en devenir citoyen. Jérusalem devient, la même année, la capitale de l'État hébreu, et ce, au mépris des accords d'armistice et des résolutions contraires de l'ONU.

30– La *deuxième guerre israélo-arabe ou plus exactement israélo-égyptienne*, celle de 1956 ou guerre de Suez, fut de courte durée (29 octobre-5 novembre). Un pacte secret (protocole de Sèvres d'octobre 1956) visant à récupérer le canal de Suez nationalisé par le Président Nasser et à se débarrasser par la même occasion de celui-ci en raison de sa proximité politique avec l'Est (et aussi de son appui aux résistants algériens) est scellé entre la France, le Royaume-Uni et Israël qui, pour sa part, se plaint des attaques palestiniennes à partir de Gaza, à ce moment-là sous administration égyptienne, et de l'interdiction d'accès au Golfe d'Akaba décidée par l'Égypte. L'État hébreu attaque le premier, dès le 29 octobre, en prenant rapidement possession de Gaza et du Sinaï et en faisant prisonniers un grand nombre de soldats égyptiens ; puis c'est au tour des deux autres, le 31 octobre, qui bombardent intensément le territoire égyptien. Sur le plan militaire, la défaite égyptienne est rapidement consommée. Mais d'accord et déterminés, quoique agissant pour des raisons différentes, États-Unis et URSS font alors faire pression sur les agresseurs qui retirent rapidement leurs forces, Israël n'évacuant toutefois la bande de Gaza et le Sinaï qu'en mars 1957. Le Conseil de sécurité de l'ONU bloqué par le double veto français et anglais, c'est l'Assemblée générale, réunie en session extraordinaire d'urgence, qui vote un cessez-le-feu dès le 2 novembre[1], puis envoie une opération de maintien de la paix (la Force d'urgence des Nations-Unies - FUNU) pour sécuriser la frontière entre l'Égypte et Israël (qui retrouve du coup la liberté de navigation) et réitère l'exigence du retrait des troupes assaillantes du territoire égyptien[2]. Israël est dès lors perçu comme une réelle puissance militaire, chose qui va se confirmer grâce notamment, à cette époque en tout cas, à la coopération militaire (y compris nucléaire) avec la France. Politiquement, c'est néanmoins l'Égypte qui sera considérée comme la gagnante de cet épisode du fait de la condamnation de l'agression dont elle a été victime.

31– *La guerre des Six-Jours* (c'est la durée des opérations militaires du 5 au 10 juin 1967) va opposer Israël d'un côté, à l'Égypte, la Syrie et la Jordanie de l'autre, et avoir d'importantes répercussions qui se font sentir

---

[1] A/RES/997 ES-1.
[2] A/RES/999 A/RES/1000 ES-1 (1956).

aujourd'hui encore. C'est Israël qui factuellement déclenche en premier les combats dès le 5 juin, et ceci à l'issue d'une montée des tensions entre les États concernés : fermeture du Golfe d'Akaba aux navires israéliens, formation d'une alliance militaire entre les trois pays arabes cités, détournement des eaux du Jourdain, retrait de la force des Nations Unies sur demande égyptienne, discours bellicistes et incendiaires, mouvements de troupes alarmants, etc. La victoire militaire israélienne est rapide et spectaculaire. Une grande partie de l'aviation égyptienne, syrienne et jordanienne est détruite au sol, et cela, en quelques heures seulement. Idem pour les armées arabes battues en quelques jours.

32– Le Conseil de sécurité (ONU) appelle à un cessez-le-feu dès le 6 juin[1], appel qu'il réitérera les jours suivants[2]. Pour finir, Israël augmenta considérablement son emprise territoriale en s'emparant de la bande de Gaza et de la péninsule du Sinaï au détriment de l'Égypte, du plateau du Golan pris à la Syrie et de la Cisjordanie et de Jérusalem-Est arrachées à la Jordanie. Après cette lourde défaite, les États arabes décident, en septembre 1967, du principe devant guider le futur de leur (non) relation avec Israël : pas de paix, pas de reconnaissance, et pas de négociation. De nouveau, le problème des réfugiés (400.000) ressurgit avec le refus d'Israël de concourir à sa solution malgré l'injonction du Conseil de sécurité de faciliter le retour des habitants ayant fui les hostilités[3].

33– C'est après ce conflit, et des négociations délicates, que le Conseil de sécurité vote à l'unanimité, le 22 novembre 1967, l'importante résolution 242, qui porte aux yeux de beaucoup les principes qui, aujourd'hui encore, sont les seuls à même de garantir une « paix juste et durable » pour toutes les parties prenantes. Ces principes sont, en substance, les suivants : i) retrait d'Israël des territoires occupés « depuis le récent conflit », ii) respect de la souveraineté de tous États concernés et de leur droit de vivre en paix à l'intérieur de frontières sûres et reconnues, iii) juste règlement du problème des réfugiés, iv) liberté de navigation dans les voies d'eau internationales de la région. Comme on le voit, nulle mention des Palestiniens si ce n'est indirectement en tant que réfugiés. Même si leurs positions devaient évoluer par la suite, les États intéressés s'opposèrent rapidement sur la suite à donner à ce texte : rejet pur et simple

---

[1] S/RES/233 et s.
[2] Résolutions 234, 235 et 236 (1967).
[3] S/RES/237 (1967).

de la part de l'Irak et de la Syrie, rejet également du côté des Palestiniens déçus de ne se voir traiter que comme réfugiés, demande de l'Égypte et de la Jordanie d'un retrait préalable israélien à toute négociation de tous les territoires occupés, refus d'Israël pour qui ce retrait comme les autres points (réfugiés par exemple) doivent être négociés dans le cadre d'un accord de paix global. Signalons qu'une vaine controverse a, dans un premier temps du moins, entouré la résolution 242 (1967) précitée due à l'opposition entre les versions anglaise et française. La première mentionne le retrait « *de* territoires occupés » alors que la seconde vise le retrait « *des* territoires occupés ». Peut-on imaginer que le Conseil parle de territoires de façon aussi vague laissant dans l'incertitude les protagonistes quant à ceux à libérer et ceux à conserver (et les conserver au nom de quoi) ? Surtout, la version anglaise est contredite par le préambule du texte qui rappelle l'inadmissibilité de l'acquisition de territoires par la guerre. La version française est donc, la suite le montrera à suffisance, la seule fidèle à la décision du Conseil de sécurité.

34– Le problème ne trouvant toujours pas sa solution, les États arabes cherchant à effacer l'affront de la défaite et surtout à récupérer leurs territoires, et la voie diplomatique s'avérant infructueuse, une nouvelle confrontation militaire entre les mêmes devenait inévitable. La présidence égyptienne change de titulaire après la mort de Nasser en 1970, et le nouveau Président, Anouar Al Sadate, tente de changer d'alliés, en s'éloignant des Soviétiques et en se tournant vers les Américains, seuls à ses yeux capables de peser sur Israël. Et dans ses discussions avec l'émissaire de l'ONU, Gunnar Jarring, il indique être prêt à négocier un traité de paix avec Israël si celui-ci se conforme à la résolution 242 précitée. Mais fin de non-recevoir des Israéliens, qui préfèrent conserver le Sinaï pour son intérêt militaire. Sur demande égyptienne, le Conseil de sécurité débat de la question du Moyen-Orient du 14 au 18 mai 1973 sans toutefois parvenir à avancer du fait du veto américain. Devant cette impasse, la voie militaire s'est imposée et *la guerre aura lieu du 6 au 24 octobre 1973*. Elle sera appelée *guerre du Kippour* (les opérations militaires commencent le jour du *Yom Kippour*, fête juive) ou *guerre du Ramadan*, *guerre d'Octobre* ou plus simplement *guerre israélo-arabe de 1973*. Cette fois-ci, c'est, comme on l'a compris, l'Égypte qui va donc en être l'initiatrice.

35– D'abord, c'est ce pays qui, compte tenu du contexte, a pensé que seule une nouvelle guerre pouvait faire bouger les lignes et lui permettre de récupérer le Sinaï ; et c'est aussi ce pays qui va lancer l'attaque le 6 octobre, aidé de la Syrie ; les autres pays arabes, du moins certains d'entre eux, vont se limiter à une aide financière ou à l'envoi de soldats en nombre somme toute réduit. Grâce à l'effet de surprise, l'Égypte remporte les premiers combats et la ligne *Bar-Lev* cède sous ses assauts, et de son côté la Syrie connaît un succès comparable sur le Golan. Mais, une fois la surprise passée, l'armée israélienne s'organise et arrive à reprendre le dessus et se rapproche même du Caire après avoir encerclé la IIIe armée égyptienne ; quant au Golan, il est également repris et Damas se retrouve à portée du feu israélien. Par sa résolution 338 du 22 octobre 1973, votée par 14 voix pour et une abstention, le Conseil de sécurité demande un cessez-le-feu, l'application de sa résolution précitée 242 de 1967 et le lancement de négociations pour instaurer une paix juste et durable dans la région. Les Israéliens continueront néanmoins à se battre pour pousser leur avantage militaire dans le Sinaï, ce qui obligea le Conseil de sécurité à renouveler son exigence de cessez-le-feu pour que les forces combattantes reviennent à leur position du 22 octobre[1].

B/... À la paix

36– Les enseignements de cette nouvelle confrontation militaire amèneront les États-Unis et l'URSS à organiser, en 1973, une conférence internationale qu'ils coprésideront, mais qui ne fera aucune place aux Palestiniens et que la Syrie boudera. On comprend dès lors mieux pourquoi aucun résultat concret n'en sortira. Mais l'ère du recours à la force militaire entre Israël et les pays arabes connaît alors un coup d'arrêt, si l'on met de côté les opérations militaires ponctuelles de Tsahal dans certains pays arabes tels que le Liban ou la Syrie. S'ouvre une nouvelle approche inaugurée par l'Égypte qui va amener certains pays arabes à prendre le contre-pied de leur philosophie, suivie jusque-là, de non-reconnaissance de l'État hébreu et de refus de conclure la paix avec lui.

La paix entre l'Égypte et Israël

37– Prenant tout le monde par surprise, le Président égyptien, Anouar Al Sadate, annonça en novembre 1977, qu'il était prêt à se rendre à Jérusalem pour négocier la paix avec Israël, devenant ainsi le premier dirigeant d'un pays arabe à reconnaître Israël et à y effectuer une visite officielle. Ce que certains pays arabes lui reprocheront vigoureusement,

[1] S/RES/339 (1973).

dans un premier temps du moins, en prenant en plus diverses mesures de rétorsion (création du Front de la fermeté, suspension de l'Égypte de la Ligue des États arabes, laquelle sera levée en 1989, et transfert du siège de celle-ci du Caire à Tunis avant de revenir au... Caire). Le Président américain, Jimmy Carter, jouera le médiateur et organisera le cadre des discussions à Camp David aux États-Unis. C'est là que le Président égyptien et le Premier ministre israélien, Menahem Begin, mirent au point, du 5 au 17 septembre 1978, deux accords-cadres.

38– L'un des deux textes a trait à la conclusion d'un traité de paix, lequel a finalement vu le jour à Washington, le 26 mars 1979, mettant donc fin à l'état de guerre entre les deux pays. Il repose sur un donnant-donnant classique. L'Égypte récupère le Sinaï, ce qui se fera en 1982 après le retrait complet de l'armée israélienne et le démantèlement de certaines de ses implantations ; à quoi il faut ajouter une aide américaine tant militaire que civile des plus précieuses pour ce pays. Pour sa part, Israël a obtenu une normalisation de ses relations diplomatiques avec le leader des États arabes, portant ainsi un rude coup à l'unité arabe, de même que la libre circulation des navires dans le canal de Suez et la reconnaissance du détroit de Tiran et du golfe d'Aqaba comme voies de navigation internationale.

39– L'autre texte, plus évasif, est resté dans les limbes. Il dévoile d'emblée le caractère programmatique de son objet : l'Égypte, Israël, la Jordanie (qui n'entrera pas dans le jeu) et les représentants des Palestiniens doivent participer à des négociations (en trois étapes) portant sur le problème palestinien, dans tous ses aspects. Quelques rares détails sont fournis : une autorité autonome sera élue en Cisjordanie et à Gaza, après quoi s'ouvrira une période de transition de 5 ans pendant laquelle seront négociés le futur statut de ces territoires, leurs rapports avec leurs voisins, un traité de paix jordano-israélien, etc. Mais sitôt l'accord conclu, Israël renoue avec ses positions traditionnelles, et l'on se demande si ce deuxième volet de Camp David n'avait d'autre objectif que de faire accepter le premier et permettre à l'Égypte de faire face aux critiques arabes la blâmant pour avoir bradé les intérêts palestiniens. Le sommet arabe de Bagdad de 1978 condamnera les accords de Camp David. Cela dit, Anouar Al Sadate (qui sera finalement assassiné le 6 octobre 1981) et Menahem Begin obtinrent le prix Nobel de la paix en 1978, mais curieusement pas Jimmy Carter, le Président américain (qui le recevra plus tard, en 2002, pour son rôle de médiateur dans les conflits internationaux et de promoteur de la démocratie et des droits de l'homme).

La paix entre Israël et la Jordanie

40– Le deuxième pays arabe à faire sienne cette nouvelle approche a été, sans surprise, la Jordanie qui a toujours eu des rapports singuliers avec Israël, alternant éloignement et rapprochement (surtout secret) à plusieurs moments clés de l'histoire mouvementée de la région. Cette nouvelle orientation politique doit, il faut le noter, être placée dans le sillage des accords d'Oslo entre Palestiniens et Israéliens (1993, voir *infra*). Une déclaration de Washington proclamée le 25 juillet 1994 met un terme aux hostilités entre les deux voisins et marque le démarrage des discussions pour la paix. Le traité de paix israélo-jordanien, lui-même, sera signé, le 26 octobre 1994, à Wadi Araba, ville frontière.

41– Quelques points à signaler : d'abord la normalisation avec établissement de relations diplomatiques, ouverture d'une ligne aérienne, liberté d'accès aux ports et mise en place d'une zone de libre-échange et d'une zone industrielle. La frontière est fixée au fleuve Jourdain, mais les territoires palestiniens sous contrôle israélien depuis 1967 sont, quant à eux, non affectés par le traité. Et il en est de même du statut de Jérusalem. S'agissant des réfugiés palestiniens, un simple engagement de coopération est pris dans le cadre d'un comité avec l'Égypte et les Palestiniens. La question de l'eau, vu son importance, a fait l'objet de dispositions spécifiques. En 1996, un traité commercial supplémentaire viendra compléter ce traité de paix. Son application connaîtra des hauts et des bas au gré des tensions qui frappent périodiquement la région[1].

Les accords d'Abraham

42– Plus récemment, plusieurs pays arabes ont sauté le pas avec les accords dits d'Abraham et décidé d'établir, et pour certains de rétablir, des relations diplomatiques avec Israël (Bahreïn, Émirats arabes unis, Maroc et Soudan), et ce dans le cadre d'un plan de paix visant à résoudre le conflit israélo-palestinien présenté par le Président américain Trump, le 28 janvier 2020, et dont on verra qu'il a été rejeté par les Palestiniens, car par trop déséquilibré en faveur d'Israël. Le point commun de ces accords est en quelque sorte l'oubli du problème palestinien par des États arabes, supposés concernés au premier chef par celui-ci.

---

[1] S. Valadou, *La Jordanie et la paix avec Israël*, L'Harmattan, 2012.

43– Première réalisation, les accords noués entre Israël et deux États du Golfe arabo-persique, favorisés notamment grâce à une nouvelle donne géopolitique ayant rapproché les pétromonarchies de cette région d'Israël dans une commune hostilité à l'Iran. Les textes de normalisation entre Israël, et respectivement les Émirats arabes unis et Bahreïn, sont présentés à Washington, le 15 septembre 2020. En avril 2022, Israël et les Émirats arabes unis y ajoutent un accord de libre-échange abolissant les droits de douane sur 95 % des produits échangés. Le 18 octobre 2020, Bahreïn et Israël établissent officiellement leurs relations diplomatiques lors d'une cérémonie à Manama. En février 2022, un accord de défense entre les mêmes conforte ce rapprochement dont témoigne également la visite officielle du chef du gouvernement israélien[1].

44– Deux autres pays rejoignent ce mouvement, le Soudant et le Maroc : l'accord entre Israël et le Soudan est signé le 6 janvier 2021 à Khartoum tandis qu'une déclaration conjointe entre Israël, le Maroc et les États-Unis, prévoyant l'établissement de relations diplomatiques entre le Maroc et Israël et la réouverture des bureaux de liaison à Rabat et Tel-Aviv (ouverts une première fois après les accords d'Oslo), est signée le 22 décembre 2020. Il faut savoir qu'en contrepartie les États-Unis ainsi qu'Israël reconnaissent la revendication marocaine sur le Sahara occidental et promettent même d'y installer un consulat. Israéliens et Marocains concluent une série d'accords sectoriels et, le 24 novembre 2021, un accord de coopération sécuritaire. Ce texte entend encourager la coopération sécuritaire « sous tous ses aspects » (planification opérationnelle, achats, recherche et développement, formation) entre les deux partenaires, ce qui ne laisse pas d'inquiéter l'Algérie aux relations toujours tendues avec le Maroc[2]. Pour leur part, les Palestiniens parlent de « trahison méprisable » car cette évolution montre, à rebours des espoirs de ce peuple, que le retrait d'Israël des territoires occupés ne constitue plus un préalable à la reconnaissance d'Israël par les pays arabes. Il faut remarquer que ces accords ne sont généralement pas soutenus par l'opinion publique arabe qui leur est largement hostile, sauf peut-être au Maroc en raison de la contrepartie obtenue, à savoir la reconnaissance de la marocanité du Sahara occidental[3]. Mais même là, la normalisation est

---

[1] « Dubaï, nouvelle terre promise des Israéliens », 7.6.2003 (www.lemonde.fr).

[2] « Entre le Maroc et Israël, le « coming out d'une relation très spéciale », 20.05.2022 (*Ibid.*)

[3] B. Barthe, « les hauts et les bas de la cause « sacrée » des Arabes » in C. Ayad et autres, *Ce que la Palestine apporte au monde, Institut du monde arabe*, le Seuil, 2023, p. 207 et s.

mise à mal par le récent conflit entre Israël et le Hamas avec ses très (trop) nombreuses victimes palestiniennes[1].

45– On évoque beaucoup le rapprochement entre l'Arabie Saoudite et Israël auquel œuvre le Président Biden et les négociations en ce sens ont dans un premier temps beaucoup progressé, semble-t-il, avec des demandes saoudiennes (un pacte de défense, fourniture d'armes et un soutien à un programme de nucléaire civil) comprises par les États-Unis. Mais les attaques du Hamas contre Israël d'octobre 2023 et la très forte riposte de celui-ci semblent avoir suspendu ou peut-être sonné le glas de ce processus d'autant que certains pensent que c'est précisément là l'un des objectifs poursuivis par le mouvement palestinien[2]. On évoque aussi des contacts préliminaires d'Israël avec la Libye, et même avec la Tunisie, mais ce dernier pays les a formellement démentis et a entendu, un temps du moins, criminaliser un tel rapprochement. Il faut enfin signaler une situation particulière, celle entre Israël et le Liban. Un accord entre les deux pays, mettant fin à la belligérance, a bien vu le jour en 1983 grâce à une médiation américaine, mais les Libanais sont revenus sur leur engagement dès l'année suivante. Plus récemment, en octobre 2020, le Liban a évoqué des discussions avec Israël, avec l'aide de l'ONU, visant à résoudre le différend sur les frontières maritimes et terrestres. Et en octobre 2022, les deux pays sont parvenus à s'entendre, grâce cette fois-ci à une médiation américaine, et même à signer un accord sur la délimitation maritime et le partage des ressources gazières offshore situées de part et d'autre de la limite divisoire.

§2/ Le face à face israélo-palestinien

46– Tout au long du conflit israélo-arabe et israélo-palestinien s'est posée la question de l'entité qui devait représenter les Palestiniens. C'est ainsi que la Ligue des États arabes et l'Égypte ont œuvré à la naissance de l'Organisation de libération de la Palestine (OLP), laquelle advint le 28 mai 1964. L'OLP ouvre rapidement des bureaux de liaison à l'étranger, le premier à Alger dès 1965, et les États arabes la reconnaissent comme représentante du peuple palestinien. L'OLP va progressivement

---

[1] « Au Maroc, les trois ans de normalisation diplomatique avec Israël célébrés en toute discrétion », 22.12.2023 (www.lemonde.fr).

[2] « Le prince héritier saoudien « MBS » se dit optimiste sur la normalisation avec Israël », 21.09.2023 (*Ibid.*) ; « Attaque du Hamas : le rapprochement entre Israël et l'Arabie saoudite à l'épreuve de la guerre », 9.10.2023 (*Ibid.*)

rassembler différents groupes, pas toujours similaires quant à leur idéologie (modérée ou radicale, nationaliste ou révolutionnaire), proximité avec tel ou tel pays arabe, et stratégie et moyens pour libérer la Palestine (Fatah, Front populaire de libération de la Palestine {FPLP}, Front démocratique pour la libération de la Palestine {FDPLP}, FPLP-Commandement général, etc.) C'est le fondateur du Fatah, Yasser Arafat, qui va prendre en main les destinées de l'OLP à partir de février 1969, et ce, jusqu'à son décès en 2004, et imprimer sa marque à cette organisation et à son action. Ce face-à-face entre Israël et les Palestiniens va, pour faire simple, connaître plusieurs phases avec des changements de cap et de stratégie qui, pourtant, n'ont toujours pas abouti à l'émancipation palestinienne[1].

A/ La voie militaire

47– Quelques semaines après l'OLP, l'armée de libération de la Palestine voit le jour, suivie, en janvier 1965, d'*Al Assifa*, bras armé du Fatah. La première opération militaire anti-israélienne est menée au tout début janvier 1965. Cette orientation militaire va gagner en importance, surtout après les défaites des pays arabes de juin 1967. La Charte nationale palestinienne est amendée en juillet 1968 et proclame désormais que « la lutte armée est la seule voie pour la libération de la Palestine. Il s'agit d'une ligne stratégique et non d'une ligne tactique. » Et d'ajouter, « l'action des commandos constitue le noyau de la guerre populaire de libération de la Palestine. » Les opérations des *fedayins* palestiniens vont alors se multiplier avec des fortunes diverses, l'écart de puissance avec l'armée israélienne devant être gardé à l'esprit.

48– Puis, il y a eu le recours au terrorisme notamment par certains groupes révolutionnaires, par exemple sous la forme d'assassinats ou de détournements d'avions civils, autant d'actions d'éclat censées servir de caisse de résonance à la cause palestinienne, mais qui se révéleront vite très contre-productives. D'autres actes du même type seront commis par les groupes les plus radicaux de l'OLP. Mais dès 1973, et notamment après le massacre de 11 athlètes israéliens aux jeux olympiques de Munich de 1972, l'OLP déclare renoncer à cette pratique, même si la tendance la plus radicale en son sein continuera à y recourir. Ces opérations militaires vont toutefois se heurter à de nombreux obstacles. En voici quelques-uns, sans

[1] X. Baron, *Les Palestiniens. Genèse d'une nation*, Points, Histoire, 2000, p. 72 et s.

évoquer plus avant le terrorisme, condamné dès le départ et qui a lourdement desservi la cause palestinienne.

L'asymétrie de puissance

49– *Premièrement*, l'armée israélienne est une des plus aguerries et des mieux équipées au monde avec un matériel des plus modernes et sophistiqués, et cela sans parler de l'aide américaine considérable dont elle bénéficie régulièrement, de telle manière que le rapport de force était tel qu'il rendait impossible des résultats militaires probants pour les Palestiniens. Pour une victoire (réelle ou ressentie comme telle), combien de combats et d'opérations chèrement payés ou simplement perdus ? En général, les opérations palestiniennes entraînaient des réponses israéliennes rapides, tantôt officielles, tantôt clandestines, et toujours davantage meurtrières, et cela quel que soit le lieu en cause (y compris à l'étranger s'agissant fréquemment d'attentats ou d'assassinats ciblés). Ainsi, pour ne prendre que cet exemple, après la mort des 11 athlètes israéliens à Munich, Tsahal attaque, le 8 septembre 1972, les camps des réfugiés palestiniens au Liban. Bilan : plus de 200 morts, des civils en majorité. Les 16-17 septembre, nouvelle attaque israélienne au Sud-Liban entraînant la mort d'une centaine de Palestiniens et de Libanais... On sait que la disproportion est l'une des caractéristiques assumées des actions et réactions israéliennes (voir *infra*).

L'ambivalence des rapports avec les pays arabes

50– *Deuxièmement*, les rapports avec les États arabes ont toujours été complexes, et ils l'ont été encore plus avec ceux du champ de bataille, rapports qui se sont parfois dégradés ajoutant ainsi aux difficultés palestiniennes. Voulant maîtriser la résistance palestinienne ne serait-ce que pour éviter les représailles israéliennes, ces pays ont cherché à empêcher que leur territoire serve de base arrière aux attaques palestiniennes.

51– *Premier exemple, la Jordanie*. Avec ce pays la tension a toujours été vive ; pendant plusieurs années celui-ci convoitait la Cisjordanie, et les sujets de désaccord ont toujours été nombreux et aigus. Ainsi du désaccord sur l'acceptation (par la Jordanie) ou le rejet (par les Palestiniens) de la résolution 242 du Conseil de sécurité déjà citée et de tous les plans fondés sur ce texte (plan Rogers par exemple), du détournement d'avions par des Palestiniens posés ensuite en Jordanie, mais sans l'accord de celle-ci (6 et

9 septembre 1970), des attentats manqués contre le Roi, et des menaces palestiniennes de mettre à bas la monarchie jordanienne pour avoir caressé le projet de constituer un État dirigé par elle et comprenant notamment la Cisjordanie et Jérusalem-Est, etc. Finalement l'armée jordanienne attaqua, en septembre 1970, les Palestiniens jusque dans les camps de réfugiés provoquant la mort de milliers de civils, après quoi elle finit par les expulser du pays. Cet événement est connu sous le nom de *Septembre noir*, nom que reprit un groupe clandestin de Palestiniens radicaux qui se fit connaître par des attentats terroristes (dont le premier a d'ailleurs été l'assassinat d'un Premier ministre jordanien).

52– *Deuxième exemple, le Liban.* Avec ce pays, où se sont installés, depuis longtemps déjà, beaucoup de réfugiés et la résistance palestinienne (accord du 3 avril 1969), l'issue fut encore plus dramatique. Dès la fin des années 60, l'OLP a mené des raids contre Israël depuis le Liban, lequel a quasi systématiquement riposté au moyen de lourdes représailles. Pendant la guerre civile qui frappa ce pays à partir de 1975, les Palestiniens se battent avec les forces progressistes contre les Phalangistes de la droite chrétienne, qui, elles, sont appuyées par la Syrie et Israël. Celui-ci finit par envahir le Liban en mars 1978 pour faire reculer l'OLP jusqu'au nord du *Litani* (opération *Litani*) ; le Conseil de sécurité de l'ONU réagit par sa résolution 425, demandant le retrait immédiat d'Israël et la création d'une Force intérimaire des Nations Unies au Liban. Nouvelle invasion du Liban par Israël, le 6 juin 1982 (opération *paix en Galilée*), pour expulser définitivement l'OLP du pays et siège de Beyrouth ; opération également condamnée par le Conseil de sécurité (résolutions 508 du 6 juin, et 520 du 17 septembre 1982). Sur initiative des États-Unis, toutes les parties acceptent un cessez-le-feu et fixent les conditions de l'évacuation de l'OLP (par la mer) et des forces syriennes (par la route). Et une Force multinationale de maintien de la paix est dépêchée sur place pour notamment encadrer et sécuriser ce retrait. La direction de l'OLP quitte effectivement Beyrouth le 30 août 1982 pour Tunis (où son quartier général subira un raid israélien en 1985).

53– C'est dans ce contexte qu'eurent lieu, les 17 et 18 septembre 1982, les massacres de civils palestiniens à *Sabra et Chatila* (de 800 à 1500 victimes selon les estimations), deux camps de réfugiés palestiniens à Beyrouth-Ouest, commis par les forces libanaises alors même que les forces israéliennes contrôlaient la zone. D'où la question de leur responsabilité, car elles auraient dû prévenir le massacre, l'empêcher de se poursuivre une fois informées des faits et ensuite rechercher et punir les coupables[1]. La Commission (israélienne) Kahane conclut à la responsabilité directe des Phalangistes libanais, mais aussi à un certain degré de responsabilité (indirecte) du Premier ministre israélien de l'époque, Menahem Begin, et d'autres responsables politiques et surtout au limogeage du ministre de la Défense, Ariel Sharon, pour ne pas avoir pris les mesures nécessaires de nature à empêcher ces massacres[2].

54– La Commission internationale indépendante organisée dès 1982 et dirigée par Sean McBride, (cofondateur d'Amnesty International) retient également la responsabilité d'Israël. Le Conseil de sécurité a condamné « ce massacre criminel » (résolution 521{1982}), condamnation réitérée par l'Assemblée générale de ces événements tragiques qu'elle a qualifiés de « massacre à grande échelle » et même d'« acte de génocide » (résolution 37/123 D{1982}). Finalement, c'est le 15 janvier 1985 qu'Israël se retire du Liban, mais crée au sud du pays une zone tampon et utilise l'armée sud-libanaise, une milice qui lui est proche, pour la sécuriser. Cette même année verra des milices chiites libanaises s'en prendre violemment aux réfugiés palestiniens. Et, en 1987, le Liban finit par dénoncer les accords qui le liaient jusqu'alors à la résistance palestinienne.

55– *Troisième et dernier exemple, la Syrie* que l'on mentionnera brièvement. Avec ce pays, les rapports ont également été compliqués et les tensions récurrentes. Les autorités syriennes exigeaient une autorisation écrite pour toute attaque d'Israël à partir de leur territoire. Les deux parties iront jusqu'à la rupture, en 1976. De même que dans le cadre de la guerre civile libanaise, la Syrie se rangera aux côtés des forces conservatrices combattues par les Palestiniens et leurs alliés locaux et participera au siège et à l'assaut du camp de réfugiés palestinien de Tel al-Zaatar avec un coût humain très lourd. En 1985, des opposants à l'OLP tenteront de créer à Damas le Front de salut national palestinien...

56– On ne reviendra pas sur le caractère composite de l'OLP avec des composantes qui ne partagent pas toujours la même analyse et donc divergent forcément sur les priorités, les alliances et les actions à entreprendre. Ainsi, le FPLP et le FDLP, pour ne pas parler du Septembre

---

[1] A. Cassesse, *Violence et droit dans un monde divisé*, PUF, 1990, p. 117-132.
[2] A. Gresh et D. Vidal, *Les 100 Clés du Proche-Orient*, Hachette, Pluriel, 2003, p. 473-476.

noir ou du groupe d'Abou Nidal ou d'autres partageant une radicalité similaire (les islamistes plus tard), s'opposèrent souvent au Fatah à propos de l'ouverture et de la modération dont il fallait faire preuve pour nouer des négociations et agir ou non sur le plan diplomatique.

B/ La voie diplomatique

57– La voie diplomatique s'imposait avec d'autant plus de force que le recours à la violence n'a pas porté les fruits attendus, et l'aurait-il fait que le dernier mot serait quand même revenu à la diplomatie pour le règlement final. Sur ce plan, les Palestiniens ont enregistré des succès réels sur une route hérissée d'obstacles nombreux et de taille. On distinguera entre trois niveaux : arabe, international et bilatéral (les rapports israélo-palestiniens).

Au niveau interarabe

58– *Au niveau arabe*, à l'exception de la Jordanie, les chefs d'États reconnaissent, à la fin 1973, que l'OLP est *l'unique* représentant du peuple palestinien. Cette reconnaissance est également soutenue, fin 1974, par plusieurs dizaines de pays musulmans. Le sommet arabe de Rabat, en 1974, consacre l'OLP comme le seul et légitime représentant du peuple palestinien, et comme devant - preuve de l'abandon de la politique du tout ou rien - exercer le pouvoir sur toute portion de territoire libérée, ce que la Jordanie accepte cette fois-ci. Et de fait, l'OLP et la Jordanie se rapprochent en 1979, ce qui est une première depuis les événements tragiques de Septembre noir en 1970, et ce pays finira même par renoncer à toute revendication sur la Cisjordanie. Allant plus loin, la Ligue des États arabes intègre la Palestine en son sein en qualité de membre alors même que celle-ci n'avait pas encore revendiqué le statut d'État. Enfin, les États arabes adoptent, en 1982 à Fès, un plan de paix réaffirmant le droit des Palestiniens à l'autodétermination et à la création d'un État.

Au niveau multilatéral

59– *Au niveau international*, l'OLP engrange là aussi des succès incontestables, même si au départ, en 1973, à la Conférence de Genève pour la paix au Proche-Orient, coprésidée par les deux superpuissances, les Palestiniens ne sont pas invités malgré une demande en ce sens de l'URSS ; Conférence à laquelle certaines factions de l'OLP se sont de toute manière montrées hostiles. C'est surtout à l'ONU que les Palestiniens marquent de précieux points : ainsi, en 1974 l'Assemblée générale reconnaît l'OLP comme représentant du peuple palestinien et lui accorde le statut d'observateur. Cet organe proclame le droit à l'autodétermination des Palestiniens, et donc le droit à un État si tel est leur choix, le droit à la souveraineté nationale et à l'indépendance, et reconnaît que la prise en compte du peuple palestinien est essentielle pour l'établissement d'une paix juste et durable au Moyen-Orient (Résolution 3236 {1974}, voir *infra* chapitre II). Par la suite, cette Assemblée ne cessera de réitérer ces principes, et dès l'année suivante, elle crée le Comité pour l'exercice des droits inaliénables du peuple palestinien. Mais cette position n'est pas, dans un premier temps au moins, partagée par le Conseil de sécurité où les États-Unis, grâce à leur droit de veto, veillent sur les intérêts et la position d'Israël.

60– Ainsi, un projet de résolution mentionnant le « droit des Palestiniens d'établir un État indépendant en Palestine » va se heurter rapidement au veto américain, l'OLP ayant pu toutefois participer aux débats sur ce projet (12-26 octobre 1976). La France, de son côté, déclare que les Palestiniens doivent avoir une patrie (l'OLP ouvre alors à Paris un bureau de liaison et d'information), position qui préfigure celle de l'Europe, des 9 à l'époque (29 juin 1977) et la déclaration selon laquelle l'OLP doit être partie prenante aux négociations (13 juin 1980). Les choses semblent évoluer et, le 16 mars 1977, le Président américain, Jimmy Carter, indique qu'une patrie devra être fournie aux réfugiés palestiniens ; cette perche est aussitôt saisie par Yasser Arafat qui déclare sa volonté d'engager un dialogue avec les États-Unis. Mais ce dialogue connaîtra bien des vicissitudes évoluant entre amorces de discussions et longues interruptions.

61– Autre fait d'importance, le 15 novembre 1988 est adoptée à Alger la déclaration d'indépendance de l'État de Palestine qui invoque expressément la résolution 181 de l'ONU de 1947 - celle-là même qui a procédé au partage de la Palestine. Et Yasser Arafat est dans la foulée nommé Président de cet État qui est progressivement reconnu par plus d'une centaine d'États (aujourd'hui au nombre de 139) même si son territoire est occupé par Israël qui, de plus, menace de l'annexer en tout ou partie. Toujours est-il qu'après la guerre du Golfe, où l'OLP avait pris fait et cause pour l'Irak - ce qui lui sera beaucoup reproché par la suite -, et pour donner réalité aux promesses américaines de nouvel ordre international, s'ouvre à Madrid, le 30 octobre 1991, la Conférence de la Paix au Moyen-Orient présidée par les États-Unis et l'URSS. Mais les Palestiniens sont, au départ du moins, fondus, pour satisfaire une exigence américano-israélienne, dans une délégation jordano-palestinienne avec, de surcroît, des Palestiniens devant réunir plusieurs conditions : résider dans le territoire occupé, mais pas à Jérusalem-Est, ne pas avoir d'attache avec l'OLP, ne pas être réfugié. Outre la délégation jordano-palestinienne, y ont participé les délégations d'Israël, du Liban et de Syrie. L'un des mérites reconnus à cette conférence, à la mécanique complexe combinant différents niveaux de négociations, est d'avoir progressivement conduit aux accords d'Oslo entre Israéliens et Palestiniens (et indirectement d'avoir favorisé l'accord de paix israélo-jordanien).

Au niveau bilatéral

62– *Au niveau bilatéral,* entre les deux protagonistes des avancées spectaculaires se font jour sans toutefois tenir toutes leurs promesses. Durant les années 1970, des discussions officieuses ont été nouées entre Palestiniens et Israéliens, notamment avec certains partis politiques hébreu, ou des organisations civiles militant pour la paix. D'autres gestes de l'OLP ont eu pour objectif de favoriser une négociation bilatérale : ainsi Yasser Arafat déclare accepter toutes les résolutions de l'ONU relatives à la Palestine, y compris donc les passages favorables à Israël, à son existence et à son droit de vivre en paix et en sécurité, condamne toutes les formes de terrorisme, souligne la caducité de la Charte de l'OLP en tant qu'elle mentionnait comme objectif la destruction d'Israël, etc.

63– Il faut dire que la cause palestinienne faisait du surplace et qui plus est, le soutien de l'OLP à l'Irak après son invasion du Koweït va l'affaiblir davantage encore, alors qu'elle subissait déjà les conséquences de son éloignement du territoire et de la population palestiniens. Mais, à partir de la fin 1987 jusqu'en 1992, survient la Première *Intifad*a (ou guerre des pierres) qui voit la Palestine de l'intérieur prendre le relais de la contestation, laquelle a commencé dans la bande de Gaza avant de gagner la Cisjordanie. Il s'agit d'un soulèvement spontané de la population civile palestinienne contre l'occupant lors de laquelle les autorités israéliennes vont faire montre d'un excès répété de l'usage de la force (y compris létale), souvent sous les yeux des médias étrangers informant ainsi le reste du monde. À ce propos Elias Sambar écrit « (m)oyen de résistance inédit, inversion de l'image médiatique planétairement galvaudée en 1967 du combat du petit David contre le géant Goliath, la guerre des pierres accentuera le sentiment d'une guerre inégale, injuste, opposant de jeunes adolescents à une redoutable armée. »[1] Elle se soldera par 1.000 morts palestiniens et près de 300 Israéliens. Comme on vient de l'évoquer, la Conférence de Madrid en organisant des contacts bilatéraux, officiels et surtout secrets, a permis aux deux parties de se rapprocher.

64– Le compromis réalisé a abouti à la reconnaissance mutuelle des deux parties et à la signature du premier accord entre elles depuis la création de l'État d'Israël. Le 9 septembre 1993, l'OLP reconnaît en effet le droit d'Israël à vivre en paix et en sécurité, accepte les résolutions 242 (1967) et 338 (1973) du Conseil de sécurité de l'ONU, renonce au terrorisme et déclare mettre en conformité sa Charte avec ses engagements. En contrepartie, Israël considère désormais l'OLP comme le représentant légitime du peuple palestinien et s'engage officiellement dans la négociation bilatérale (mais se garde de reconnaître un État palestinien). Le 13 septembre suivant, une déclaration de principes voit le jour qui prévoit, en substance, d'une part, une autonomie intérimaire des territoires occupés commençant par Gaza et Jéricho (selon la formule « Gaza et Jéricho d'abord »), la mise en place d'une Autorité palestinienne d'autogouvernement et d'un Conseil législatif, et, d'autre part, à l'issue d'une période de cinq ans, un règlement définitif du conflit fondé sur les résolutions 242 et 338 du Conseil de sécurité déjà citées. Les contours de ce règlement définitif ne sont pas autrement précisés dans la mesure où les questions les plus délicates sont renvoyées à la négociation finale. Sans doute l'asymétrie de puissance explique bien des choses et l'ambiguïté peut être constructive, mais il y a des concessions fâcheuses, comme celles concernant le sort des colonies, qui - on allait le constater bien vite - parasitait déjà tout le processus.

65– Si au départ, le processus fonctionne, bien qu'avec retard, l'assassinat d'Itzhak Rabin et l'arrivée au pouvoir du Likoud, adversaire acharné de la solution à deux États, va d'abord ralentir le processus avant d'en provoquer l'échec. Il faut dire que du côté palestinien, le Hamas (mouvement de résistance islamique, né en 1987) et le Jihad islamique n'ont pas non plus adhéré au processus d'Oslo et, par leur violence (attentats-suicides, envois de roquettes) et leur objectif affiché de destruction d'Israël, ont eu leur part de responsabilité dans ce ratage. La reprise des négociations avec les Premiers ministres suivants, notamment Ehud Barak, n'a pas davantage été porteuse, même si à la fin 2001, les

[1] *Dictionnaire amoureux de la Palestine*, Plon, 2010, p. 227.

discussions de Taba ont montré que le chemin vers une véritable paix, aussi escarpé et difficile soit-il, existait bel et bien.

66– Sur le terrain, la situation se dégrade avec la seconde *Intifada* (*Intifada Al-Aqsa*) dans les territoires palestiniens après la visite d'Ariel Sharon sur l'esplanade des Mosquées à Jérusalem en septembre 2000. Cette Intifada diffère toutefois de la précédente. La société civile y est moins présente, les groupes armés organisent et utilisent leurs armes ; d'où une vague d'attentats-suicides commis par le Hamas et le Jihad islamique en Israël. Lequel réprime de façon très vigoureuse et violente avec comme conséquences un nombre excessif de morts, un emprisonnement massif, la destruction de biens qui à leur tour provoquent des attentats, la répression, etc. En septembre 2002, Ariel Sharon annonce la mort des accords d'Oslo et Tsahal réoccupe les villes de Cisjordanie. Dans ce contexte fortement abîmé, signalons quelques propositions positives, mais sans lendemain : ainsi, par sa résolution 1397, le Conseil de sécurité mentionne, pour la première fois, la perspective de la coexistence de deux États, Israël et la Palestine ; le sommet arabe de Beyrouth (mars 2002) débouche sur l'adoption d'un plan de paix promu par l'Arabie Saoudite fondé sur la formule : la paix arabo-israélienne en échange de la fin de l'occupation ; en avril 2003, le Quartet, formé des Nations Unies, de l'Union européenne, des États-Unis et de la Russie, officialise une « feuille de route » portant un plan par étapes en vue de la création d'un État palestinien pour 2005 ; toujours en 2003, une initiative dite de Genève propose un plan de paix non officiel établi par deux anciens ministres, l'un Israélien, l'autre Palestinien, etc.

67– Ariel Sharon décide et met en exécution, en août-septembre 2005, un plan de retrait unilatéral de la bande de Gaza et des colonies qui s'y étaient implantées, davantage pour l'intérêt bien compris d'Israël que pour toute autre considération. Il ne voulait d'ailleurs pas inscrire ce retrait dans le cadre du processus d'Oslo auquel il était foncièrement opposé. L'Autorité palestinienne, à la recherche du moindre succès pour montrer le bien-fondé de sa stratégie de négociation avec Israël, ne pouvait donc pas le porter à son crédit ni organiser l'après départ des Israéliens, ce dont profitera son rival le Hamas. C'est aussi un retrait singulier : Israël continue à exercer le contrôle strict par les airs, la mer et les frontières terrestres à un point tel que l'on parle depuis lors de « prison à ciel ouvert » ou d'une occupation d'un nouveau genre, une « occupation de l'extérieur »[1].

68– Après le décès de Yasser Arafat en 2004, c'est Mahmoud Abbas qui devient, l'année suivante, Président de l'Autorité palestinienne dans un contexte particulièrement délicat. Le pouvoir de cette institution est en effet plus que jamais fragilisé. D'abord, en raison de ses propres défaillances (corruption, non-respect des libertés, etc.) Ensuite, du fait de la défection des soutiens internationaux, financiers notamment. Enfin et surtout, parce que le Hamas, ennemi déclaré du processus d'Oslo, remporte dans la bande de Gaza les élections municipales en 2005 et les législatives en 2006 ; l'année suivante, il prend alors le pouvoir et chasse les représentants du Fatah tant et si bien que l'Autorité palestinienne n'exerce plus ses prérogatives qu'en Cisjordanie. En réaction, Israël, avec au départ l'aide de l'Égypte, impose, à partir de juin 2007 jusqu'à l'heure actuelle, un blocus maritime, terrestre et aérien sévère à la bande de Gaza ; blocus considéré par beaucoup comme une « peine collective », et en tout état de cause dépourvu de base légale. Les 2,4 millions d'habitants, dont une très grande partie sont des réfugiés, en subissent alors de plein fouet les conséquences désastreuses au plan humanitaire, économique, social et sanitaire. Le cycle de la violence reprend, à supposer que celle-ci ait cessé : le Hamas lance ponctuellement des roquettes ou des ballons incendiaires sur Israël qui exerce en retour des représailles d'une telle disproportion qu'elles ne peuvent passer pour de la légitime défense. Cette évolution de la situation inaugurait une nouvelle période bien sombre du conflit.

C/ De sombres perspectives

69– La dernière période fait apparaitre une grave détérioration de la situation des Palestiniens et, à l'inverse, une consolidation, si besoin était, de la position israélienne faite de faits accomplis que lui permet une inégalité de puissance rare. L'entreprise de démolition progressive, mais résolue des accords d'Oslo se confirme à laquelle s'ajoute un retour spectaculaire de la violence, il est vrai omniprésente.

---

[1] A. Bockel, « Le retrait israélien de Gaza et ses conséquences sur le droit international », *Annuaire français de droit international*, 2005, p. 16-26 ; et du même auteur, « Gaza : le processus de paix en question », *Ibid.*, 2009, p. 173-187.

L'absence de perspective politique

70– D'une part, les pays arabes se détournent de plus en plus de la question palestinienne quand ils ne cherchent pas une alliance avec Israël, et leur soutien, notamment financier, va en décroissant alors que les besoins palestiniens sont réels et nombreux. *La question palestinienne perd de sa centralité*, la stratégie fondée sur le rapprochement entre Israël et les divers États arabes (accords d'Abraham) servant en quelque sorte d'alternative. D'autre part, les appareils politiques palestiniens perdent progressivement leur crédibilité pour toutes sortes de raisons, les unes de leur fait, les autres en raison du jeu subtil d'Israël. Au titre des premières, évoquons le peu de cas fait du respect des droits de l'homme, la pratique de la corruption ou encore le déficit démocratique avec en particulier l'inobservation des échéances électorales. Ainsi, le Président de l'Autorité palestinienne, Mahmoud Abbas, a succédé à Yasser Arafat en 2005, et son mandat a expiré voilà plusieurs années sans avoir été renouvelé, si ce n'est par le Conseil national palestinien, un organe de l'OLP ; des élections législatives devaient avoir lieu en mai 2021, mais ont été reportées *sine die*...

71– Au titre des secondes, citons la division du pouvoir palestinien entre, d'une part, une Autorité palestinienne désireuse de privilégier la négociation avec Israël, mais affaiblie par celui-ci et par ses propres carences et, pour certains, frappée de discrédit par le manque de résultats et son obsession de servir la répression israélienne, et, d'autre part, le Hamas et le Jihad islamique dans la bande de Gaza adeptes du recours à la force armée, mais sans débouché politique. La dernière confrontation en date d'octobre 2023 (opération *Déluge d'Al-Aqsa*) témoigne de cette stratégie parfois spectaculairement sanglante, mais stérile politiquement et peut-être radicalement négative pour la cause palestinienne. Israël a joué habilement de cette division en affaiblissant l'une et en diabolisant les deux autres, et cela, pour accréditer l'idée d'une absence de partenaires palestiniens avec qui négocier la paix. Des accords de réconciliation inter-palestiniens sont ponctuellement négociés (comme en 2007, 2010, 2014, 2017), mais restent lettre morte et sont même contredits par le comportement des protagonistes sur le terrain (exemple de la tentative d'assassinat du Premier ministre palestinien à Gaza). À cela s'ajoutent une situation économique très dégradée et une dépendance à l'égard de l'économie israélienne qui fait que les Palestiniens ne peuvent survivre sans assistance extérieure, elle-même sujette à bien des aléas et conditionnalités (suspension de l'aide européenne et plus récemment, une aide réexaminée en profondeur, officiellement pour ne pas que le Hamas puisse en tirer profit).

72– Dans ce tableau où l'espoir est mince *la colonisation* par Israël du territoire palestinien tient une place centrale. Bien qu'illégale et régulièrement dénoncée, celle-ci a démarré dès le lendemain de la guerre des Six-Jours de juin 1967. De retour au pouvoir fin 2022, Benyamin Netanyahou, gouvernant avec une coalition de partis conservateurs, religieux et d'extrême droite, annonce vouloir encore la renforcer. Plus de 500.000 Israéliens résident maintenant dans des colonies en Cisjordanie, où vivent 2,8 millions de Palestiniens, à quoi s'ajoutent 230.000 colons à Jérusalem-Est (et 35.000 sur le plateau syrien du Golan annexé illégalement). Et périodiquement des colonies « sauvages » (non autorisées, appelées aussi « avant-postes ») en Cisjordanie sont légalisées, souvent en représailles à des attaques subies par Israël. On sait que, outre leur caractère illégal, ces colonies entravent gravement la continuité territoriale indispensable au futur État palestinien et les colons recourent souvent à la violence contre les Palestiniens dans un climat d'impunité bien inquiétant. À l'heure actuelle le territoire palestinien occupé donne l'image d'un archipel formé d'îlots ou d'enclaves (au nombre de 165, semble-t-il) avec en son sein ces implantations israéliennes reliées entre elles par des routes rapides de contournement réservées aux seuls Israéliens.

73– Il est difficile aujourd'hui de croire qu'Israël renoncera à ces colonies dans le cadre d'un hypothétique accord de paix. Encore récemment, des membres du gouvernement ont ouvertement parlé de recolonisation de bande de Gaza une fois les opérations militaires contre le Hamas achevées (opération *Glaive de fer* démarrée en octobre 2023, voir ci-après). D'autant qu'une annexion d'une partie au moins de la Cisjordanie est de plus en plus ouvertement évoquée. Ainsi à l'approche des élections législatives du 17 septembre 2019, Benyamin Netanyahou, avait notamment fait savoir que, s'il était reconduit au pouvoir, il annexerait unilatéralement la vallée du Jourdain et la partie nord de la mer Morte en Cisjordanie. Une fois le plan de paix américain dévoilé en janvier 2020, Israël annonce son intention de s'emparer de 30 % de la Cisjordanie, annonce aussitôt condamnée par plusieurs acteurs internationaux d'importance (dont l'Union européenne), des gouvernements et de nombreux experts des droits de l'homme.

74– Israël temporise et indique ensuite suspendre sa décision à la suite de l'accord conclu avec les Émirats arabes unis. Jusque-là sous le pouvoir d'une administration militaire, la Cisjordanie est désormais sous celui d'une administration civile que dirige le ministre actuel des Finances, Bezalel Smotrich (le même qui a déclaré que « le peuple palestinien n'existe pas » et grand partisan de l'expansion des colonies) : est-ce le prélude à une prochaine annexion ? L'objectif final pourrait en effet être l'annexion du territoire occupé, au moins en partie, la question qui demeure concerne alors le calendrier et la forme que prendra une telle décision. Inutile de préciser qu'un tel scénario annihilerait le droit du peuple palestinien à former un État indépendant déjà fort malmené depuis longtemps.

75– Existe-t-il des *initiatives de paix* pour infléchir cette spirale négative ? Celles-ci se font rares et connaissent invariablement le même sort, l'échec (initiative Bush de 2003, conférence d'Annapolis de 2007, initiative George Mitchell de 2008-2009, nouvelle initiative du Quartet de 2010, initiative John Kerry de 2013-2014, initiative de paix de la France en 2016-2017, plan de paix palestinien présenté en février 2018 au Conseil de sécurité, etc.) L'indifférence de plus en plus grande à l'égard du conflit ou la « fatigue » de celui-ci jouent bien évidemment contre la partie faible, donc contre les Palestiniens, et laissent les mains de plus en plus libres à la puissance occupante. De plus, les initiatives de sortie du conflit les plus récentes sont outrageusement déséquilibrées en faveur d'Israël. Tel est le cas du plan de paix du Président Trump, appelé pompeusement « Accord du siècle ».

76– Il a été présenté le 28 janvier 2020 et préparé sans concertation aucune avec les Palestiniens, ce qui en dit déjà long sur son contenu. Il a en effet pour singularité de prévoir qu'Israël annexerait la vallée du Jourdain et l'État palestinien ainsi amputé serait démilitarisé, sans droit de contrôle sur ses frontières et devant faire son affaire du problème des réfugiés, Israël n'ayant aucune obligation en la matière. Est-ce encore un État dont il s'agit ici, ou plutôt une sorte de « Bantoustan » à la mode de l'Afrique du Sud de l'apartheid ? Sans surprise, ce plan a été repoussé par les Palestiniens, la communauté internationale, à l'exception de quelques pays (y compris arabes), et même par l'administration Biden.

77– Il faut ajouter que, au mépris des règles internationales, le Président Trump avait aussi reconnu, en mars 2019, l'annexion (illégale) israélienne du Golan syrien et la légalité des colonies israéliennes, tout comme il a reconnu Jérusalem comme capitale de l'État hébreu en décembre 2017, et y a déménagé l'ambassade américaine en mai 2018, tout en sachant que l'annexion de Jérusalem par Israël a été condamnée pour violation du droit international. Réaction de l'Assemblée générale de l'ONU : toute modification unilatérale du statut de Jérusalem est invalide et de nul effet (résolution ES-10/19 {2017}). Finalement, peu d'États ont emboîté le pas aux États-Unis et certains, après l'avoir fait, se sont ravisés. Dans le même esprit, les États-Unis cessent, en août 2018, leur financement à l'UNRWA (Office de secours et de travaux des Nations Unies pour les réfugiés de Palestine dans le Proche-Orient), organisme onusien ô combien crucial pour l'aide aux 5,9 millions de réfugiés palestiniens les plus fragiles et qui subit de la sorte une baisse significative de ses ressources, les États-Unis étant l'un des principaux donateurs. Si l'administration Biden, en place à partir de 2021, a renoué avec l'UNRWA et rétabli son aide financière, elle n'a en revanche pas remis en cause les autres décisions de l'administration Trump. En janvier 2024, les États-Unis, premier donateur donc, viennent à nouveau de suspendre le financement de cet organisme à la suite de l'accusation israélienne selon laquelle une douzaine d'employés palestiniens (sur un effectif total de 30.000) auraient participé à l'opération *Déluge d'Al-Aqsa* menée par le Hamas le 7 octobre 2023. On sait qu'Israël voue une haine farouche à l'UNRWA et demande régulièrement sa disparition, manière peut-être de faire disparaître la question des réfugiés palestiniens et de leur droit au retour. Toujours est-il qu'avec une rapidité peu compréhensible, 16 pays ont aussitôt imité l'administration américaine alors que, comme nous le verrons, la bande de Gaza se trouve dans une situation humanitaire véritablement catastrophique (*infra,* chapitre III)[1].

La violence, seule perspective ?

78– S'agissant de la *bande de Gaza* plusieurs opérations militaires d'envergure l'ont ponctuellement frappée en plus du blocus, illégal, exercé drastiquement par Israël : de juin à novembre 2006, de décembre 2008 à janvier 2009 (opération *plomb durci*), mai 2010 (attaque contre une flottille humanitaire se dirigeant vers Gaza), novembre 2012

[1] Voici, à la fin janvier 2024, les pays concernés : Etats-Unis, Allemagne, Suède, Japon, Canada, Pays-Bas, Royaume-Uni, Italie, Australie, Autriche, Finlande, Nouvelle-Zélande, Islande, Roumanie, Estonie, Lituanie et Lettonie ; « En pleine crise humanitaire à Gaza, l'UNRWA, l'agence de l'ONU pour les réfugiés palestiniens, plongée dans la tourmente », 27.01.2024 (www.lemonde.fr) ; « UNRWA : qui finance l'agence des Nations unies dévolue aux réfugiés palestiniens, aujourd'hui en pleine tourmente ? », 31.01.2024 (*Ibid.*)

(opération *pilier de défense*), juillet-août 2014 (opération *bordure protectrice*), novembre 2019, mai 2021 (opération *gardien des murs*), août 2022 (opération *aube naissante*), mai 2023 (opération *boucliers et flèches*), depuis octobre 2023 (opération *Glaive de fer*)... Le bilan humain, économique, sanitaire et social de ces opérations militaires est à chaque fois très lourd du côté palestinien sans épargner des vies israéliennes. Pour prendre l'exemple de la guerre de 2014, les pertes humaines s'élèvent à plus de 1.113 morts palestiniens dont 795 civils et 230 enfants, 6.233 blessés ou mutilés dont 1.949 enfants et 1.660 femmes, 182.604 déplacés. Côté israélien, on a fait état de la mort de 3 civils et de 53 soldats. On verra que la dernière opération menée depuis octobre 2023 affecte un nombre de victimes civiles inégalé jusqu'ici (*infra*, ce chapitre).

79– Quant au bilan social, économique et sanitaire, il est également à chaque fois accablant. Toujours à propos de la guerre de 2014, la bande de Gaza est privée de nourriture, d'eau, d'électricité et d'accès aux soins. Les conditions sanitaires sont des plus déplorables, et les lieux de refuge saturés. 50.000 maisons auraient été totalement détruites et 30.000 partiellement. On ne compte plus les écoles et les crèches bombardée, car soupçonnées par Tsahal d'être utilisées par le Hamas, tout comme l'unique centrale électrique ainsi que plusieurs hôpitaux. Le 30 mars 2018 marque le lancement des *Grandes marches du retour* à Gaza sous la forme d'un mouvement de protestation pacifique pour la levée du blocus et le droit au retour. Elles se sont néanmoins heurtées à une répression implacable de l'État hébreu en totale inadéquation avec les circonstances. En mai 2021, les frappes aériennes israéliennes sont une nouvelle fois disproportionnées et indifférentes à la protection des civils : 242 morts Palestiniens (dont 68 enfants, 37 femmes, 3 personnes handicapées et 1 journaliste) ; 12 morts en Israël (dont des ressortissants étrangers et deux enfants). À quoi s'ajoute le déplacement de quelque 77.000 Palestiniens trouvant pour la plupart refuge dans les écoles de l'UNRWA de la bande de Gaza.

80– *En Cisjordanie et à Jérusalem-Est*, la situation n'est guère meilleure. En voici quelques épisodes. À partir de septembre 2015, une « Intifada des couteaux » ou « Intifada des loups solitaires », démarre avec une succession d'incidents violents, et ce, à la suite de tensions récurrentes autour de l'esplanade des Mosquées. Les forces israéliennes répondent notamment avec des balles réelles, faisant des morts et des blessés parmi les civils. Des affrontements israélo-palestiniens en avril-mai 2021 mettent aux prises Israéliens juifs d'un côté, Israéliens arabes et Palestiniens de l'autre. Les premiers heurts ont commencé à Jérusalem, le 10 avril 2021, avant de s'étendre à Jaffa, dans un contexte de tensions religieuses exacerbées. Des frictions se font jour, le 6 mai 2021, autour du quartier disputé de *Cheikh Jarrah* où des familles arabes habitant là depuis longtemps sont menacées d'expulsion. À l'envoi de roquettes sur Jérusalem par le Hamas, le 10 mai 2021, répond l'opération israélienne *gardien des murs* ; les émeutes s'étendent simultanément dans le territoire israélien, en particulier dans les villes dites « mixtes » où cohabitent Israéliens juifs et Israéliens arabes. Un cessez-le-feu entre finalement en vigueur le 21 mai 2021. Une fois de plus, le coût humain est affligeant.

81– En fait cette violence est quasi quotidienne et s'autoalimente faute de solution sur le fond : l'armée israélienne suréquipée a en face d'elle de plus en plus de jeunes palestiniens désespérés qui, pour certains, n'hésitent plus à utiliser des armes - mais sans aucune chance de succès - et à s'organiser en groupes tels que les Brigades d'*Aqabat Jabr* ou les Lions de Naplouse (la fosse aux lions) en Cisjordanie qui défient l'armée israélienne, mais aussi l'Autorité palestinienne. Selon un schéma devenu répétitif, cette radicalisation risque fort d'accroître, comme nous le verrons, la répression et la violation des droits et libertés des personnes commises non seulement par les forces israéliennes, mais aussi, et de plus en plus, par les colons dans un climat d'impunité peu propice à dissuader les unes et les autres.

82– La violence a rebondi spectaculairement le 7 octobre 2023 sous une forme et une ampleur inédites, lorsque le Hamas a porté ses attaques sur le territoire israélien en y envoyant des roquettes, mais aussi et surtout des combattants qui ont commis des atrocités sur des civils (opération *Déluge d'Al-Aqsa*) faisant 1.163 morts (dont 767 civils) et 3.300 blessés israéliens et d'autres nationalités, chiffres très élevés si on les compare avec ceux des confrontations passées. À quoi s'ajoutent 250 otages kidnappés par le même Hamas dont 105 seulement ont été libérés et d'autres décédés (30 ?), dont certains du fait des forces israéliennes.

Invoquant son droit de légitime défense, l'armée israélienne a attaqué la bande de Gaza (opération *Glaive de fer*) en y procédant à des bombardements réguliers, massifs et indiscriminés provoquant, à la mi-février 2024 et selon le ministère de la Santé de Gaza, plus de 29.000 morts (dont 70 % d'enfants et de femmes), au moins 68.667 blessés et plusieurs milliers de disparus, la plupart morts et encore sous les décombres ou alors décédés en dehors des hôpitaux et donc non décomptés dans les chiffres précités. 158 membres de l'UNRWA ont trouvé la mort ainsi que 122 journalistes. Pour sa part, Israël déclare 238 soldats tués et 1.400 blessés. En Cisjordanie, on y comptait, à la même date, à la suite de plusieurs opérations de l'armée israélienne, 400 Palestiniens tués (dont 102 enfants), 4.575 blessés et divers dommages matériels importants, ainsi que 13 morts et 86 blessés israéliens. Dans cette zone, 2023 a déjà été l'année la plus meurtrière depuis 2005. Bien que terribles, ces chiffres sont toujours provisoires car quotidiennement dépassés.

Sur instructions des forces israéliennes, plus 1,7 million de Gazaouis (75 % de la population) ont fui leurs habitations pour aller vers le Sud espérant ainsi échapper au danger, dont 1,4 million se sont réfugiés dans les 154 installations de l'UNRWA, quatre fois plus que leur capacité d'accueil. Mais les bombardements ont gagné cette zone laissant penser que les Palestiniens n'avaient plus d'autre possibilité que de franchir la frontière égyptienne. Plus de 1,4 million de Gazaouis n'ont eu alors d'autre choix que de s'amasser à Rafah, ville frontalière avec l'Égypte conçue pour 280.000 habitants ; mais les bombardements les ont quand même rattrapés et une opération militaire terrestre d'envergure était annoncée sur cette ville. Comme le Secrétaire général de l'ONU l'a fait observer aucun endroit n'est sûr dans la bande de Gaza. Qui plus est, le risque d'extension du conflit est réel par suite notamment des bombardements du Sud Liban par Israël et des échanges de tirs avec le Hezbollah, des frappes américaines en Irak et en Syrie et, en mer rouge, des tirs de missiles et de drones par les Houthistes, rebelles yéménites, et les frappes en retour des États-Unis et du Royaume-Uni. Également à mentionner des rapports pour le moins tendus avec l'Iran et la Syrie...

82 bis– La bande de Gaza, déjà sous blocus israélien sévère depuis 2007, a été placée par Israël sous un siège total et implacable avec interruption de fourniture d'eau, d'électricité, de carburant, de médicaments, etc. La question de l'illégalité de cette décision a été soulevée par l'ONU, mais le plus urgent, au vu de la détresse humanitaire des Gazaouis, est évidemment la prise en charge humanitaire, et même un cessez-le-feu humanitaire demandé vainement par beaucoup et notamment par l'ONU. Le 27 octobre 2023, l'Assemblée générale de l'ONU a adopté par 120 voix pour, 14 contre et 45 abstentions, une résolution appelant notamment à « une trêve humanitaire immédiate, durable et soutenue, menant à la fin des hostilités », au respect par toutes les parties du droit international humanitaire et à une aide continue et sans entrave dans la bande de Gaza[1]. Ce n'est qu'au bout de sa cinquième tentative que le Conseil de sécurité a, de son côté approuvé, le 15 novembre 2023, une résolution demandant notamment la libération de tous les otages, des pauses humanitaires urgentes et prolongées, des couloirs à travers l'enclave assiégée pour permettre l'accès des travailleurs humanitaires, le respect du droit humanitaire, etc.[2] Dans ce même cadre, les États-Unis ont opposé leur veto (pour la 35e fois en faveur d'Israël), le 8 décembre 2023, à un projet de résolution appelant à un « cessez-le-feu humanitaire immédiat » dû à une initiative (rare) du Secrétaire général et appuyé par 13 membres du Conseil (le 14e s'est abstenu). Même veto américain fatal, le 20 février 2024, à un projet de résolution, cette fois-ci de l'Algérie, soutenu par 13 membres (le 14e s'abstenant) et appelant à « un cessez-le-feu humanitaire immédiat qui doit être respecté par toutes les parties ».

Pour pallier l'inaction du Conseil, l'Assemblée générale s'est emparée de cette question et a adopté, le 12 décembre 2023, à une large majorité (153 votes pour, 10 contre et 23 abstentions) une résolution exigeant notamment un *cessez-le-feu humanitaire* immédiat à Gaza, la libération des otages, le respect du droit humanitaire et en particulier la protection des civils trop nombreux à avoir perdu la vie, notamment sous les bombardements israéliens[3]. Enfin, retour devant le Conseil de sécurité qui, toujours sans appeler au cessez-le-feu en raison de l'opposition américaine (relayant le refus israélien), a avalisé, le 22 décembre 2023, une résolution exigeant notamment la livraison immédiate, sûre et sans entrave d'une aide humanitaire à grande échelle directement à la population civile palestinienne, et ce, dans toute la bande de Gaza. Ce texte prévoit à cette fin la nomination rapide par l'ONU d'un coordonnateur humanitaire avec pour mission de faciliter, coordonner, contrôler et vérifier à Gaza le caractère humanitaire de l'ensemble des secours acheminés[4]. Il reste que jusqu'en février 2024, la situation humanitaire n'a pas connu d'amélioration, seuls 24 % des missions ayant été acceptées par Israël et 10 convois seulement sur 61 prévus ont pu atteindre le Nord de la bande Gaza. L'impact de ce blocage est particulièrement à craindre, sans compter

[1] A/ES-10/21.
[2] S/RES/2712.
[3] A/RES/ES-10/22.
[4] S/RES/2720.

que l'armée israélienne a arrêté et détenu certains membres de ces convois humanitaires. Devant l'insécurité et les risques encourus, le Programme alimentaire mondial (PAM-ONU) a dû interrompre à plusieurs reprises son aide au Nord de Gaza, et pour la dernière fois le 20 février 2024.

83– Israël a reçu le soutien des pays occidentaux et tout particulièrement des États-Unis dont le Président a dit que, pour lui, il s'agissait d'une « affaire personnelle », ce dont témoigne, entre autres, i) une aide militaire massive décidée rapidement, ii) le déploiement spectaculaire de forces aéronavales américaines en Méditerranée orientale pour décourager le Hezbollah, l'Iran et d'autres d'ouvrir un nouveau front contre Israël, iii) et la création d'une coalition navale en Mer rouge pour neutraliser les attaques des Houthistes du Yémen. Tous ont insisté sur le droit de l'État hébreu à se défendre. Le Président Biden et plusieurs responsables européens ont également fait le voyage en Israël pour y témoigner de leur amitié et de leur soutien ; certains de ces derniers ont eu également des contacts avec les autres pays de la région. Dans un deuxième temps, et devant le nombre croissant de victimes ainsi que la dégradation très rapide de la situation humanitaire des Gazaouis déjà très éprouvés avant ce conflit, ils ont prêté une plus grande attention au respect du droit international humanitaire et du droit international. L'assistance humanitaire internationale se met en place, mais reste confrontée à de nombreuses difficultés tant politiques que pratiques, car comment acheminer cette aide alors que les bombardements continuent et que plusieurs établissements (hôpitaux, centres de soins, locaux de l'ONU, etc.) et moyens de transport (ambulances), en principe protégés par le DIH, ont néanmoins fait l'objet d'attaques.

Le conflit se poursuivant à l'heure où ces lignes sont rédigées, il est difficile de décrypter ses conséquences sur l'évolution de la question palestinienne. Cette évolution peut se faire dans plusieurs directions et soulève nombre d'interrogations pour le moins complexes : que va devenir la bande de Gaza, son statut actuel va-t-il changer, les officiels israéliens ne semblant pas sur la même ligne (certains parlant de réoccupation et de recolonisation, d'autres non) alors que les États-Unis excluent toute recolonisation et paraissent vouloir remettre en selle une Autorité palestinienne « revitalisée » ? Même question pour la Cisjordanie où la popularité du Hamas ne cesse de suivre une courbe ascendante, à l'inverse de celle de l'Autorité palestinienne, et où la violence des forces de sécurité israéliennes ainsi que celle des colons connaît une augmentation inquiétante ? Quels types de rapports vont se nouer entre les deux pouvoirs politiques palestiniens après cette attaque si tant est que le Hamas survive à la vengeance israélienne ? Que deviennent les relations israélo-arabes (le rapprochement avec l'Arabie Saoudite est, par exemple et pour l'heure, suspendu) qui risquent d'être durablement affectées ? La communauté internationale va-t-elle s'impliquer davantage ou, au contraire, camper plus résolument encore dans l'indifférence qui a été la sienne toute cette dernière période ? Israël, blessé et humilié par cette attaque, d'un genre sans précédent, va-t-il assouplir sa position traditionnelle pour tirer les leçons de cette énième confrontation armée - ce qui paraît peu probable actuellement -, ou la raidir davantage encore, le projet du Grand Israël s'imposant de plus en plus ouvertement ? La solution à deux États, qui retrouve une certaine actualité, va-t-elle prendre réellement forme ou, une fois de plus, les vents qui lui sont contraires, à commencer par le refus persistant israélien, vont-ils lui être fatals ?

84– Avant la dernière crise d'octobre 2023, Henry Laurens, historien, relevait que « ...les conditions actuelles de la construction de la question de Palestine... sont inquiétantes : absence de solution politique acceptable sinon juste et enfermement dans l'insécurité, la souffrance, la violence. »[1] Pour Vincent Lemire, autre historien, « Le 7 octobre (2023) nous fait basculer dans le cinquième acte de la tragédie israélo-palestinienne. Le premier acte est celui de la genèse des projets nationaux concurrents (1897-1917). Le deuxième acte est marqué par des confrontations sporadiques sous tutelle britannique (1917-1947). Au cours du troisième acte, nous assistons à des guerres conventionnelles entre États (1947-1987). Le quatrième acte se traduit par une « repalestinisation » du conflit, avec une alternance d'intifadas (« soulèvements ») et de négociations, dont l'Organisation de libération de la Palestine était le pivot (1987-2023) ». Mais, selon lui, aucune de ces références historiques ne correspond à la période actuelle, période qu'il qualifie « d'obscure qu'il est encore impossible de nommer »[2].

* * *

[1] *op. cit.*, p. 155.
[2] « Depuis l'attaque du Hamas contre Israël, nous sommes entrés dans une période obscure qu'il est encore impossible de nommer », 14.10.2023 (www.lemonde.fr).

85– C'est au vu de ce contexte que la question du rôle du droit se pose. Pour sa part, l'Autorité palestinienne s'est tournée de plus en plus vers la communauté internationale et son droit. Ainsi la Palestine est devenue membre à part entière de l'UNESCO (31 octobre 2011), a obtenu, faute de la qualité de membre, le statut d'État non-membre de l'ONU (20 novembre 2012), rejoint la Cour pénale internationale (1er avril 2015), ce qui lui a permis de saisir cette juridiction contre les agissements israéliens. Elle a également adhéré à de nombreux grands traités internationaux multilatéraux portant notamment sur les droits de l'homme, le droit humanitaire, les relations diplomatiques, etc. Autant de signes qui montrent que l'arme du droit est mobilisée et chargée de beaucoup (peut-être trop) d'espoirs.

CHAPITRE II.

Le droit à l'autodétermination du peuple palestinien

86– Il peut être paradoxal d'avoir besoin d'évoquer la question du droit à l'autodétermination du peuple palestinien tant la chose paraît aller de soi. On peut même se demander si le type de mandat britannique (mandat A) évoqué au chapitre précédent, à propos de la déclaration Balfour, ne devait pas déboucher sur sa réalisation. On se souvient qu'en vertu de l'article 22 du Pacte de la Société des Nations, les mandats A, comme celui retenu pour la Palestine, concernaient les communautés dont le caractère de nation indépendante était reconnu provisoirement, et elles devaient seulement recevoir de l'aide pour parvenir à s'autoadministrer dans le futur. Certes le mandat britannique était focalisé sur le foyer national juif, mais on peut raisonnablement penser qu'il devait, avec le temps et la revendication de la résistance palestinienne, englober aussi le peuple palestinien comme certains projets de partition britanniques ont fini par l'admettre quelques années plus tard (*supra,* chapitre I).

87– Plus près de nous, le partage de la Palestine par l'ONU en 1947 devait aboutir à la création et l'indépendance de deux États : l'un juif et l'autre arabe[1]. D'ailleurs, il est symptomatique que la proclamation de l'État palestinien du 15 novembre 1988 mentionne la résolution 181 (II) du 29 novembre 1947 de l'ONU ayant justement opéré et précisé le régime et les modalités de ce partage. Mais comme on le sait, l'histoire en a décidé autrement et le peuple palestinien doit encore lutter pour

[1] J. Salmon, « La qualité d'État de la Palestine », *Revue belge de droit international*, 2012-I, p. 13-40.

l'accomplissement de son droit à s'autodéterminer. C'est pourquoi, il convient, en raison de son importance, de revoir ce droit à l'autodétermination (I) et **d'**expliquer à quels obstacles persistants son exercice se heurte (II).

SECTION 1/
Principe du droit des peuples à disposer d'eux-mêmes

§1/ Signification

88– Ce principe signifie que les peuples ont le droit de déterminer librement et sans ingérence extérieure leur destin, c'est-à-dire leur statut international (dimension externe) et la façon dont ils entendent être gouvernés et choisir leur développement économique, social et culturel (dimension interne). Il a été consacré par plusieurs textes d'importance et revêt aujourd'hui une valeur incontestable. Sans remonter à ses premières apparitions, notons que la Charte des Nations Unies l'évoque rapidement en ses articles 1, § 2 et 55[1]. Pour nous en tenir à l'essentiel, trois autres textes marquent son ascension. C'est d'abord la célèbre résolution 1514 du 14 décembre 1960 de l'Assemblée générale de l'ONU qui le consacrera avec éclat à telle enseigne qu'elle est connue depuis comme la « Charte de la décolonisation ». Intitulé « Déclaration sur l'octroi de l'indépendance aux pays et peuples coloniaux », ce texte, après avoir proclamé la nécessité de mettre rapidement et inconditionnellement fin au colonialisme sous toutes ses formes et dans toutes ses manifestations, pose pour principe que « tous les peuples ont le droit de libre détermination ; en vertu de ce droit, ils déterminent librement leur statut politique et poursuivent librement leur développement économique, social et culturel. »

89– Ce principe a été ensuite incorporé dans deux traités internationaux de première importance pour les droits de l'homme. En effet, l'article premier du Pacte international relatif aux droits civils et politiques et celui du Pacte international relatif aux droits économiques, sociaux et culturels, adoptés tous deux le 16 décembre 1966 par l'Assemblée générale de l'ONU, réaffirment le droit de tous les peuples à l'autodétermination en

---

[1] Voir les commentaires de ces dispositions in J-P. Cot, A. Pellet et M. Forteau (sous la direction de), *La Charte des Nations Unies. Commentaire article par article*, Economica, 2005, respectivement vol. 1, p. 337-356 (commentaire par J-F. Dobelle) et vol. II, p. 1451-1480 (commentaire par A. Pellet).

ces termes : « *tous les peuples* ont le droit de disposer d'eux-mêmes. En vertu de ce droit, ils déterminent librement leur statut politique et assurent librement leur développement économique, social et culturel. » Et ce, avant d'ajouter que les États parties sont tenus de faciliter la réalisation de ce droit et de le respecter.

90– Troisième source de rayonnement de ce droit, la déclaration du 24 octobre 1970 relative aux principes du droit international touchant les relations amicales et la coopération entre les États conformément à la Charte des Nations Unies, annexée à la résolution 2625 (XXV) de l'Assemblée générale des Nations Unies. Cette déclaration y voit l'un des « principes fondamentaux du droit international », et l'énonce ainsi : « *tous les peuples* ont le droit de déterminer leur statut politique, en toute liberté et sans ingérence extérieure, et de poursuivre leur développement économique, social et culturel, et tout État a le devoir de respecter ce droit conformément aux dispositions de la Charte » (italiques ajoutés).

91– Son application débouche souvent sur la création d'un État souverain et indépendant. Mais il peut aussi donner naissance à une libre association ou intégration avec un État préexistant ou, plus généralement, à l'acquisition de *tout autre statut politique librement décidé par le peuple concerné*. Peu importe les modalités suivies pour exprimer ce choix dès lors que celui-ci correspond à « l'expression libre et authentique de la volonté des peuples intéressés. »[1] À cet égard, les autres États ont le devoir de favoriser, séparément ou ensemble, la réalisation de ce principe, tout comme ils ont le devoir de s'abstenir de recourir à toute mesure de coercition qui priverait les peuples de ce droit, de leur liberté et de leur indépendance. Sur ce point, la résolution 3314 de l'Assemblée générale de l'ONU du 14 décembre 1974, portant définition de l'agression, insiste sur « le devoir des États de ne pas recourir à l'emploi de la force armée pour priver les peuples de leur droit à l'autodétermination, à la liberté et à l'indépendance, ou pour porter atteinte à l'intégrité territoriale... »

92– À plusieurs reprises, la jurisprudence internationale a notamment précisé sa valeur juridique, aussi incontournable que son rôle politique. La Commission d'arbitrage pour l'ex-Yougoslavie l'a qualifié de principe « impératif » (avis n° 1, 1991), autrement dit une norme insusceptible de

[1] *Sahara occidental, Avis consultatif du 16 octobre 1975*, CIJ Recueil 1975, p. 32, § 55.

dérogation, rejoignant ainsi la Commission du droit international qui l'a cité comme l'un des exemples de *jus cogens*.

93– De son côté, la Cour internationale de Justice a indiqué qu'il s'agissait « d'un des principes essentiels du droit international contemporain », « opposable *erga omnes* », c'est-à-dire opposable à tous[1]. Plus récemment, elle a indiqué que, bien qu'elle soit formellement une recommandation, la résolution 1514 (XV) déjà citée revêt un caractère déclaratoire, s'agissant du droit à l'autodétermination en tant que norme coutumière, du fait de son contenu et des conditions de son adoption[2].

94– Il faut enfin noter l'élargissement des bénéficiaires de ce droit. Destiné au départ aux peuples sous colonisation, ce droit a été étendu aux peuples occupés militairement ou soumis à un régime de domination ou de discrimination raciale comme l'apartheid. On comprend dès lors que la Palestine puisse logiquement en bénéficier, sans parler du fait que les promoteurs de cette extension avaient justement en vue sa situation[3].

§2/ Application au peuple palestinien

95– Comme on a pu le constater, la plupart des textes relatifs à ce principe utilisent l'expression « tous les peuples », y compris la résolution 1514, pourtant dédiée à la décolonisation. En cohérence avec cette logique, la résolution 2625 du 24 octobre 1970 qui, comme on l'a mentionné, consacre le droit des peuples à disposer d'eux-mêmes comme l'un des grands principes internationaux, a tenu à préciser que « soumettre des peuples à la subjugation, à la domination ou à l'exploitation étrangères constitue une violation... » de ce droit. Ne restait plus alors qu'une reconnaissance explicite de ce que le peuple palestinien était bel et bien éligible à ce droit.

A/ Consécration par l'Assemblée générale de l'ONU

96– Dès le 10 décembre 1969, la résolution 2635 B de l'Assemblée générale de l'ONU, évoquant la question des réfugiés palestiniens,

---

[1] *Affaire du Timor oriental, Arrêt du 30 juin 1995*, CIJ Recueil 1995, p. 102, § 29 *; Conséquences juridiques de l'édification d'un mur dans le territoire palestinien occupé, Avis consultatif du 9 juillet 2004*, CIJ Recueil 2004, p. 172, § 88 et p. 199, § 156.

[2] *Effets juridiques de la séparation de l'archipel des Chagos de Maurice en 1965, Avis consultatif du 25 février 2019,* CIJ Recueil 2019, p. 132, § 152.

[3] S. Laghmani, *L'ordre juridique international. Une théorie tiers-mondiste*, Nirvana, 2021, p. 69.

« (r)éaffirme les droits inaliénables du *peuple de Palestine* ». Traités jusqu'ici uniquement comme réfugiés, comme dans la célèbre résolution 242 (1967) du Conseil de sécurité, les Palestiniens sont désormais considérés comme un « peuple », qui plus est avec des droits inaliénables. Les années suivantes, les résolutions du même organe 2649 (30 novembre 1970) et 3070 (30 novembre 1973), portant sur la question générale de la réalisation universelle du droit des peuples à disposer d'eux-mêmes, condamnent les gouvernements qui refusent ce droit aux peuples auxquels on l'a reconnu, parmi lesquels *le peuple de Palestine* est expressément cité. Dans une résolution du 8 décembre 1970, ayant toujours pour objet la question des réfugiés, l'Assemblée générale évoque un peu plus précisément le droit en cause en ces termes : « Reconnaît que le peuple de Palestine doit pouvoir jouir de l'égalité de droit et *exercer son droit à disposer de lui-même*, conformément à la Charte des Nations Unies » (résolution 2672 C, 8 décembre 1970). Même formulation les années suivantes dans les résolutions 2792 C (6 décembre 1971), 2963 C (13 décembre 1972), et 3089 D (7 décembre 1973) toujours consacrées aux réfugiés palestiniens.

97– Mais c'est surtout dans la résolution 3236 du 22 novembre 1974 que l'Assemblée générale de l'ONU va consacrer avec éclat les droits inaliénables du peuple palestinien en Palestine, y compris « (a) Le *droit à l'autodétermination* sans ingérence extérieure ; (b) Le *droit à l'indépendance* et à la souveraineté nationale. » Et fait appel à tous les États et organisations internationales pour que ceux-ci aident le peuple palestinien à recouvrer ses droits. Dans la foulée, elle octroie à l'Organisation de Libération de Palestine (OLP) le statut d'observateur, ce qui lui permet de participer en cette qualité aux travaux de l'Assemblée générale et aux conférences internationales organisées sous les auspices de cette dernière (résolution 3237 du 22 novembre 1974). Dès lors, cet organe va régulièrement revenir sur la question palestinienne et y consacrer à chaque fois plusieurs résolutions, qu'il s'agisse de sessions ordinaires ou non. C'est qu'elle se considère « investie d'une responsabilité permanente en ce qui concerne la question de Palestine, jusqu'à ce que celle-ci soit réglée sous tous ses aspects, de manière satisfaisante et dans le respect de la légitimité internationale. » Elle entend appréhender plusieurs des aspects de cette question aussi cruciale que complexe (réfugiés, statut de Jérusalem, occupation, colonies israéliennes de peuplement, violence, comportement des autorités israéliennes et aussi palestiniennes, respect des droits de l'homme, etc.)[1] Et à chaque fois, directement ou indirectement, elle n'oublie pas de rappeler le respect dû au droit du peuple palestinien à disposer de lui-même[2].

98– L'affirmation répétée régulièrement de ce droit s'accompagne d'un effort institutionnel pour sa réalisation. Dès 1968, le Comité spécial chargé d'enquêter sur les pratiques israéliennes affectant les droits de l'homme du peuple palestinien et des autres Arabes des territoires occupés voit le jour (A/RES/2443 {XXIII}). Dans la foulée de la résolution 3236 de 1974 précitée, est créé, le 10 novembre 1975, le Comité pour l'exercice des droits inaliénables du peuple palestinien, sur le modèle du Comité des 24 pour le processus de décolonisation (A/RES/3376). Composé (au départ) d'une vingtaine d'États, cet organe a pour mission d'aider à la mise en œuvre de l'autodétermination du peuple palestinien. En 1977, l'Assemblée générale va demander la mise sur pied, au sein du Secrétariat de l'ONU, de ce qui deviendra plus tard la division des droits des Palestiniens avec pour fonction de préparer, sous la direction du Comité pour l'exercice des droits inaliénables du peuple palestinien, des études et des publications relatives aux droits inaliénables du peuple palestinien et d'organiser chaque 29 novembre la commémoration d'une Journée internationale de solidarité avec le peuple palestinien (résolutions 32/40 B et 34/65 D). On peut aussi citer le coordinateur spécial pour le processus de paix au Moyen-Orient, etc.

99– C'est aussi elle qui, devant le blocage du Conseil de sécurité, en raison du veto des États-Unis, a demandé à la Cour internationale de

[1] Pour prendre l'exemple de la 77e session (2022-2023), voici les différentes résolutions portant sur la question palestinienne largement entendue : A/RES/77/22 (2022) : Comité pour l'exercice des droits inaliénables du peuple palestinien ; A/RES/77/24 (2022) : Programme d'information spécial sur la question de Palestine ; A/RES/77/25 (2022) : Règlement pacifique de la question de Palestine ; A/RES/77/122 (2022) : Opérations de l'UNRWA ; A/RES/77/123 (2022) : Aide aux réfugiés de Palestine ; A/RES/77/124 (2022) : Biens appartenant à des réfugiés de Palestine et produits de ces biens ; A/RES/77/126 (2022) : Colonies de peuplement israéliennes dans le territoire palestinien occupé, y compris Jérusalem-Est, et le Golan syrien occupé ; A/RES/77/208 (2022) : Le droit du peuple palestinien à l'autodétermination ; A/RES/77/247 (2022) : Pratiques israéliennes affectant les droits humains du peuple palestinien dans le Territoire palestinien occupé, y compris Jérusalem-Est.

[2] Voici les dernières résolutions centrées sur ce point, étant rappelé que d'autres résolutions visant d'autres sujets peuvent également le mentionner : A/RES/78/192 (2023) ; A/RES/77/208 (2022) ; A/RES/76/150 (2021) ; A/RES/75/172 (2020) ; A/RES/74/139 (2019) ; A/RES/73/158 (2018) ; A/RES/72/160 (2017) ; A/RES/71/184 (2016) ; A/RES/70/141 (2015) ; A/RES/69/165 (2014) ; A/RES/68/154 (2013) ; A/RES/67/158 (2012) ; A/RES/66/146 (2011) ; A/RES/65/202 (2010) ; A/RES/64/150 (2009) ; A/RES/63/165 (2008) ; A/RES/62/146 (2007) ; A/RES/61/152 (2006) ; A/RES/60/146 (2005) ; A/RES/59/179 (2004) ; A/RES/58/292 (2004)…

Justice un avis consultatif sur la légalité du mur construit sur le territoire palestinien occupé, question intimement liée au droit du peuple palestinien à disposer de lui-même que la juridiction saisie trouvera transgressé par le tracé de ce mur lorsqu'il mord sur le territoire palestinien (résolution ES-10/14 du 8 décembre 2003 adoptée lors de la dixième session extraordinaire d'urgence de l'Assemblée générale). C'est encore elle qui s'est tournée, pour la deuxième fois sur cette question, vers la même Cour internationale de Justice pour notamment l'interroger sur les « conséquences juridiques de la violation persistante par Israël du droit du peuple palestinien à l'autodétermination... » Au moment où ces lignes sont écrites, cet avis très attendu n'a pas encore été rendu (A/RES/77/247 {2022}). On n'aura garde d'oublier que l'Assemblée générale a accordé à la Palestine *le statut d'État non membre des Nations Unies* et formé le vœu que le Conseil de sécurité acquiescera à l'avenir à la demande palestinienne de devenir membre à part entière de l'ONU. Et la résolution 67/19 du 29 novembre 2012 qui y procède « réaffirme *le droit du peuple palestinien à l'autodétermination et à l'indépendance* dans un État de Palestine situé sur le territoire palestinien occupé depuis 1967 ». Il n'est pas indifférent de noter que cette résolution a été votée, sur un total de 188 participants au scrutin, par 138 voix pour, 9 contre et 41 abstentions.

B/ Élargissement de la consécration

100– Si le rôle de l'Assemblée générale demeure central en raison de sa composition (ouverte à tous les États membres), d'autres organes et organismes méritent également d'être cités. Ainsi si le Conseil de sécurité de l'ONU n'a jamais expressément mentionné, sauf erreur, le droit à disposer de lui-même du peuple palestinien, il a néanmoins rappelé à de multiples reprises l'inadmissibilité de l'acquisition de territoires par la force, souligné qu'il ne reconnaîtra aucune modification des frontières du 4 juin 1967, y compris en ce qui concerne Jérusalem, autres que celle convenue par les parties par la voie de négociations (résolution 2334 {2016}), et, à compter de la résolution 1397 (2002), fait part de son attachement à « ... la vision d'une région dans laquelle *deux États*, Israël et la Palestine, vivent côte à côte, à l'intérieur de frontières reconnues et sûres »[1]. Formule à laquelle renvoient certaines des résolutions de l'Assemblée générale déjà citées consacrant le droit du peuple palestinien

---

[1] S/RES/1397 (2002) ; S/RES/1515 (2003) ; dans la résolution 1850 (2008), la formulation quoiqu'identique sur le fond est très légèrement différente, et dans la résolution 1860 (2009), il est fait mention de l'État palestinien ; voir aussi S/RES/2720 (2023).

à l'autodétermination et à l'indépendance[1]. Dans le même sens, on peut encore mentionner, entre autres exemples, le Conseil des droits de l'homme avec ses résolutions en droite filiation de celles de l'Assemblée générale.

101– Dans son avis consultatif sur le mur construit par Israël en territoire palestinien occupé, qu'elle a déclaré illégal, la Cour internationale de Justice évoque à plusieurs reprises le droit du peuple palestinien à l'autodétermination. Elle observe notamment que l'édification du mur sur les terres palestiniennes occupées, y compris à l'intérieur et sur le pourtour de Jérusalem-Est, porte atteinte à ce droit que l'État d'Israël doit pourtant respecter[2]. C'est bien entendu une consécration juridictionnelle de poids, même si elle est sans surprise. Il faut en effet rappeler que la Cour internationale de Justice est l'organe judiciaire principal de l'ONU et joue un rôle juridictionnel majeur en droit international et dans la formulation et la formation de la jurisprudence internationale[3]. À strictement parler il s'agit ici d'un avis consultatif et en tant que tel il n'est pas obligatoire, mais l'analyse qui y est développée repose sur des considérations strictement juridiques tout comme celle d'un jugement ou d'un arrêt dans une affaire contentieuse. Autrement dit, l'analyse juridique sur *le fond* aurait été la même s'il s'était agi d'un contentieux bilatéral sur le même sujet entre Israël et la Palestine[4]. Pour sa part, la Cour pénale internationale (chambre préliminaire I) se rallie à ce droit des Palestiniens et observe que « (p)our ce qui est de la présente situation, la chambre relève que le droit palestinien à l'autodétermination dans le Territoire palestinien occupé a été explicitement reconnu par différentes instances » et que « l'Assemblée générale des Nations Unies et la Cour internationale de Justice ont affirmé que ce droit trouve à s'appliquer dans le cas du Territoire palestinien occupé »[5].

---

[1] A/RES/73/19 (2019) ; A/RES/72/14 (2017) ; A/RES/71/23 (2016) ; A/RES/70/15 (2015) ; A/RES/69/23 (2014) ; A/RES/68/15 (2013) ; A/RES/67/23 (2012).

[2] *Conséquences juridiques de l'édification d'un mur dans le territoire palestinien occupé, Avis consultatif du 9 juillet 2004,* CIJ Recueil 2004, p. 183, § 118 ; p. 184, § 122 ; p. 197, § 149 ; p. 199, § 155 ; p. 200, § 159.

[3] Article 92 de la Charte de l'ONU.

[4] M. Kamto et B. M. Metou, « Les avis consultatifs de la CIJ : entre *juris dictio* et pragmatisme politique », *L'Observateur des Nations Unies*, 2016-1, p. 133-169.

[5] *Situation dans l'État de Palestine*, Décision relative à la demande présentée par l'Accusation en vertu de l'article 19-3 du Statut pour que la Cour se prononce sur sa compétence territoriale en Palestine, No ICC-01/18, 5 février 2021, § 121 et 122.

102– Pour ne pas être trop long sur ce point, notons que dès son premier rapport l'actuelle Rapporteuse sur la situation des droits de l'homme dans les territoires occupés depuis 1967, Francesca Albanese, a mis en avant toute l'importance à accorder au droit à l'autodétermination du peuple palestinien[1]. A toutes fins utiles, ajoutons encore que la Palestine est, depuis 2011, membre à part entière de l'Organisation des Nations Unies pour l'éducation, la science et la culture (UNESCO), de la Commission économique et sociale pour l'Asie occidentale, du groupe des États d'Asie et du Pacifique ainsi que de la Ligue des États arabes, du Mouvement des pays non alignés, de l'Organisation de la coopération islamique et du Groupe des 77 et de la Chine (qu'elle a même présidé), et qu'à ce jour, 139 États Membres de l'ONU ont reconnu l'État de Palestine proclamé en 1988, signe que le peuple palestinien entend bien exercer son droit à l'indépendance en optant comme beaucoup d'autres pour la forme étatique. La Palestine est également devenue partie à un grand nombre de traités internationaux à tel point que l'on a pu y voir une véritable « offensive juridique »[2], preuve s'il en était besoin de la confiance accordée par les Palestiniens à la force du droit.

C/ Le territoire palestinien

103– Le droit du peuple palestinien à déterminer son statut et son avenir ne saurait donc être sérieusement contesté comme en témoigne l'empilement de preuves en ce sens. Reste à préciser, si nécessaire, le territoire sur lequel l'indépendance palestinienne devrait s'établir. Là encore, les textes de l'ONU ne laissent place à aucun doute : il s'agit des territoires occupés par Israël depuis 1967. On a déjà cité la résolution 242 (1967) du Conseil de sécurité enjoignant à Israël de quitter ces territoires en application du principe de l'inadmissibilité de l'acquisition de territoires par la force, principe régulièrement rappelé. Ensuite, et pour ne pas multiplier les exemples, la résolution 43/177 du 15 décembre 1988, après avoir pris acte de la proclamation de l'État palestinien, le 29 novembre précédent, précise que le peuple palestinien doit exercer sa souveraineté *sur son territoire occupé depuis 1967*. La résolution 67/19 de l'Assemblée générale en date du 29 novembre 2012, qui accorde le statut d'État non

---

[1] ONU, *Rapport de la Rapporteuse spéciale sur la situation des droits de l'homme dans les territoires palestiniens occupés depuis 1967*, Francesca Albanese, A/77/356, 21 septembre 2022, § 15 et s.

[2] P. Bodeau-Livinec, « L'opposition des États à l'accession de la Palestine aux traités multilatéraux dans le cadre onusien », in Th. Garcia (sous la direction de), *La Palestine : d'un État non membre de l'ONU à un État souverain ?*, Pedone, 2016, p. 61-78.

membre de l'ONU à la Palestine, le réitère en réaffirmant : « le droit du peuple palestinien à l'autodétermination et à l'indépendance dans un *État de Palestine situé sur le territoire palestinien occupé depuis 1967.* »

104– Au moins deux juridictions internationales, et non des moindres, aboutissent à la même conclusion. Dans son avis consultatif du 9 juillet 2004, on a vu que la Cour internationale de Justice a décidé que le mur construit par Israël dans le territoire palestinien occupé violait le droit à l'autodétermination du peuple palestinien[1]. Et elle ajoute à cet égard que « (l)es territoires situés entre la Ligne verte (...) et l'ancienne frontière orientale de la Palestine sous mandat ont été occupés par Israël en 1967 au cours du conflit armé ayant opposé Israël à la Jordanie. Selon le droit international coutumier, il s'agissait donc de territoires occupés dans lesquels Israël avait la qualité de puissance occupante. Les événements survenus depuis lors dans ces territoires... n'ont rien changé à cette situation. L'ensemble de ces territoires (y compris Jérusalem-Est) demeurent des territoires occupés et Israël y a conservé la qualité de puissance occupante »[2]. De son côté la Cour pénale internationale (chambre préliminaire I) rappelle que l'Assemblée générale et le Conseil de sécurité des Nations Unies ont déclaré à plusieurs reprises que le droit du peuple palestinien à l'autodétermination est associé de façon constante au territoire palestinien occupé démarqué par la ligne verte et, elle-même décide, suivant la demande du Procureur, que la compétence territoriale de la Cour s'étend aux territoires occupés par Israël depuis 1967, à savoir Gaza et la Cisjordanie, y compris Jérusalem-Est[3].

SECTION 2/
Le non-respect du droit à l'autodétermination du peuple palestinien

105– Malgré la proclamation maintes fois réitérée de ce droit du peuple palestinien, celui-ci ne peut toujours pas l'exercer sur son territoire. Plusieurs obstacles l'en empêchent, tous découlant principalement, mais

---

[1] *Conséquences juridiques de l'édification d'un mur dans le territoire palestinien occupé, Avis consultatif du 9 juillet 2004*, CIJ Recueil 2004, p. 184, § 122 *in fine*.
[2] *Ibid.*, p. 167, § 78.
[3] *Situation dans l'état de Palestine,* Décision relative à la demande présentée par l'Accusation en vertu de l'article 19-3 du Statut pour que la Cour se prononce sur sa compétence territoriale en Palestine, No ICC-01/18, 5 février 2021, dispositif.

non exclusivement, de la politique décidée par Israël qui, pour l'heure, n'entend pas le reconnaître et encore moins en faciliter l'avènement. Sans prétendre à l'exhaustivité, voici quelques exemples de cet empêchement infligé aux Palestiniens qui ne peuvent donc toujours pas décider de leur destin en toute liberté.

§1/ Le trompe-l'œil du processus d'Oslo

106– Des initiatives de paix ont été lancées de façon régulière mais toujours vaine. Ainsi, en 2002, le sommet de la Ligue des États arabes débouche sur un plan de paix qui demeurera sans suite ; il proposait pourtant à Israël une normalisation de ses relations avec le monde arabe en contrepartie d'un retrait total des territoires occupés depuis 1967. Ont connu le même sort l'initiative Bush de 2003, la conférence d'Annapolis de 2007, l'initiative George Mitchell de 2008-2009, la nouvelle initiative du Quartet de 2010, l'initiative John Kerry de 2013-2014, l'initiative de paix de la France de 2016-2017, le plan de paix palestinien présenté en février 2018 au Conseil de sécurité, etc. En réalité, l'initiative qui est allée le plus loin, mais sans succès, sur le chemin de la réalisation des aspirations du peuple palestinien reste le processus d'Oslo.

A/ La conclusion des accords d'Oslo

107– On se rappelle que la Conférence de Madrid lancée à la suite de la Guerre du Golfe a permis aux Israéliens et Palestiniens de se rapprocher et de négocier directement. Coprésidée par les États-Unis et l'Union soviétique, la Conférence de Madrid s'ouvre à partir de la fin octobre 1991. Il s'est agi d'organiser un processus de négociation de paix impliquant Israël, les Palestiniens et les pays arabes (la Syrie, le Liban, la Jordanie). En permettant des contacts directs entre les deux protagonistes concernés au premier chef, elle a permis la reconnaissance mutuelle entre Israël et l'OLP et le premier accord entre eux depuis la création de l'État d'Israël.

108– Le 9 septembre 1993, l'OLP reconnaît en effet le droit d'Israël à une existence en paix et sécurité, accepte les résolutions 242 (1967) et 338 (1973) de l'ONU, renonce au terrorisme et déclare mettre en conformité sa Charte avec ses engagements. De son côté, Israël abroge la loi interdisant tout contact avec l'OLP, loi adoptée en 1986 pour verrouiller toute possibilité de dialogue avec cette organisation, et considère désormais l'OLP comme le représentant légitime du peuple palestinien (mais ne reconnaît pas d'État palestinien alors même que celui-ci a été proclamé en 1988). Et le 13 septembre 1993, à Washington, est adoptée la déclaration de principes qui prévoit une autonomie progressive des territoires occupés commençant par Gaza et Jéricho (formule « Gaza et Jéricho d'abord »), la mise en place d'une Autorité palestinienne d'autogouvernement et d'un Conseil législatif, et, à l'issue d'une période intérimaire de cinq ans, un règlement définitif du conflit fondé sur les résolutions 242 (1967) et 338 (1973) du Conseil de sécurité maintes fois citées[1].

109– Du côté palestinien, certaines organisations, parmi lesquelles le Hamas, rejetteront ce processus, ce qui ne sera pas sans conséquence comme la suite allait le montrer. Le 1er juillet 1994, Yasser Arafat arrive à Gaza, et sera élu Président de l'Autorité palestinienne le 20 janvier 1996. À la fin de 1994, Yasser Arafat (Président de l'OLP), Itzhak Rabin (Premier ministre) et Shimon Pérès (ministre des Affaires étrangères) reçurent le prix Nobel de la paix. Oslo I est complété par une série de textes nécessaires à sa mise en œuvre, notamment l'accord du Caire du 4 mai 1994, et surtout l'accord de Washington (Oslo II) du 28 septembre 1995 qui met en place l'Autorité palestinienne (AP) et divise la Cisjordanie en trois zones : A (18 % sous contrôle de l'Autorité palestinienne en matière civile et de sécurité, et qui regroupe les grandes villes palestiniennes), B (22 %, espaces ruraux peuplés, sous contrôle mixte, civil pour l'Autorité palestinienne et sécuritaire pour Israël) et C (60 % restent sous contrôle israélien exclusif ; cette zone comprend les espaces stratégiques, les camps militaires, les routes de liaison, les colonies, etc.)[2] Israël reste seul maître du contrôle des frontières extérieures et des espaces aériens et maritimes liés à tous ces territoires.

110– Les questions qui fâchent (statut de Jérusalem, les réfugiés, gestion de l'eau, les arrangements en matière de sécurité, les colonies, les frontières, les relations et la coopération avec d'autres voisins, le statut de la Palestine, et d'autres questions d'intérêt commun) sont renvoyées à plus

[1] A. Bockel, « L'autonomie palestinienne - la difficile mise en œuvre des accords d'Oslo-Washington », *Annuaire français de droit international* », 1994, p. 261-286 ; K. Calvo-Goller, « L'Accord du 13 septembre 1993 entre Israël et l'OLP : le régime d'autonomie prévu par la Déclaration Israël/OLP », *Ibid.*, 1993, p. 435-450.

[2] M. Benchikh, « L'accord intérimaire israélo-palestinien sur la Cisjordanie et la bande de Gaza du 28 septembre 1995 », *Ibid.*, 1995, p. 7-32 ; K. Calvo-Goller, « L'extension de l'autonomie palestinienne à des territoires en Cisjordanie », *Ibid.*, 1995, p. 53-64.

tard, plus précisément aux négociations finales. Ces questions comprennent donc la colonisation israélienne en Palestine alors même que le sujet est explosif. Il se trouve que celle-ci se poursuivra sans discontinuer, y compris pendant les négociations malgré un gel officiel annoncé par Israël. Entre 1992 et 1996, sous un gouvernement travailliste, le nombre de colons va passer, en Cisjordanie et Gaza, de 100.000 à 151.000 ![1] Et c'est l'un des facteurs qui vont concourir à provoquer l'enlisement du processus...

B/ L'échec progressif

111– En mai 1996, commencent à Taba (Égypte) les discussions pour le règlement final qui doit aborder les problèmes les plus conflictuels précités et qui supposent, pour cette raison, un rapprochement supplémentaire des parties et une réelle confiance réciproque. Or, le contexte a radicalement changé avec l'entrée en scène des « ennemis de la paix ». Itzhak Rabin est assassiné par un extrémiste juif le 4 novembre 1995, et Benyamin Netanyahou, du Likoud, parti de droite et partisan du Grand Israël, devient Premier ministre, le 29 mai 1996. Ce dernier est ouvertement hostile à la création d'un État palestinien et aux accords d'Oslo qu'il a vigoureusement combattus lorsqu'il était dans l'opposition. Des travaux en contrebas de l'esplanade des mosquées effectués par la municipalité de Jérusalem provoquent de graves violences et une vague d'attentats anti-israéliens...

112– La situation se dégrade rapidement tant et si bien qu'en mars 1997, Israël décide de suspendre le processus de paix. Quand les discussions reprennent, il s'agit souvent d'une renégociation d'engagements déjà pris par Israël ; et lorsqu'il arrive qu'elles aboutissent, essentiellement grâce aux concessions palestiniennes, comme avec l'Accord relatif à Hébron du 17 janvier 1997, qui organise selon des modalités compliquées la cohabitation au cœur de la ville de 450 Juifs avec 120.000 Palestiniens ou le Mémorandum de Wie River du 23 octobre 1998 prévoyant un nouveau retrait israélien de la Cisjordanie, l'engagement est très vite annulé ou rapidement réduit dans sa portée. On comprend dans ces conditions que le terme des cinq années de la période de transition arrive, le 5 mai 1999, sans règlement de paix, sa négociation n'ayant même

---

[1] P. Blanc, J-P. Chagnollaud, S.-A Souiah, *Palestine, la dépossession d'un territoire*, L'Harmattan, 2007, p. 49.

pas véritablement commencé, et - pire encore - sans même la mise en œuvre complète des engagements initiaux.

113– Toujours est-il qu'en 1999, le poste de Premier ministre est occupé par un travailliste, mais cela ne change pas fondamentalement la donne comme le montrera l'échec du sommet de Camp David II entre Yasser Arafat, Ehud Barak et Bill Clinton, lequel ambitionnait de fixer, enfin, le règlement définitif décidément bien fuyant. Il semblerait qu'en réalité les dirigeants israéliens souhaitaient annexer une partie de la Cisjordanie et de la vallée du Jourdain tout autour des colonies, imposer la souveraineté israélienne sur Jérusalem, conserver la mainmise sur toutes les frontières et refuser le droit au retour des réfugiés...[1] Nouvel échec en 2001 avec la reprise des négociations à Taba sur la base de nouveaux paramètres patiemment mis au point par Bill Clinton, paramètres pourtant jugés prometteurs au départ. Il semble pourtant qu'un véritable rapprochement se soit fait jour, et que la paix était enfin à portée de main.

114– Les Israéliens ont alors martelé l'idée que leurs « offres généreuses » avaient été repoussées par les Palestiniens. Et avec l'accession au pouvoir d'Ariel Sharon, partisan du Grand Israël, une campagne insidieuse vise alors à accréditer l'idée que Yasser Arafat et l'Autorité palestinienne soutiennent le terrorisme et ne peuvent de ce fait être des partenaires crédibles pour la paix. Ariel Sharon décide d'envahir les villes de la Zone A (pourtant sous contrôle palestinien par application des accords d'Oslo), de rompre tout contact avec Yasser Arafat, qui est même confiné par Tsahal dans son quartier général de Ramallah, et de lancer la construction du vieux projet de barrière de séparation entre la Cisjordanie et Israël qui mord sur le territoire dévolu à la Palestine ; et c'est pour cette raison que cet édifice sera, comme on le verra (*infra*, chapitre IV), déclaré illégal par la Cour internationale de Justice. Et suite à des attentats-suicides, l'armée israélienne réoccupe la Cisjordanie en 2002 (opération *Rempart*). Le processus de paix ne s'en relèvera pas même si de modestes rapprochements verront le jour par la suite, surtout pour gérer les crises les plus aiguës portant le plus souvent sur les problèmes de sécurité qui intéressent au premier chef Israël.

---

[1] A. Kapeliouk, « Retour sur les raisons de l'échec de Camp David », *Le Monde diplomatique*, février 2022 ; A. Gresh, « Palestine, de la colonisation à l'apartheid », *Ibid.*, septembre 2022.

115– En bref, le paradigme qui avait permis d'aboutir aux accords d'Oslo, « la terre contre la paix », a laissé place à un nouveau paradigme inatteignable, « la terre contre la sécurité », et encore pas toute la terre[1]. Or, la sécurité recherchée par Israël ne peut logiquement s'obtenir sans le retrait israélien des terres palestiniennes occupées et la fin des humiliations répétées subies quotidiennement par les Palestiniens. Et la pression israélienne mise sur l'Autorité palestinienne pour lutter contre la violence et les attentats ne peut aboutir lorsque cette Autorité, outre ses problèmes et faiblesses intrinsèques bien réels, est handicapée par le manque de moyens et la perte de crédibilité en raison précisément de la modestie et de la précarité des résultats du processus de paix. Tout ceci l'affaiblit chaque jour davantage alors que dans le même temps elle est contestée, non sans succès, par les islamistes notamment pour sa trop grande conciliation à l'égard des autorités israéliennes...

116– L'histoire, on le sait, est écrite par les vainqueurs et les plus forts tant et si bien que le narratif israélien qui accompagne cet échec les impute tous, mais fort injustement, aux Palestiniens, comme s'il s'agissait de la partie forte face un État qui serait singulièrement diminué ! Faut-il rappeler que les forces israéliennes elles-mêmes, avec tout leur savoir-faire, leur nombre et leur équipement, n'arrivent pas à venir à bout de cette violence. À l'évidence, la solution ne peut être uniquement sécuritaire, mais bien politique. Et c'est précisément là que le bât blesse.

C/ Les raisons de l'échec

117– En réalité, un faisceau d'indices montre que l'État d'Israël n'entend ni respecter ni se conformer au droit à l'autodétermination du peuple palestinien, cela sans amoindrir la responsabilité des groupes islamistes avec les attentats-suicides et le recours à la violence. Avant de développer ce point, deux remarques brèves, car importantes du point de vue juridique. D'une part, rappelons qu'Israël a pourtant admis officiellement l'existence du peuple palestinien, ne serait-ce que par l'échange de lettres avec l'OLP du 9 septembre 1993 par lequel les deux parties se sont reconnues réciproquement. S'il en était besoin, ajoutons que la déclaration de principes du 13 septembre 1993 et l'accord intérimaire du 28 septembre 1995 en attestent amplement. D'autre part, ces mêmes textes

[1] X. Baron, *Les Palestiniens. Genèse d'une nation*, Points, Histoire, 2000, p. 687 ; A. Bockel, « L'accord d'Hébron (17 janvier 1997) et la tentative de relance du processus de paix israélo-palestinien », *Annuaire français de droit international*, 1997, p. 196-197.

évoquent les droits légitimes des Palestiniens, parmi lesquels la Cour internationale de Justice range le droit à l'autodétermination[1].

118– Du point de vue politique, force est de relever les multiples entraves israéliennes au processus d'Oslo, surtout que la plupart du temps les partis au pouvoir dans ce pays lui étaient ouvertement hostiles.

En premier lieu, et pour ne citer qu'un exemple, Benyamin Netanyahou du Likoud, opposant comme on le sait déterminé à la solution des deux États, a été le Premier ministre qui a exercé le plus longtemps cette fonction (de 1996 à 1999, de 2009 à 2021, et de nouveau depuis fin 2022). Autre Chef de gouvernement de poids, Ariel Sharon longtemps figure emblématique de ce même parti avant d'en changer et jugeant qu'Oslo a été la plus grande catastrophe qui se soit abattue sur Israël. Au sein du gouvernement actuel dirigé donc par Benyamin Netanyahou, le ministre des Finances et responsable de l'administration civile des colonies dont il est un grand partisan, Bezalel Smotrich, est allé jusqu'à déclarer que le peuple palestinien n'existait pas, contredisant les propres engagements et la reconnaissance de l'État israélien et reprenant ainsi les propos d'anciens responsables politiques des années 60 et 70 (Golda Meir, par exemple).

119– *En deuxième lieu*, la colonisation, alors même qu'elle est régulièrement déclarée illégale y compris par des États proches d'Israël, s'est constamment développée pendant toutes ces années censées pourtant déboucher sur l'émergence d'un État palestinien à moins bien sûr de considérer qu'Israël n'a, à aucun moment, souscrit à un tel objectif. Et l'on verra que cette colonisation de peuplement est, par sa présence et sa protection, conçue pour faire échec à l'autodétermination des Palestiniens et morceler profondément le territoire palestinien rendant ainsi sa viabilité plus que problématique par manque de continuité géographique.

En troisième lieu, l'annexion de tout ou partie des territoires occupés est régulièrement envisagée par les plus hautes autorités israéliennes et, semble-t-il, souhaitée par une partie significative de la population, montrant ainsi l'attachement à la réalisation du Grand Israël. Et Israël ne peut prendre prétexte des divisions palestiniennes, car l'OLP est bien le seul représentant légitime du peuple palestinien avec lequel les accords

---

[1] *Conséquences juridiques de l'édification d'un mur dans le territoire palestinien occupé, Avis consultatif du 9 juillet 2004*, CIJ Recueil 2004, p. 183, § 118 *in fine*.

d'Oslo ont été noués et le Hamas a, semble-t-il, reconnu, dans sa Charte du 3 mai 2017, que les frontières de 1967 seraient celles de la Palestine indépendante[1]. *En quatrième lieu*, encore récemment, le 17 janvier 2024, en pleine guerre contre le Hamas à la suite des opérations de celui-ci du 7 octobre 2023 (*Déluge d'Al-Aqsa*), Benyamin Netanyahou a redit son opposition profonde à un État palestinien prenant même le contre-pied de son allié américain pour qui cet État serait pourtant une sorte de garantie de sécurité pour les deux parties[2]. Réaction du Secrétaire général de l'ONU, Antonio Guterres, « le droit du peuple palestinien à construire son propre État doit être reconnu par tous » ajoutant que tout « déni » était inacceptable.[3]

§2/ Une occupation sans fin ?

A/ Une occupation caractérisée

120– Du point de vue juridique, l'occupation d'un territoire survient lorsque ce dernier se trouve placé de fait sous le contrôle non consenti d'un État qui n'en a pas la souveraineté. Pour l'article 42 du Règlement concernant les lois et coutumes de la guerre sur terre annexé à la 4e Convention de La Haye du 18 octobre 1907 (fréquemment appelé « Règlement de La Haye de 1907 »), et dont l'autorité coutumière est largement admise[4] : « un territoire est considéré comme occupé lorsqu'il se trouve placé de fait sous l'autorité de l'armée ennemie. L'occupation ne s'étend qu'aux territoires où cette autorité est établie et en mesure de s'exercer. » L'expression « territoire palestinien occupé, y compris Jérusalem-Est » », quant à elle, est bien connue et fréquemment utilisée notamment par les différents organes de l'ONU ; un des enjeux est que ce territoire devrait correspondre, pour faire simple, à l'assise territoriale de l'État palestinien. Cette occupation débute après la guerre des Six-Jours en juin 1967, une fois que, vainqueur, Israël prend le contrôle de la Cisjordanie (administrée jusque-là par la Jordanie), de la bande de Gaza (antérieurement administrée par l'Égypte) et de Jérusalem-Est qu'il annexera purement et simplement.

---

[1] ONU, *Rapport du Comité pour l'exercice des droits inaliénables du peuple palestinien*, A/72/35, 2017, § 16.

[2] « Guerre Israël-Hamas : le point sur la situation de la journée du 18 janvier », 18.01.2024 (www.lemonde.fr).

[3] « Guerre Israël-Hamas : le point sur la situation de la journée du 20 janvier », 20.01.2024 (*Ibid.*)

[4] *Conséquences juridiques de l'édification d'un mur dans le territoire palestinien occupé, Avis consultatif du 9 juillet 2004*, CIJ Recueil 2004, p. 172, § 89.

121– Israël a fait de Jérusalem-Ouest sa capitale dès 1949 (à cette époque la Jordanie occupait le reste de la ville), décision qu'il a étendue à l'ensemble de la ville après sa victoire de 1967. Ensuite, la loi fondamentale israélienne du 30 juillet 1980 va déclarer que « Jérusalem unifiée [est la] capitale éternelle et indivisible d'Israël », loi qui sera rejetée aussitôt par l'ONU et son Conseil de sécurité[1]. Ajoutons que l'Autorité palestinienne entend faire de Jérusalem-Est sa capitale. La quasi-totalité des États n'accepte pas la position israélienne en attendant la résolution du conflit, et ce n'est que récemment, en décembre 2017, à la suite de la décision du Président Trump de reconnaître Jérusalem comme capitale de l'État hébreu (il est vrai déjà inscrite dans une loi américaine du 8 novembre 1995 demeurée jusque-là sans suite concrète), que quelques États ont transféré leur ambassade de Tel-Aviv à Jérusalem. En tout état de cause, cette décision unilatérale a été largement stigmatisée, notamment par l'ONU.

L'argumentation israélienne...

122– Que le territoire palestinien soit occupé est contesté par Israël, mais largement reconnu par les autres États et les différentes instances internationales. Cette contestation d'Israël poursuit deux objectifs au moins. Le premier, ne pas entraver une éventuelle annexion de tout ou partie de ces territoires et ne pas saper la position officielle sur la question des colonies de peuplement ; le second, échapper aux obligations internationales notamment humanitaires qui découlent de toute occupation telle qu'elle est régie par les instruments juridiques idoines et qu'Israël jugerait trop lourdes ou inopportunes.

123– Quels sont alors les arguments juridiques et non juridiques généralement avancés au soutien d'une telle position ? *Primo*, en substance[2] Israël souligne que sa légitimité vient du mandat de la Société

---

[1] Résolution 478 (1980).

[2] Nous prenons ici comme exemple le Rapport Levy du 21 juin 2012, du nom de son Président, Edmund Levy, ancien Juge à la Cour suprême d'Israël. Ce document a été commandé par le Premier ministre israélien, Benyamin Netanyahou, et son ministre de la justice : voir la critique en règle et fouillée de Yesh Din, The Emile Zola Chair for Human Rights, *Unprecedent. A Legal Analysis of the Report of the Committee to Examine the Status of Building in Judea and Samaria [the West Bank] ("The Levy Committee") – International and Administrative Aspects*, January 2014 (www.yesh-din.org). Cela dit, l'argumentation israélienne vient de plus loin, principalement de M. Shangar, futur Président de la Cour suprême d'Israël de 1983 à 1995, qui, en 1971 (« The Observance of International Law in the Administered Territories », *Israel Yearbook of Human Rights*, 1971, p. 262),

des Nations de 1922 qui destinait *toute* la Palestine à la réalisation du *seul* foyer national juif, la résolution 181 de 1947 de l'ONU et tous les autres événements ultérieurs, comme les lignes d'armistice de 1949, ne pouvant rien y modifier. Oui, mais alors, pourquoi dans ces conditions ne pas annexer l'ensemble du territoire en cause ? La non-annexion serait due, est-il répondu, à des raisons purement pratiques pour permettre de négocier la paix avec les voisins arabes et les Palestiniens. *Secundo*, l'occupation en droit international suppose que le territoire ait été soustrait à un État souverain, ce qui ne serait pas le cas ici car, pour Israël, l'annexion de la Cisjordanie par la Jordanie n'a jamais été reconnue sans compter que la Jordanie elle-même a renoncé en 1988 à toute revendication territoriale la concernant. *Tertio*, l'occupation a été conçue pour une courte durée, une situation tout à fait différente de celle du territoire en cause ici (dont l'occupation dure effectivement depuis près de 57 ans).

124– Le cas de de la bande de Gaza relève d'une autre logique, car évacuée en 2005 par les forces israéliennes : à première vue, il est tentant de penser, comme les autorités israéliennes l'ont fait valoir, que celle-ci n'est plus « placée de fait sous l'autorité de l'armée ennemie », pour reprendre les termes du Règlement de La Haye précité, et donc n'est plus occupée[1]. Toutes ces considérations amènent les autorités israéliennes à parler, non pas de territoires occupés, mais de « territoires disputés », et pour certains à droite sur l'échiquier politique israélien, de « territoires libérés », tout cela à tort comme nous allons le voir.

... n'est pas convaincante

125– Les arguments qui infirment la position israélienne sont très nombreux ; pour s'en convaincre, il suffira de les rappeler brièvement. On commencera par les incohérences avant de nous tourner vers les objections proprement internationales, étant rappelé que le droit international doit être considéré comme supérieur au droit (national) des États et par suite au droit israélien.

---

reprit très fidèlement un écrit de Y. Z. Blum ("The Missing Reversioner: Reflections on the Status of Judea and Samaria", *Israel Law Review*, 1968, p. 279). Pour une critique percutante de l'argumentation de ces deux analyses, lire, par exemple, E. Benvenisti, "Symposium on revisiting Israel's settlements the missing argument: the article that changed the course of history?", *American Journal of International Law*, 2017, vol. 111, p. 31-35.

[1] J. d'Aspremont et J. de Hemptinne, *Droit international Humanitaire,* Pedone, 2012, p. 127.

126– Dès le départ, les autorités israéliennes étaient averties par leur conseiller juridique d'alors, Theodor Meron, futur juge et Président de nombre de tribunaux pénaux internationaux, que les territoires conquis n'étaient pas disputés, mais bel et bien occupés et dans lesquels, par voie de conséquence, le droit international humanitaire devait trouver application[1]. Dès août 1967, et en bonne logique, les toutes premières proclamations du commandement militaire israélien (proclamations n° 2 et 3) se réfèrent expressément à l'instrument juridique idoine en matière d'occupation, soit la 4e Convention de Genève relative à la protection des personnes civiles en temps de guerre du 12 août 1949 avec, en plus, mention de sa primauté sur le droit israélien en cas de contradiction entre les deux. Ces proclamations allaient toutefois être abrogées quelques mois plus tard (décembre 1967) en vertu de la thèse selon laquelle les zones en cause étaient des zones *sui generis*, échappant ainsi à l'application des règles internationales sur l'occupation.

127– La position israélienne consistera par la suite à dire que ce pays respecte « les dispositions humanitaires » de la 4e Convention de Genève *de facto* et non *de jure* ; une double restriction donc sans doute pour tenter d'accréditer l'idée qu'en droit strict ce régime ne s'impose pas et ce ne serait que par souci humanitaire qu'Israël fait application de certaines de ses dispositions, écartant les autres parce qu'elles ne mériteraient pas, selon lui, le qualificatif d'« humanitaire ». Mais, comme on le verra, pareille position n'est partagée par quasiment personne, la Convention de Genève précitée s'impose *de jure* d'autant qu'elle a été ratifiée par l'État hébreu, le 6 juillet 1951. Toujours sous l'angle du droit israélien, précisons que pendant les premiers temps, les colonies de peuplement, illégales en droit international comme il sera expliqué plus tard, ont été justifiées pour des raisons de sécurité, à l'évidence pour feindre de ne pas violer ouvertement la Convention de Genève précitée qui les prohibe expressément (article 49).

128– Quant aux juridictions israéliennes, et en tout premier lieu la Cour suprême, elles considèrent ces territoires comme occupés et par conséquent soumis au droit international humanitaire (mais tel que le conçoit le gouvernement d'Israël) ; ce qui ne les empêche pourtant pas de se montrer souvent compréhensives à l'égard des actions israéliennes

---

[1] Th. Meron, « The West Bank and international humanitarian law on the eve of the fiftieth anniversary of the Six-day war", *American Journal of International Law*, 1990, vol. 84, p. 357-375.

visant ces territoires et leurs habitants, notamment lorsqu'elles les jugent fondées sur des motifs de sécurité (par exemple pour la construction du mur dit de protection dans le territoire palestinien, pourtant jugée illégale à l'international)[1]. On se souvient qu'Israël a signé la déclaration de principes démarrant le processus d'Oslo, en septembre 1993. Il a par là même reconnu le peuple palestinien, son représentant (l'OLP) et ses droits légitimes. Et surtout cette déclaration dit expressément que le but du processus est de parvenir, après une période intérimaire de cinq ans, à « un arrangement permanent fondé sur les résolutions 242 et 338 du Conseil de sécurité ». Or, ces résolutions condamnent l'acquisition de territoires par l'usage de la force et demandent en conséquence le « retrait des forces armées israéliennes des territoires occupés lors du récent conflit (la guerre des Six-Jours) ». Au total, il n'y a donc que pour Jérusalem-Est, en 1967 et surtout depuis la loi fondamentale de 1980, que le gouvernement israélien a constamment agi comme s'il s'agissait d'un territoire israélien en l'annexant et en y étendant sa législation.

129– Au plan international, le désaveu est encore plus net accentuant ainsi la fragilité de la thèse israélienne. On ne compte plus les résolutions de l'Assemblée générale[2] et du Conseil de sécurité[3] des Nations Unies qui affirment et répètent que le territoire palestinien est occupé par Israël, demandent le retrait des forces israéliennes, qualifient Israël de puissance occupante ou encore insistent sur le respect intégral et *de jure* du régime de l'occupation par Israël (application intégrale et systématique de la 4e Convention de Genève précitée). Les organes onusiens composés

---

[1] Voir notamment les arrêts cités par l'étude précitée de Yaesh Yesh Din et The Emile Zola Chair for Human Rights (notes 25 et s.), l'avis consultatif sur le mur israélien en territoire palestinien (CIJ Recueil 2004, p. 176, § 100), et l'ouvrage de J. d'Aspremont et J. de Hemptinne (*op. cit.*, p. 131-132, note 68).

[2] Trop nombreuses, ces résolutions ne peuvent toutes être mentionnées ici ; voir la liste établie par l'étude précitée de Yaesh Yesh Din et The Emile Zola Chair for Human Rights (annexe B) ; citons par exemple celles adoptées par la 77e session de l'Assemblée générale et qui se réfèrent à l'occupation du territoire palestinien d'une manière ou d'une autre. Résolutions 77/22 : Comité pour l'exercice des droits inaliénables du peuple palestinien (2022) ; 77/23 : Division des droits des Palestiniens du Secrétariat (2022) ; 77/25 : Règlement pacifique de la question de Palestine (2022) ; 77/30 : Assistance au peuple palestinien (2022) ; 77/126 : Les colonies de peuplement israéliennes dans le Territoire palestinien occupé, y compris Jérusalem-Est, et le Golan syrien occupé (2022) ; 77/247 : Pratiques israéliennes affectant les droits humains du peuple palestinien dans le Territoire palestinien occupé, y compris Jérusalem-Est (2022)…

[3] Beaucoup moins nombreuses que celles de l'Assemblée générale, en voici un échantillonnage substantiel sans prétention à l'exhaustivité : résolutions 242 (1967) ; 271 (1969) ; 298 (1971) ; 338 (1973) ; 446 (1979) ; 452 (1979) ; 465 (1980) ; 476 (1980) ; 478 (1980) ; 691 (1990) ; 799 (1992) ; 904 (1994) ; 1322 (2000) ; 1435 (2002) ; 1544 (2004) ; 1860 (2009) ; 2334 (2016).

d'experts indépendants avec pour mission d'assurer le suivi de certaines conventions internationales de protection des droits de l'homme partagent la même analyse. Qu'il s'agisse du Comité des droits l'homme, du Comité des droits économiques, sociaux et culturels, du Comité pour l'élimination de la discrimination raciale, du Comité pour l'élimination de la discrimination à l'égard des femmes ou encore du Comité contre la torture ou du Comité des droits de l'enfant, tous considèrent qu'il s'agit bien d'un territoire occupé et qu'en conséquence Israël a une série d'obligations qu'il lui incombe de respecter.

130– Même chose pour le Comité international de la croix rouge (CICR) pour qui, c'est une occupation belligérante avec pour corollaire l'application du droit international humanitaire pertinent. Le 5 décembre 2001, il a en effet déclaré que « le CICR a toujours affirmé l'applicabilité *de jure* de la IVe Convention de Genève aux territoires occupés depuis 1967 par l'État d'Israël, y compris Jérusalem-Est. » Cette position est confortée par celles du 15 juillet 1999, des 5 décembre 2001 et 17 décembre 2014, adoptées par la Conférence des Hautes Parties contractantes à la 4e Convention de Genève sur les mesures à prendre pour imposer et garantir le respect de la Convention dans le territoire palestinien occupé, y compris Jérusalem-Est. Les juristes spécialistes de droit international, dont certains Israéliens, partagent dans leur très grande majorité ce point de vue.

131– Enfin, *last but not least*, dans son avis consultatif relatif à la construction du mur israélien sur le territoire palestinien, la Cour internationale de Justice a bien souligné que le territoire palestinien en cause était occupé par Israël et que le régime international de l'occupation devait y être observé. En particulier, cette haute juridiction rejettera l'argument clé au cœur de la thèse israélienne selon laquelle ni la Cisjordanie ni Gaza ne relevaient vraiment d'États parties à la Convention de Genève sur le sort des civils en tant de guerre, ceci rendant impossible une occupation au sens strict et empêchant la Convention de Genève précitée d'y déployer ses effets. Finalement, cette juridiction a jugé illégal le tracé de ce mur en ce qu'il empiète sur le territoire palestinien et méconnaît ainsi le droit du peuple palestinien à disposer de lui-même[1]. Rappelons que bien qu'il s'agisse d'un avis consultatif non contraignant par lui-même, l'analyse qui y est développée, elle, repose sur le droit

[1] CIJ Recueil 2004, p. 177, § 101 et p. 184, § 122.

international positif tel qu'il existe tant et si bien que si la même question avait été soulevée dans le cadre d'un différend bilatéral entre Israël et la Palestine soumis au contentieux à cette même juridiction, celle-ci n'aurait logiquement pas jugé différemment sur le fond (les questions de compétence et de procédure mises à part).

132– L'occupation est donc avérée et elle vaut pour tous les territoires palestiniens. Précisons que le processus d'Oslo s'est enrayé de la manière que l'on sait et que de toute manière le transfert de pouvoirs à l'Autorité palestinienne, pour reprendre les mots de la Cour internationale de Justice[1], a été « partiel et limité » et cela autant du point de vue de la substance que de l'étendue territoriale ; et peut-on ajouter, ce transfert a été précaire dans la mesure où les autorités israéliennes n'ont pas hésité à reprendre d'une main ce qu'elles avaient concédé de l'autre, boucler les zones sous responsabilité palestinienne, envahir de nouveau les villes sous contrôle palestinien, etc. D'un mot, rappelons que dans les zones A et B (40 % au total des territoires palestiniens), Israël conserve encore des prérogatives et une présence substantielles surtout en matière de sécurité intérieure et extérieure, et dans la zone C (60 % de la superficie des territoires occupés), ses pouvoirs sont tout simplement complets et les seuls à s'exercer, l'Autorité palestinienne n'en ayant aucun.

133– Quid alors de la bande de Gaza qui, à première vue du moins, se présente sous un jour différent puisque, rappelons-le, les forces israéliennes (ainsi d'ailleurs que les colons qui y étaient installés) l'ont quittée, sur décision unilatérale du gouvernement israélien, en août-septembre 2005 ? La question soulevée a alors été de savoir si ce faisant l'occupation avait pris fin, le Hamas, mouvement palestinien, ayant ensuite pris le contrôle interne de cette région. Interrogation complexe tant il est vrai que le droit international de l'occupation n'est pas toujours très clair, c'est le moins que l'on puisse dire, sur la fin de l'occupation et sur la façon de la reconnaître[2]. Toujours est-il qu'Israël soutient qu'il n'y exerce plus aucune responsabilité.

134– La réalité est bien différente et oblige à dire que cet État exerce toujours un contrôle strict sur bien des aspects de la vie de ce territoire et

[1] *Ibid.*, p. 167, § 77.
[2] ICRC, *Occupation and Other Forms of Administration of Foreign Territory*, Expert meeting, Report prepared and edited by T. Ferraro Legal adviser, ICRC, 2012.

notamment sur les espaces aériens et maritimes et quasiment sur tous les points d'accès à Gaza, sauf celui de Rafah contrôlé par l'Égypte, rendant difficile sinon même impossible toute circulation des biens et des personnes avec l'extérieur, y compris avec le reste des territoires palestiniens occupés, sauf à y être autorisé - ce qui n'est pas des plus simples - par les autorités israéliennes. À quoi il faut ajouter un blocus strict depuis 2007 et des opérations militaires très fréquentes en plus des bombardements avec leur lot de victimes civiles et de dommages infligés à la vie économique, sociale et sanitaire. La bande de Gaza est dès lors souvent comparée à une sorte de « prison à ciel ouvert ». Dans ces conditions, nombreux sont ceux qui concluent à la continuité de l'occupation, certes selon des modalités différentes de celles ayant prévalu jusqu'au « départ » israélien[1]. En tout cas, l'ONU, le Procureur de la Cour pénale internationale, le CICR, la Conférence des Hautes Parties contractantes à la Convention de Genève relative à la protection des personnes civiles en temps de guerre (4e Convention de Genève, décembre 2014), les commissions d'enquête du Conseil des droits de l'homme semblent le penser[2].

---

[1] Voir ONU, *Situation des droits de l'homme dans les territoires palestiniens occupés depuis 1967*, A/61/470, 27 septembre 2006, § 6 et s. ; V. Koutroulis, « The application of international humanitarian law and international human rights law in situation of prolonged occupation: only a matter of time? », *International Review of the Red Cross*, Volume 94, n° 885, Spring 2012, p. 165 et s. ; Y. Dinstein, *The International Law of Belligerent Occupation*, Cambridge University Press, Cambridge, 2009, p. 277 ; V. Koutroulis, *Le début et la fin de l'application du droit de l'occupation*, Pedone, 2010, p. 181 et s. ; J. d'Aspremont et J. de Hempetinne, *op. cit.*, p. 127-128 ; UN, *Report of the United Nations Fact Fiding Mission on the Gaza Conflict*, A/HRC/12/48, 15 septembre 2009, § 276. D'autres spécialistes ne partagent pas ce point de vue : voir, par exemple, R. Kolb and S. Vité, *Le droit de l'occupation militaire : perspectives historiques et enjeux juridiques actuels*, Bruylant, 2009, p. 177 et s. ; Y. Shany, « Faraway, so close : the legal status of Gaza after Israel's disengagement », *Yearbook of International Humanitarian Law*, vol. 8, 2005, p. 369-383 ; P. Maurer, « Obstacles au droit international humanitaire : la politique israélienne d'occupation », *Revue internationale de la Croix-Rouge*, vol. 94, no 888 (hiver 2012), p. 323-331.

[2] Voir les résolutions de l'Assemblée générale intitulées « Pratiques israéliennes affectant les droits humains du peuple palestinien dans le Territoire palestinien occupé, y compris Jérusalem-Est » (par exemple la 76/126) ; voir aussi la résolution 1860 (2009) du Conseil de sécurité qui indique que Gaza fait partie intégrante du territoire palestinien occupé depuis 1967 ; CICR, « Que dit le droit des responsabilités de la Puissance occupante dans le territoire palestinien occupé ? », https://www.icrc.org/fr/document/dih-et-responsabilites-de-la-puissance-occupante-dans-territoire-palestinien, 4 avril 2023 ; A. Roberts, *Occupation*, « Military, Termination of », *Max Planck Institute for Comparative Law and International Law*, 2009, § 23 et 47 ; Cour pénale internationale, Bureau du Procureur, *Rapport sur les activités menées en 2016 en matière d'examen préliminaire*, 2016, § 112 ; Conseil des droits de l'homme, *Rapport de la Commission internationale indépendante chargée d'enquêter dans le Territoire palestinien occupé, y compris Jérusalem-Est, et en Israël*, A/HRC/50/21, 9 mai 2022, § 16.

B/ Une occupation illégale ?

134 bis– Plusieurs analyses convergent pour conclure à l'illégalité de l'occupation continue des territoires palestiniens. Pour le montrer, examinons successivement la position des États, celle de l'ONU, les conclusions de la Commission internationale indépendante chargée d'enquêter dans le Territoire palestinien occupé (y compris Jérusalem-Est) et en Israël, les réflexions du rapporteur du Conseil des droits de l'Homme sur la situation des droits de l'homme dans les territoires occupés depuis 1967, et des analyses académiques.

La position des États

135 – Pour faire simple, on peut, par exemple, scruter les votes des États sur ce problème, tout spécialement à l'ONU qui en débat régulièrement. Mais nous allons y renoncer, pour l'instant du moins, car la rubrique suivante y est consacrée en partie. Il se trouve en revanche que, tout récemment, à l'occasion de la procédure relative à l'avis consultatif portant sur les conséquences juridiques découlant des politiques et pratiques d'Israël dans le territoire palestinien occupé (y compris Jérusalem-Est), plusieurs États et organisations internationales ont pris position sur cette question.

Pas moins de 57 exposés écrits ont été déposés suivies par 52 interventions orales (49 États et trois organisations internationales), ces dernières entre le 19 et le 26 février 2024. Sans entrer dans le détail, il est apparu que sur le total des exposés ayant abordé cette question de l'occupation, il semblerait que deux seulement n'y ont trouvé rien à redire. Les arguments à l'appui de l'opinion très majoritaire ne sont pas toujours strictement identiques, mais ils sont convergents et souvent cités cumulativement et aboutissent invariablement à la demande du retrait israélien, et d'un retrait immédiat, complet et inconditionnel. Voici quelques-uns des arguments majoritaires : le caractère permanent de l'occupation alors que celle-ci est censée être provisoire et qu'elle n'est pas ou plus justifiée par les nécessités de la guerre ; la violation des principes de l'interdiction du recours à la force et de l'acquisition de territoire par la force ; la contrariété avec le droit palestinien à l'autodétermination, norme de *jus cogens* ; la violation de l'interdiction de la discrimination raciale et de l'apartheid ; l'inobservation des très nombreuses résolutions du Conseil de sécurité et de l'Assemblée générale de l'ONU exigeant la cessation de l'occupation ; l'absence de nécessité de cette occupation sous l'angle du droit de la guerre, et davantage encore depuis les traités de paix avec l'Égypte et la Jordanie ; l'absence de bonne foi d'Israël et le déni systématique des intérêts de la population palestinienne en tant que population protégée...

Seulement deux États ont, semble-t-il, formulé une opinion différente : Fidji et les États-Unis. Selon l'analyse américaine, le droit international ne dit pas qu'une occupation est illégale ou nulle en raison de sa durée ou du non-respect du droit de l'occupation ; en résumé, il s'agit d'un simple fait, ni légal, ni illégal. En conséquence de quoi, Israël n'est juridiquement pas obligé de se retirer du territoire palestinien. Tout cela a fait dire à certains intervenants que, dans ces conditions, une occupation pourrait s'éterniser d'autant que les États-Unis pensent que le seul droit applicable est celui de l'occupation, qui plus est, muet sur sa durée ou sur les conséquences de sa violation, le reste du droit international n'ayant strictement aucun rôle à jouer pour résoudre cette question ! Pour Fidji, le droit international n'impose aucune contrainte en ce qui concerne la durée de l'occupation. Le droit s'y rapportant reste applicable tout au long d'un conflit armé et perdure jusqu'à ce qu'il soit résolu. Israël occupe un territoire dont il a pris le contrôle au titre de la légitime défense en juin 1967, et le simple fait de l'occupation n'entraîne pas l'illicéité.

À l'heure où ces lignes sont rédigées, la CIJ a, à peine, entamé son délibéré. Elle devra donc trancher, et inutile de dire que son avis sera du plus grand intérêt (sur plus de détails sur cet avis consultatif, voir le chapitre IV).

La position de l'ONU

135 bis– Quelle est la position des deux organes clés sur cette importante question ? Celle de l'Assemblée générale est claire. Celle-ci part du principe que l'occupation d'un territoire doit être provisoire, et que la puissance occupante ne peut ni revendiquer la possession du territoire occupé ni y exercer sa souveraineté. Se fondant sur le principe de l'inadmissibilité de l'acquisition de territoire par la force, elle considère comme une violation du droit international l'annexion de toute partie du territoire palestinien occupé, y compris Jérusalem-Est. Comme l'occupation israélienne va bientôt atteindre ses 57 ans, son caractère permanent, et non temporaire, fait qu'on ne peut la voir comme légale[1]. L'appui aux résolutions portant cette analyse est considérable et régulier : pour ne prendre que l'exemple des deux dernières sessions, constatons que la résolution 77/126 (2023) a été votée par 150 voix pour, 8 contre et 14 abstentions ; et la résolution78/78, la dernière en date sur ce point, a été soutenue par 145 États membres, 7 ont voté contre et 18 se sont abstenus.

Pour sa part, le Conseil de sécurité a dès le départ insisté sur le principe de l'inadmissibilité de l'acquisition de territoires par la conquête militaire qu'il se plaît à répéter dans plusieurs de ses résolutions sur le conflit israélo-palestinien à partir de la célèbre résolution 242 (1967). Est-il besoin de rappeler que dans ce texte, il a exigé le « (r)etrait des forces armées israéliennes des territoires occupés lors du récent conflit » ? Par ses résolution 476 et 478 (1980), il réitère cette exigence en parlant de « la nécessité impérieuse de mettre fin à l'occupation prolongée des territoires arabes occupés par Israël depuis 1967, y compris Jérusalem ». Sa résolution 2334 (2016) indique, en tant que de besoin, « qu'il ne reconnaîtra aucune modification aux frontières du 4 juin 1967, y compris en ce qui concerne Jérusalem, autre que celles convenues par les parties par la voie de négociations »[2].

Les conclusions de la Commission internationale d'enquête

136– La Commission d'enquête internationale indépendante et permanente qui nous intéresse ici est celle créée par le Conseil des droits de l'homme (ONU) par sa résolution S-30/1 du 27 mai 2021. Elle a pour mission d'enquêter dans le territoire palestinien occupé, y compris Jérusalem-Est, et en Israël sur toutes les violations présumées du droit international humanitaire et du droit international des droits de l'homme commises jusqu'au et depuis le 13 avril 2021. Dans son rapport de septembre 2022, cette Commission analyse en profondeur la question de la légalité de l'occupation israélienne[3].

---

[1] Citons les résolutions : 2851 (1971) ; 3240 (1974) ; 3525 (1975) ; 31/106 (1976) ; 32/91 (1977) ; 33/113, (1978) ; 34/90 (1979) ; 38/180 (1983) ; 48/59 (1993) ; 58/98 (2003) ; 59/12 (2004) ; 60/106 (2005) ; 61/118 (2006) ; 62/108 (2007) ; 63/97 (2008) ; 64/93 (2009) ; 65/104 10 (2010) ; 66/78 (2011) ; 67/120 (2012) ; 68/82 (2013) ; 69/92 (2014) ; 70/89 (2015) ; 71/97 (2016) ; 72/86 (2017) ; 73/98 (2018) ; 74/11(2019) ; 75/97 (2020) ; 76/82 (2021) ; 77/126 (2022) ; 78/78 (2023).

[2] Voir les résolutions suivantes : 242 (1967) ; 269 (1969) ; 271 (1969) ; 298 (1971) ; 338 (1973) ; 446 (1979) ; 452 (1979) ; 465 (1980) ; 476 (1980) ; 478 (1980) ; 691 (1990) ; 799 (1992) ; 904 (1994) ; 1322 (2000) ; 1435 (2002) ; 1544 (2004) ; 1860 (2009) ; 2334 (2016).

[3] ONU, *Rapport de la Commission internationale indépendante chargée d'enquêter dans le Territoire palestinien occupé, y compris Jérusalem-Est, et en Israël*, A/77/328, 14 septembre 2022.

137– Elle part du constat que des spécialistes en la matière ont établi plusieurs critères de légalité de l'occupation parmi lesquels : l'absence de la part de la puissance occupante de souveraineté ou de titre sur le territoire occupé, la gestion par cette même puissance de l'ordre public et de la vie civile dans ce territoire au bénéfice de la population occupée et dans le respect du droit de cette population à l'autodétermination, le caractère temporaire de l'occupation[1]. Mais pour sa part elle retient deux « indicateurs » pour procéder à son évaluation, à savoir la permanence de l'occupation israélienne d'une part, et les actes assimilables à une annexion (formelle ou de fait), y compris toute mesure unilatérale prise par Israël pour disposer de parties du territoire palestinien occupé comme s'il possédait la souveraineté sur celui-ci, d'autre part.

138– Utilisant ces critères et après un examen fouillé de la situation, elle conclut qu'il existe « des motifs raisonnables de considérer que cette occupation israélienne est aujourd'hui illégale au regard du droit international en raison de sa permanence et des mesures mises en œuvre par Israël pour annexer *de facto* et *de jure* certaines parties de ce territoire. Les mesures prises par Israël pour créer des faits irréversibles sur le terrain et pour étendre son contrôle sur le territoire constituent aussi bien des manifestations que des moteurs de son occupation permanente. » Pour elle, la colonisation constitue le principal moyen utilisé pour ce faire, complétée par les déclarations des responsables israéliens démontrant la permanence de l'occupation, et l'absence de mesures visant à mettre fin à l'occupation, par exemple pour appliquer la « solution des deux États » ou toute autre solution. Elle rappelle que l'annexion *de jure* de Jérusalem-Est est incontestablement illégale, nulle et non avenue. Et attire l'attention sur l'annexion *de facto* à l'œuvre du fait de l'expropriation de terres et de ressources naturelles, de l'établissement de colonies et d'avant-postes, de l'application aux Palestiniens d'un régime d'aménagement et de construction restrictif et discriminatoire, de l'application extraterritoriale de la législation israélienne aux colons israéliens en Cisjordanie, etc.

139– La Commission ne manque pas de relever que si Israël a des préoccupations légitimes en matière de sécurité, beaucoup de politiques et de mesures qu'il met en œuvre en Cisjordanie ne visent pas à répondre à ces préoccupations, la sécurité sert souvent de prétexte à une expansion

---

[1] O. Ben-Naftali, A. Gross et K. Michaeli, « Illegal occupation: framing the Occupied Palestinian Territory », *Berkeley Journal of International Law*, vol. 23, 2005, p. 554-555.

territoriale. Et de souligner que de façon plus générale, la dépossession permanente et le déni des droits élémentaires du peuple palestinien ne peuvent être un moyen de parvenir à une sécurité durable. Parmi ses recommandations, on note celle faite au gouvernement israélien de se conformer pleinement au droit international et de mettre fin sans délai à l'occupation des territoires palestiniens (et syriens), et celle adressée à l'Assemblée générale de l'ONU de demander d'urgence à la Cour internationale de Justice une demande d'avis consultatif sur les conséquences juridiques du refus persistant par Israël de mettre fin à son occupation du territoire palestinien occupé.

Les conclusions du Rapporteur spécial sur la situation des droits de l'homme dans les territoires occupés

140– S'inspirant des travaux de plusieurs spécialistes, Michaël Link, expert indépendant et alors Rapporteur du Conseil des droits de l'Homme sur la situation des droits de l'homme dans les territoires occupés depuis 1967, propose quatre critères de légalité *cumulatifs*, soit autant de conditions auxquelles Israël ne satisfait pas rendant, à son avis, illégale l'occupation que cet État exerce[1].

141– *Le premier critère est l'interdiction de l'annexion.* L'annexion peut se définir ici comme « l'acte unilatéral par lequel un État incorpore à son territoire tout ou partie du territoire d'un autre État »[2]. Le droit international proscrit toute acquisition territoriale obtenue par la menace ou l'emploi de la force laquelle constitue, au surplus, une agression[3]. On a vu déjà que peu après la fin de la guerre des Six-Jours, en 1967, le Conseil de sécurité demandait le retrait des forces israéliennes des territoires occupés au nom du principe, ayant valeur coutumière, de l'inadmissibilité de l'acquisition de territoires par la force, principe rappelé également par la Cour internationale de Justice, notamment dans son avis sur le mur. L'annexion *de jure* de Jérusalem a été condamnée clairement et énergiquement par le Conseil de sécurité[4].

---

[1] ONU, *Situation des droits de l'homme dans les territoires palestiniens occupés depuis 1967*, A/72/556, 23 octobre 2017, § 15 et s. et la version abrégée : M. Lyink, « Prolonged Occupation or Illegal Occupant ? », *Blog of the European Journal of International Law*, May 16, 2018 (https://www.ejiltalk.org).

[2] J. Salmon (sous la direction de), *Dictionnaire de droit international public*, Bruylant, 2001, p. 65.

[3] Assemblée générale de l'ONU, résolutions 2625 du 24 octobre 1970 et 3314 du 14 octobre 1974.

[4] Résolutions 242 (1967) ; 252 (1968) ; 267 (1969) ; 298 (1971) ; 476 (1980) ; 478 (1980) ; 497 (1981) ; 2334 (2016).

142– Ainsi, pour ne prendre que cet exemple, dans sa résolution 476 (1980) déjà évoquée, ce dernier « (r)éaffirme la nécessité impérieuse de mettre fin à l'occupation prolongée des territoires arabes occupés par Israël depuis 1967, y compris Jérusalem ». Et ajoute qu'il « confirme que toutes les mesures et dispositions législatives et administratives prises par Israël, la Puissance occupante, en vue de modifier le caractère et le statut de la Ville sainte de Jérusalem n'ont aucune validité en droit et constituent une violation flagrante de la Convention de Genève relative à la protection des personnes civiles en temps de guerre... » On a vu précédemment que l'Assemblée générale de l'ONU a également demandé à plusieurs reprises le retrait des forces israéliennes du territoire palestinien, y inclus Jérusalem. Comme le souligne le CICR « (a)u regard du droit de l'occupation, la puissance occupante n'acquiert pas la souveraineté du territoire occupé et doit en respecter, dans la mesure du possible, les lois en vigueur et les institutions existantes. »[1]

143– Juridiquement, le sort des annexions *de jure* peut paraître simple à côté des annexions rampantes ou *de facto* qui, il va sans dire, avancent masquées empruntant des formes brouillées pour tenter d'échapper à la condamnation qu'elles appellent. On a déjà évoqué le fait que les autorités israéliennes ne cachent pas leur désir d'annexer d'une manière ou d'une autre tout ou partie du territoire palestinien. On sait aussi que la plus grande partie de la Cisjordanie, la zone C, est sous leur autorité exclusive et dans laquelle les Palestiniens ne sont manifestement pas les bienvenus. Elle abrite essentiellement des colonies de peuplement, des bases militaires israéliennes et recèle d'importantes ressources notamment agricoles. Enfin, les colonies de peuplement, elles aussi en développement constant malgré la désapprobation internationale qu'elles provoquent régulièrement, témoignent de la volonté israélienne de conserver ces territoires d'une manière ou d'une autre. Objet d'investissements financiers et humains très importants, en expansion continue sous tous les gouvernements, toujours objet de déclarations de soutien de la part de la plupart du personnel politique israélien, exclues du processus de négociation d'Oslo, ces colonies sont manifestement là pour durer.

144– Statuant sur la légalité du mur édifié par Israël dans le territoire palestinien, la Cour internationale de Justice a estimé que « la construction

[1]CICR, « Défis contemporains posés au droit international humanitaire – Occupation » (https://www.icrc.org/fr/document/occupation).

du mur et le régime qui lui est associé créent sur le terrain un « fait accompli » qui pourrait fort bien devenir permanent, auquel cas, et nonobstant la description officielle qu'Israël donne du mur, la construction de celui-ci équivaudrait à une annexion. » Et rappelons que le tracé du mur israélien sur le territoire palestinien a été jugé contraire au droit.[1]

145– *Deuxième critère : l'occupation est censée être provisoire.* A propos du territoire palestinien, on parle d'occupation « permanente », « prolongée », « perpétuelle », « sans fin », etc. Une telle situation interpelle en effet par sa durée (57 ans en 2024), en effet sans équivalent dans l'histoire des occupations récentes (d'une moyenne de 5 ans et les 10 ans sont rarement dépassés) ! Et rien ne vient en annoncer la fin. S'il est vrai que le droit de l'occupation ne dit rien sur la durée normale de celle-ci, il repose clairement sur le supposé d'une occupation brève et provisoire, et plusieurs règles composant ce régime ne s'expliquent pas autrement. Et à l'issue de cette période particulière, retour du territoire doit être fait à son souverain. Comment dès lors expliquer cette occupation sans fin des territoires palestiniens ? Faute d'explications convaincantes de la part d'Israël, la réalité brutale du terrain montre une occupation permanente et violente en marche vers une probable annexion de droit, car *de facto* elle existe déjà au moins dans certaines zones, des colonies avec une dynamique et une emprise grandissante, et peut-être à terme la construction d'un Grand Israël, dessein sioniste ultime.

146– *Troisième critère : l'impératif de la protection de la population occupée.* Le principe au cœur du régime international de l'occupation, quelle que soit sa durée, est que le bien-être de la population locale devrait être la boussole guidant les mesures et les politiques de la puissance occupante[2]. On parle d'ailleurs de « personnes protégées » et si la Convention de Genève de 1949 relative à la protection des personnes civiles en temps de guerre a accru les pouvoirs de la puissance occupante, c'est pour lui permettre de mieux assurer la protection de la population sous occupation[3]. Comme on le dit souvent, la puissance occupante doit agir comme une sorte d'« administrateur », intervenant le moins possible dans la vie de la population, sauf nécessité dans des domaines tels que la

---

[1] CIJ Recueil 2004, p. 184, § 121.

[2] ICRC, *Occupation and Other Forms of Administration of Foreign Territory*, Expert meeting, Report prepared and edited by T. Ferraro Legal adviser, ICRC, 2012.

[3] J. d'Aspremont et J. de Hempetinne, *Droit international humanitaire, op. cit.*, p. 141.

sécurité et l'ordre public. L'idée générale est, sauf situation particulière, celle du maintien du *statu quo*, du droit en vigueur et des institutions en place. Tel n'est à l'évidence pas le comportement suivi par les forces d'occupation israéliennes qui agissent souvent aux antipodes des intérêts de la population palestinienne.

147– Ainsi, si l'on se place du seul du point de vue économique et social, l'occupation est particulièrement dévastatrice pour les Palestiniens. Dans un de ses récents rapports, la CNUCED observe que « (l)'occupation a des effets pervers sur l'économie palestinienne, dont elle entraîne la désagriculturisation et la désindustrialisation. Les colonies israéliennes ont continué de se multiplier et la démolition des biens palestiniens en Cisjordanie a progressé à son rythme le plus rapide des cinq dernières années. Les conditions socioéconomiques se sont détériorées, l'insécurité alimentaire a augmenté, le chômage est resté élevé et plus d'un tiers des ménages sont tombés sous le seuil de pauvreté. Parallèlement, la coûteuse dépendance à l'égard de l'économie, de l'activité commerciale et du marché du travail d'Israël s'est accentuée. » Et à propos de Gaza où vivent 2,4 millions d'habitants sur à peine 365 km², elle constate qu'« en 2021, plus de la moitié de la population active était au chômage, 83 % des travailleurs ont reçu une rémunération inférieure au salaire minimum et 60 % des habitants étaient classés comme pauvres. »[1]

148– La même institution ajoute que si la tendance à la croissance observée avant la conclusion des Accords d'Oslo s'était maintenue, le PIB réel par habitant de la Palestine aurait été quasiment deux fois plus élevé[2]. Dans la zone C de la Cisjordanie, qui abrite la plus grande partie des ressources naturelles et presque toutes les terres arables de la région, Israël accapare quasiment toutes les ressources en eau et n'a laissé que 1 % des terres aux Palestiniens. Par ailleurs, du fait de l'occupation, l'Autorité palestinienne a peu de leviers sur lesquels agir pour améliorer cette situation : elle n'a ni banque centrale, ni monnaie nationale, dispose de peu de possibilités d'emprunts intérieurs et d'un accès limité aux marchés financiers internationaux, et de surcroît subit la baisse de l'aide

---

[1] CNUCED, *Rapport sur l'assistance de la CNUCED au peuple palestinien : Évolution de l'économie du Territoire palestinien occupé*, TD/B/EX (72)/2, 8 août 2022.

[2] CNUCED, *Les coûts économiques de l'occupation israélienne pour le peuple palestinien et son droit fondamental au développement : aspects juridiques*, ONU, 2018 ; Pour plus de détails, voir les rapports de la CNUCED sur *Les coûts économiques de l'occupation israélienne pour le peuple palestinien.*

internationale. Autre aspect préoccupant : c'est l'administration israélienne qui perçoit les taxes sur les importations palestiniennes venant ou passant par son territoire, et qui transfère ensuite ces recettes fiscales et douanières à l'Autorité palestinienne. Résultat : deux tiers des recettes budgétaires palestiniennes sont ainsi sous le contrôle de l'occupant, qui peut en suspendre le transfert ou le réduire lorsqu'il le décide, par exemple pour « punir » les Palestiniens d'avoir adhéré à la Cour Pénale internationale (CPI) ou pour avoir aidé les familles des prisonniers palestiniens[1].

149– Du point de vue des droits humains, comme nous l'examinerons au chapitre suivant, les droits des Palestiniens sont souvent bafoués et l'impunité n'est pas chose rare pour les auteurs israéliens suspectés d'agissements illégaux à l'encontre des Palestiniens. La discrimination dont sont victimes ces derniers est frappante dans bien des domaines et notamment dans celui de l'accès à la terre et à l'eau. Amnesty international observe que « (l)'occupation des territoires palestiniens... par Israël engendre des violations des droits humains systématiques à grande échelle. L'une de ses conséquences les plus dévastatrices est l'impact des politiques israéliennes discriminatoires sur l'accès des Palestiniens à un approvisionnement adapté en eau potable. »[2] De façon plus globale les Palestiniens sont soumis à un système juridique différent de celui des Israéliens, y compris lorsque ceux-ci vivent sur le territoire palestinien, et surtout bien plus sévère et beaucoup plus rigoureux[3]. Ils sont également victimes d'agissements des forces de sécurité et, de plus en plus, des colons avec des enquêtes et des poursuites inexistantes ou qui s'ensablent rapidement sans résultat aucun. D'où ce sentiment d'impunité des forces de sécurité israéliennes et des colons. Dès lors comment peut-on soutenir

---

[1] CNUCED, *Rapport sur l'assistance de la CNUCED au peuple palestinien : Évolution de l'économie du Territoire palestinien occupé*, TD/B/EX (72)/2, 8 août 2022, § 59 ; CNUCED, *Rapport sur l'assistance de la CNUCED au peuple palestinien : évolution de l'économie du Territoire palestinien occupé*, TD/B/63/3, 2016, § 16-17, et *Les coûts économiques de l'occupation israélienne pour le peuple palestinien et son droit fondamental au développement : aspects juridiques*, 2018, p. 33-34.

[2] « L'occupation de l'eau » 29 novembre 2017 (https://www.amnesty.org/fr/latest/campaigns/2017/11/the-occupation-of-water/) ;
« En Cisjordanie, Israël monopolise l'accès à l'eau au profit des colons », *Courrier international, Réveil Courrier*, 9 juin 2023.

[3] Association for Civil Rights in Israel One Rule, *Two Legal Systems: Israel's Regime of Laws in the West Bank*, November 14, 2014 (https://law.acri.org.il/en/2014/11/24/twosysreport/).

que l'occupation s'exerce pour la protection des Palestiniens et dans leur intérêt ?

150– *Quatrième critère : la bonne foi.* Au sens subjectif, on pourrait voir la bonne foi comme une « disposition d'esprit, de loyauté et d'honnêteté consistant en ce qu'un sujet de droit ne tente pas de minorer ses obligations juridiques... ni d'accroître indûment, en faisant valoir ses droits, les obligations d'un autre sujet à son égard »[1]. Pour aller à l'essentiel, on a déjà fait le constat de ce que l'État d'Israël tente systématiquement d'échapper à ses obligations, de les contourner ou de les interpréter de la façon qui lui soit la plus favorable possible. L'exercice de ses responsabilités en tant que puissance occupante est mené de manière à maximiser ses bénéfices et à amoindrir, au besoin en les violant, les droits de la population palestinienne, pourtant censée être la population protégée. Le débat sur le statut du territoire palestinien et celui sur l'applicabilité des règles de protection des Palestiniens le montrent à suffisance (*infra*, chapitre III). L'ignorance délibérée, continue et systématique des décisions internationales est trop connue pour être rappelée (voir chapitre IV).

151– Combien de résolutions du Conseil de sécurité ont été rejetées par Israël qui, au demeurant, ne cache absolument pas sa volonté de ne leur donner aucune suite. Plus de 50 ans après, la résolution 242 (1967) du Conseil de sécurité n'est toujours pas appliquée. À peine adoptée la résolution 2334 (2016) du même Conseil de sécurité condamnant les colonies de peuplement et demandant à Israël d'y mettre fin, le Premier ministre, Benyamin Netanyahou, déclarait qu'il ne lui donnerait aucune suite. Face aux multiples condamnations de l'annexion de Jérusalem prononcées par le Conseil de sécurité, non seulement Israël n'a pas reculé, mais y a développé une douzaine de colonies, accueillant plus de 200.000 colons et construit un mur pour séparer Jérusalem-Est de la Cisjordanie[2]. Ces condamnations auraient d'ailleurs pu être plus nombreuses si, au Conseil de sécurité, les États-Unis n'utilisaient pas fréquemment leur droit de veto pour protéger leur allié. La simple menace d'y recourir peut tuer dans l'œuf une initiative à laquelle s'opposent ces deux pays ou alors permettre d'édulcorer fortement le texte en cause si ses auteurs tiennent à

---

[1] *Dictionnaire de droit international public*, précité, p. 134.

[2] ONU, *Situation des droits de l'homme dans les territoires palestiniens occupés depuis 1967*, A/75/532, 22 octobre 2020, § 42.

son adoption. Devant la dénonciation des violations par Israël des droits des Palestiniens formulées par les organes onusiens compétents, celui-ci refuse de collaborer avec la plupart d'entre eux ou de leur permettre d'avoir accès aux territoires concernés !

152– C'est à l'issue d'un tel examen, ici simplifié et abrégé, que le Rapporteur spécial sur les droits de l'homme dans les territoires occupés conclut à l'illégalité de l'occupation israélienne. D'autres analyses aboutissent au même constat en suivant une approche tout aussi intéressante, quoique partiellement différente.

Quelques exemples académiques

153– Pour Valentina Azanova, il convient d'aborder la question sous l'angle du *jus ad bellum* et pas seulement sous celui du régime de l'occupation. La poursuite d'une occupation, supposée toujours être temporaire pour ne pas masquer une annexion, cesse d'être légale si la menace ou l'usage de la force par l'occupant est illégitime. Et cette illégitimité survient lorsque le but est d'empêcher la population occupée d'exercer son droit à l'autodétermination ou de prendre possession de son territoire. Si la force est employée pour acquérir le territoire occupé, son illégalité ne fait alors plus guère de doute. Rappelons que constitue notamment une agression le recours à la force armée visant à priver les peuples de leur droit à l'autodétermination, à la liberté et à l'indépendance, ou à porter atteinte à l'intégrité territoriale[1]. Par voie de conséquence, l'occupant ne peut justifier le maintien de sa présence que par d'impérieuses nécessités militaires, ce qui n'est pas le cas d'Israël. Qui plus est, l'expansion des colonies, l'exploitation des ressources naturelles au profit de l'économie israélienne, les politiques d'encouragement des citoyens israéliens pour s'installer dans le territoire palestinien occupé et le transfert forcé de Palestiniens à l'intérieur et à l'extérieur du territoire occupé constituent des infractions graves et autant d'indices d'une volonté de changer progressivement le statut de celui-ci[2].

---

[1] Résolution 3314 de l'Assemblée générale (1974). Voir aussi l'article 8, § 2 du Statut de la Cour pénale internationale.
[2] V. Azarova, *Israel's unlawfully prolonged occupation : consequences under an integrated legal framework*, 2 June 2017 (https://ecfr.eu/publication/israels_unlawfully_prolonged_occupation_7294/).

154– Ardi Imseis soutient également que l'occupation israélienne a perdu sa légalité au fil du temps parce que, en résumé, elle est en infraction avec trois normes de *jus cogens* (normes impératives) : l'interdiction de l'acquisition de territoires par la force, l'obligation de respecter le droit des peuples à l'autodétermination et l'obligation de s'abstenir d'imposer des régimes d'assujettissement, de domination et d'exploitation étrangers, y compris la discrimination raciale. Et il regrette que l'ONU n'en ait pas jusqu'ici tiré toutes les conséquences. À ses yeux, cette institution s'est concentrée sur les violations du droit international humanitaire et des droits de l'homme commises par Israël, mais n'a accordé que peu d'attention à la problématique de la légalité de l'occupation elle-même[1].

155– Partageant cette dernière approche, Francesca Albanese, experte indépendante et actuelle Rapporteuse sur la situation des droits humains dans les territoires occupés depuis 1967, recommande que « (l)es États exigent qu'il soit immédiatement mis fin à l'occupation israélienne *illégale* et que toutes les terres et ressources dont le peuple palestinien a été dépossédé, notamment dans le cadre d'expulsions, lui soient restituées, en veillant à ce que la question du retrait d'Israël ne puisse être considérée comme un sujet devant faire l'objet de négociations entre les deux parties. »[2] Et cela en raison de la violation par l'occupant du droit à l'autodétermination du peuple palestinien, norme impérative de droit international, sans compter d'autres caractéristiques des plus problématiques de cette occupation mises en avant par Francesca Albanese : elle est également coloniale, discriminatoire, résultat d'un emploi illégal de la force et intentionnellement acquisitive et ségrégationniste.

---

[1] A. Imseis, « Negotiating the Illegal: On the United Nations and the Illegal Occupation of Palestine, 1967-2020 », *European Journal of International Law*, vol. 31, 2020, p. 1055 et s.
[2] ONU, *Situation des droits humains dans les territoires palestiniens occupés depuis 1967*, A/77/356, 21 septembre 2022, § 78.

§3/ Une colonisation assumée

A/ Un phénomène continu et en expansion

Une politique constante

156– La loi israélienne relative à l'État-nation du 19 juillet 2018 indique que « l'État d'Israël considère que le développement des colonies juives constitue une valeur nationale et prendra des mesures pour encourager et promouvoir davantage leur implantation et leur consolidation »[1]. Cette proclamation peut être généralisée à l'ensemble du territoire palestinien occupé. Ni l'accord de Camp David avec l'Égypte ni le processus d'Oslo n'ont touché à cette politique de la colonisation dans le territoire palestinien occupé. Ainsi Itzhak Rabin pouvait-il déclarer en 1995, à propos de l'accord Oslo II avec les Palestiniens, qu'Israël ne s'était engagé à supprimer aucune colonie ni même à freiner leur croissance naturelle[2]. Qui plus est, si Israël a annoncé le gel des colonies en lien avec le processus d'Oslo, la réalité sur le terrain sera radicalement différente avec une expansion régulière du nombre de colons sur les terres palestiniennes.

157– À vrai dire, si l'on excepte les situations très particulières du démantèlement des colonies israéliennes dans le Sinaï égyptien, comme suite logique du traité de paix avec l'Égypte, et celle de la bande de Gaza après le retrait unilatéral israélien qui entraînait par la force des choses la disparition des colonies israéliennes dans la zone ainsi évacuée, tous les gouvernements israéliens contribueront au développement de cette politique, et cela, jusqu'à aujourd'hui. Pas plus tard que le 18 juin 2023, le Conseil des ministres israélien a pris deux décisions significatives : d'une part, l'attribution au ministre des Finances, Bezalel Smotrich, lui-même né dans une colonie, dirigeant du parti sioniste religieux et partisan déclaré du Grand Israël, de la responsabilité de la planification des constructions dans les colonies, laquelle relevait jusqu'alors du ministre de la Défense ; d'autre part, la simplification du lancement des travaux concernant ces

[1] ONU, *Les colonies de peuplement israéliennes dans le Territoire palestinien occupé, y compris Jérusalem-Est, et le Golan syrien occupé*, Rapport de la Haute-Commissaire des Nations Unies aux droits de l'homme, A/HRC/40/42, 30 janvier 2019, § 13.

[2] P. Blanc, J-P. Chagnollaud, S-A. Souiah, *Palestine, la dépossession d'un territoire*, L'Harmattan, 2007, p. 52.

colonies (réduction de six à deux étapes pour la validation des projets)[1]. Les autorités israéliennes s'appuient sur des organismes très actifs en ce domaine, comme l'Organisation sioniste mondiale ou le Jewish National Fund. Au début de l'année 2021, on comptait plus de 280 colonies en Cisjordanie (Jérusalem-Est compris). Quant aux colons, leur augmentation est fulgurante : ils sont passés de 12.500 en 1980 à 198.315 en 2000 puis à 311.136 en 2010 et à plus de 650.000 début 2021. À l'heure actuelle, leur nombre total sur le territoire palestinien occupé avoisinerait ou dépasserait même les 700.000[2] répartis entre quelque 300 colonies (toutes catégories confondues, y compris les avant-postes). Et le processus paraît sans fin : 2023 bat le record avec 25 nouvelles implantations et 16.000 nouveaux logements, cela grâce à la nouvelle orientation imprimée par Bezalel Smotrich ; profitant de l'opération *Glaive de fer* déjà décrite, certains membres du gouvernement évoquent un projet de recolonisation de la bande de Gaza dont, pour mémoire, les colonies ont été évacuées en 2005, et dont la mise en œuvre verra le jour une fois le calme revenu.

158– Il faut rappeler que ce mouvement de colonisation a débuté dès 1967 juste après la guerre des Six-Jours sur tous les territoires conquis, y compris sur le Golan syrien. Obéissant à des plans successifs, précis et mis en œuvre fidèlement (plan Allon, plan Dayan, plan Drobles, plan Sharon...), les premières implantations ont vu le jour sous des gouvernements travaillistes, puis se sont multipliées de façon plus résolue à partir de l'accession du Likoud au pouvoir en 1977 pour ne plus faiblir depuis. Il faut dire qu'il s'agit d'une politique volontariste, promue par l'État ou avalisée par lui lorsque le lancement de certaines colonies est dû à des groupes religieux comme le *Gouch Emounim*.

159– A côté des colonies lancées officiellement, il faut ajouter plusieurs avant-postes non autorisés, et pour cela théoriquement illégaux au regard du droit israélien et a fortiori du droit international, mais qui obtiennent souvent l'appui direct ou indirect de l'État et dont certains finissent même par être régularisés et étendus comme les colonies d'origine gouvernementale[3]. Ainsi, 11 nouveaux avant-postes de colonies ont vu le jour entre juin 2018 et mai 2019, 7 entre juin 1919 et mai 2020, et 6 encore

[1] « Le gouvernement israélien fait un pas important vers une annexion de la Cisjordanie », 20.6.2023 (www.lemonde.fr).
[2] « En Cisjordanie, des villages palestiniens à la merci des colons juifs », 23.06.2023 (*Ibid.*)
[3] « Israël annonce la légalisation de neuf colonies en Cisjordanie », 13.02.2023 (*Ibid.*).

entre juin 2021 et juin 2022. Et lorsqu'il arrive que la Cour suprême israélienne ordonne le démantèlement d'un avant-poste illégal (celui d'Amona par exemple), les autorités n'hésitent pas, dans certains cas, à déclarer terres domaniales les terres palestiniennes voisines pour y accueillir et réinstaller les colons concernés.

Une politique volontariste

160– Israël a développé toute une panoplie de mesures économiques pour encourager les Israéliens à s'établir dans ces implantations de peuplement et dans le même temps poussé les Palestiniens à quitter ces zones, ou à s'en éloigner. De nombreuses mesures en faveur des colons et des colonies ont en effet été mobilisées, par exemple sous la forme de terrains et logements à bas prix (dont souvent les Palestiniens ont été dépossédés), d'aides au logement, de droits fonciers modiques, d'avantages fiscaux divers (un taux d'imposition des sociétés bien inférieur à ce qu'il est ailleurs en Israël), de subventions aux entreprises, aux zones industrielles et à l'emploi, de protection de l'armée, etc. S'y ajoutent la construction d'infrastructures modernes telles que des routes, des réseaux d'eau et d'égouts, des systèmes de communication et d'alimentation électrique, des systèmes de sécurité et des établissements d'enseignement et de soins de santé. Des routes de contournement en Cisjordanie ont vu le jour pour offrir des moyens de déplacement rapides et sécurisés entre Israël et les colonies. Le financement est d'origine étatique, mais aussi non étatique ; des donateurs privés et des fonds collectés par des organismes israéliens et étrangers à but non lucratif, y compris des organisations privées, y concourent. Au total, les colons israéliens, ainsi fortement encouragés à s'installer dans des colonies subventionnées, connaissent un niveau de vie meilleur que celui prévalant en Israël[1].

161– Une stratégie juridique a également été mise au point au fil du temps pour prendre possession des terres et des biens palestiniens nécessaires aux implantations et à leur extension. Si, dans un premier temps, les besoins en matière de sécurité nationale ont été beaucoup

---

[1] CNUCED, *Rapport sur l'assistance de la CNUCED au peuple palestinien : Évolution de l'économie du Territoire palestinien occupé*, TD/B/EX (71)/2, 20 septembre 2021, § 39 et s. B'Tselem, *This Is Ours – And This, Too Israel's Settlement Policy in the West Bank*, March 2021, https://www.btselem.org/publications/202103_this_is_ours_and_this_too.

invoqués pour justifier l'existence de ces colonies et, avant cela, l'appropriation des terres palestiniennes pour leur implantation, l'évolution, due à l'existence de colonies d'initiative civile et à un contrôle juridictionnel minimal exercé à partir de 1979, a conduit à utiliser d'autres voies. On peut à cet égard citer l'achat de terres privées (rôle actif du Fonds national juif) ou l'expropriation : Israël a procédé à de très nombreuses expropriations pour l'installation des colonies, des zones industrielles, des terres agricoles et pastorales, et des routes pour les colons, etc. Tout cela est complété par l'utilisation du droit anglais, jordanien et ottoman et l'exploitation de leurs subtilités et obscurité, qui, ajoutées aux procédures expéditives créées pour les besoins de la cause, empêchent fréquemment ou rendent vaines les contestations palestiniennes.

162– La loi sur les « absents », bien connue, n'a pas besoin d'être citée : elle concerne les réfugiés palestiniens ayant, pour fuir la violence, quitté leurs terres et biens immobiliers, et aboutit souvent à la confiscation pure et simple de ces derniers d'autant que les contestations semblent relever de l'impossible[1]. Mais le dispositif mis en place est riche d'autres volets bien préoccupants : les démolitions des structures appartenant à des Palestiniens qui, ne pouvant obtenir les permis de construire nécessaires, construisent sans autorisation. Ces démolitions sont exécutées avec rigueur et rapidité (dans les 96 heures), parfois par les Palestiniens eux-mêmes pour échapper aux lourdes amendes auxquelles ils s'exposent. Les expulsions de familles ou de communautés palestiniennes (celles des quartiers *Silwan* et *Cheikh Jarrah* de Jérusalem-Est sont bien connues) s'inscrivent également dans ce vaste registre des techniques visant à laisser place aux colons.

163– S'agissant de la zone C, terre d'élection des colonies (60 % de la Cisjordanie sous le seul contrôle de l'État hébreu), Israël en a affecté 70 % à l'implantation des colonies de peuplement ainsi qu'aux terres adjacentes et à leur infrastructure routière, militaire et de sécurité. Moyennant quoi, 1 % seulement de cette zone pourra accueillir les constructions palestiniennes. Selon B'Tselem, une ONG israélienne, « des dizaines de milliers d'hectares, y compris des pâturages et des terres arables, ont été confisquées aux Palestiniens au fil des ans et généreusement données aux colonies... Toutes les terres ainsi données aux zones de peuplement sont

---

[1] Pour plus de détails lire les explications dans l'ouvrage précité de P. Blanc, J-P. Chagnollaud, S-A. Souiah, p. 109 et s.

considérées comme étant des zones militaires fermées dans lesquelles les Palestiniens ne peuvent pénétrer sans autorisation. »[1] La ville de Jérusalem, annexée, est ceinturée par 14 colonies (habitées par 229.000 colons) avec pour objectif probable de la couper de la Cisjordanie. Les Palestiniens qui y vivaient avant 1967 ont un statut de résident permanent, comme s'ils étaient des immigrés en Israël. Ce statut peut être révoqué pour divers motifs, ce qui est arrivé à plusieurs milliers de Palestiniens qui n'ont pu dès lors y retourner ou continuer à y vivre[2].

164– La pratique des autorités gouvernementales est généralement de confier la gestion de la plupart des terres domaniales en Cisjordanie à la division des colonies de l'Organisation sioniste mondiale. Or, il s'agit d'une pratique peu transparente et peu contrôlée, ce qui a par exemple permis d'attribuer des terres privées palestiniennes à des colons. Et lorsqu'il se trouve que le procédé de dépossession est quand même déclaré illégal par les juridictions israéliennes elles-mêmes, une loi peut venir régulariser la situation : ainsi, en février 2017, la Knesset a adopté une telle loi légalisant la confiscation de terres palestiniennes privées en Cisjordanie[3].

165– Le 9 juin 2020, la Cour suprême israélienne l'a néanmoins annulée estimant qu'elle violait de manière disproportionnée les droits des Palestiniens à la propriété, à l'égalité et à la dignité. Mais elle a aussitôt limité significativement sa décision en précisant que les avant-postes créés sur des terres palestiniennes privées pouvaient néanmoins être autorisés s'ils avaient été établis « de bonne foi »[4]. Ce qui est de nature à ouvrir un boulevard aux régularisations et la chose a commencé dès 2022. Comme le dit la Commission internationale indépendante d'enquête récente de l'ONU, « Israël indique clairement aux colons que les avant-postes sont un moyen viable et quasi légal d'établir de nouvelles colonies et d'étendre la

---

[1] *Reality Check : Almost fifty years of occupation*, cité par ONU, *Situation des droits de l'homme dans les territoires palestiniens occupés depuis 1967*, A/71/554, 19 octobre 2016, § 52.
[2] ONU, *Situation des droits de l'homme dans les territoires palestiniens occupés depuis 1967*, A/HRC/34/70, 13 avril 2017, § 14.
[3] *Ibid.*, § 11.
[4] UN, *Israeli settlements in the Occupied Palestinian Territory, including East Jerusalem, and in the occupied Syrian Golan*, Report of the United Nations High Commissioner for Human Rights, A/HRC/46/65, 15 February 2021, § 16.

présence israélienne en Cisjordanie »[1]. Et pourtant, les colonies « officielles » comme les avant-postes sont contraires aux exigences du droit international, par principe supérieur à tout droit national et donc au droit israélien.

B/ Un phénomène condamné, car foncièrement illégal

Condamnations

166– Nombreux sont en effet les rejets rencontrés par ces colonies tant de la part des États étrangers que des institutions et autres instances internationales. Dans sa résolution 446 (1979), le Conseil de sécurité de l'ONU a considéré que « la politique et les pratiques israéliennes consistant à établir des colonies de peuplement dans les territoires palestiniens et autres territoires arabes occupés depuis 1967 n'ont aucune validité en droit et font gravement obstacle à l'instauration d'une paix générale, juste et durable au Moyen-Orient. » Et par sa résolution 452 (1979), il demande à Israël de cesser d'urgence d'établir, édifier et planifier de telles colonies.

167– La résolution 465 (1980) est plus catégorique encore : « toutes les mesures prises par Israël pour modifier le caractère physique, la composition démographique, la structure institutionnelle ou le statut des territoires palestiniens et des autres territoires arabes occupés depuis 1967, y compris Jérusalem ou de toute partie de ceux-ci, n'ont aucune validité en droit et... la politique et les pratiques d'Israël consistant à installer des éléments de sa population et de nouveaux immigrants dans ces territoires constituent une violation flagrante de la Convention de Genève relative à la protection des personnes civiles en temps de guerre et font en outre gravement obstacle à l'instauration d'une paix d'ensemble, juste et durable au Moyen-Orient. » Dans sa résolution 471 (1980), le Conseil demande à tous les États de ne fournir à Israël aucune assistance susceptible d'être utilisée spécifiquement pour les colonies de peuplement des territoires occupés.

168– La résolution la plus récente, et désormais la plus connue, est la 2334 (2016) votée grâce à l'abstention des États-Unis, alors sous

---

[1] ONU, *Rapport de la Commission internationale indépendante chargée d'enquêter dans le Territoire palestinien occupé, y compris Jérusalem-Est, et en Israël*, A/77/328, 14 septembre 2022, § 27-30.

présidence Obama. Ce texte reprend les points habituels précités et condamne « toutes les mesures visant à modifier la composition démographique, le caractère et le statut du Territoire palestinien occupé depuis 1967, y compris Jérusalem-Est, notamment la construction et l'expansion de colonies de peuplement, le transfert de colons israéliens, la confiscation de terres, la destruction de maisons et le déplacement de civils palestiniens, en violation du droit international humanitaire et des résolutions pertinentes ». Il rappelle l'absence de validité en droit de ces implantations et l'obstacle qu'elles constituent pour la solution à deux États, requiert d'Israël leur arrêt immédiat et complet et souligne qu'aucune modification des frontières, y compris pour ce qui est de Jérusalem, ne sera reconnue, sauf si elle est agréée par les deux parties. Il demande à tous les États d'observer la distinction, dans leurs échanges en la matière, entre le territoire de l'État d'Israël d'une part, et les territoires occupés depuis 1967 d'autre part.

169– La fin de ce texte indique que le Conseil de sécurité « est résolu à examiner les moyens concrets de faire pleinement appliquer ses résolutions sur la question. » Ce qui, comme nous le verrons, relève pour l'instant du vœu pieux... Le 20 février 2023, le Conseil de sécurité a fait part de sa « consternation face à l'annonce par Israël, le 12 février 2023, de la poursuite de la construction et de l'expansion de colonies de peuplement et de la « légalisation » des avant-postes de colonies ». Il ne s'agit pas ici d'une résolution, mais d'une déclaration de la Présidente en exercice de cet organe qui ajoute que la poursuite des activités de peuplement israéliennes « met gravement en péril la viabilité de la solution des deux États fondée sur les frontières de 1967 »[1]. Tout récemment, profitant de la guerre contre le Hamas (opération *Glaive de fer*), les implantations ont connu un nouvel essor spectaculaire[2].

[1]« Moyen-Orient : le Conseil de sécurité « consterné » par les mesures israéliennes d'expansion des colonies de peuplement »,
https://press.un.org/fr/2023/cs15203.doc.htm#:~:text=Le%20Conseil%20de%20sécurité%20a, avant%2Dpostes%20de%20colonies%20».

[2] « Guerre Israël-Hamas : pendant que le conflit fait rage à Gaza, la colonisation s'emballe en Cisjordanie », 10.02.2024 (www.lemonde.fr).

170– Cette condamnation est partagée, pour les mêmes motifs, par l'Assemblée générale[1], le Conseil des droits d'homme[2], le Secrétaire général de l'ONU[3], différents comités de suivi des conventions protectrices des droits de l'homme[4], l'Union européenne, le Conseil de l'Europe, le Comité international de la Croix rouge, les Hautes Parties contractantes à la 4e Convention de Genève, la Commission internationale de juristes, les grandes ONG internationales spécialisées en matière de droits de l'homme (Human Rights Watch ou Amnesty International), les ONG palestiniennes ou israéliennes (Al-Haq, B'Tselem)... Dans son avis consultatif sur le mur construit par Israël dans le territoire palestinien occupé, la Cour internationale de Justice, après avoir rappelé les grandes étapes de l'évolution de ces colonies et les condamnations qui les ont accompagnées « conclut que les colonies de peuplement installées par Israël dans le territoire palestinien occupé (y compris Jérusalem-Est) l'ont été en méconnaissance du droit international. » Et de faire remarquer que « ce tracé sinueux (du mur) a été fixé de manière à inclure dans la zone la plus grande partie des colonies de peuplement installées par Israël dans le territoire palestinien occupé (y compris Jérusalem-Est) »[5].

Fondement juridique

171– Cette réprobation répétée et convergente s'explique par la violation manifeste des prescriptions internationales applicables[6]. Selon les enseignements du Tribunal militaire international de Nuremberg et du

---

[1] Citons parmi les dernières résolutions : A/RES/59/123 (2004) ; A/RES/69/92 (2014) ; A/RES/70/87 (2015) ; A/RES/71/98 (2016) ; A/RES/73/97 (2018) ; A/RES/74/88 (2019) ; A/RES/75/97 (2020) ; A/RES/76/82 (2021) ; A/RES/77/126 (2022) ; A/RES/78/78 (2023).

[2] Par exemple résolution 43/31 du 22 juin 2020. Voir les différents rapports sur cette question : *Colonies de peuplement israéliennes dans le Territoire palestinien occupé, y compris Jérusalem-Est, et le Golan syrien occupé,* Rapport du Haut-Commissariat des Nations Unies aux droits de l'homme…

[3] « Cisjordanie : le chef de l'ONU condamne le projet de construction de plus de 5.500 logements dans des colonies israéliennes », 28 juin 2023, https://news.un.org/fr/story/2023/06/1136537.

[4] Voir, par exemple, le Comité pour l'élimination de la discrimination raciale (CERD/C/ISR/CO/17-19, 27 janvier 2020 ; CERD/C/ISR/CO/14-16, 3 avril 2012), le Comité des droits de l'enfant (CRC/C/ISR/CO/2-4, 4 juillet 2013), le Comité des droits économiques sociaux et culturels (E/C.12/ISR/CO/4, 12 novembre 2019), etc.

[5] *Conséquences juridiques de l'édification d'un mur dans le territoire palestinien occupé, Avis consultatif du 9 juillet 2004*, CIJ Recueil 2004, p. 183-184, § 119-120.

[6] Voir l'analyse fouillée de M. Lynk, ONU, *Situation des droits de l'homme dans le Territoire palestinien occupé, y compris Jérusalem-Est, l'accent étant mis sur le statut juridique des colonies de peuplement*, A/HRC/47/57, 29 juillet 2021, § 36 et s. Amnesty International, *Israeli Settlements and International Law, https://www.amnesty.org/en/latest/campaigns/2019/01/chapter-3-israeli-settlements-and-international-law/.*

Tribunal Militaire International d'Extrême-Orient, le Règlement de La Haye du 18 octobre 1907 concernant les lois et coutumes de la guerre sur terre a valeur coutumière. En conséquence, il est obligatoire sans qu'il soit besoin de démontrer le consentement exprès ou l'engagement formel de l'État auquel il est opposé. Plusieurs de ses dispositions peuvent ainsi être invoquées ici (articles 43, 46, 55...) qui obligent la puissance occupante, Israël donc, respectivement à se conformer aux dispositions locales, à respecter la propriété privée qui ne peut être confisquée, et à se comporter comme un simple administrateur, un usufruitier : « (l)'État occupant ne se considérera que comme administrateur et usufruitier des édifices publics, immeubles, forêts et exploitations agricoles appartenant à l'État ennemi et se trouvant dans le pays occupé. Il devra sauvegarder le fonds de ces propriétés et les administrer conformément aux règles de l'usufruit. » Autant de règles - il va sans dire - manifestement méconnues par les autorités israéliennes.

172– La 4e Convention de Genève relative à la protection des personnes civiles en temps de guerre, en date du 12 août 1949, offre plus d'intérêt encore. Elle complète certaines parties du Règlement de La Haye, notamment son volet « occupation », lie l'État d'Israël qui l'a ratifiée le 6 juillet 1951, et est applicable *de jure* au territoire palestinien occupé comme maints textes internationaux le rappellent régulièrement malgré l'opposition d'Israël. La disposition-clé, norme conventionnelle et coutumière, est son article 49, alinéa 6 dont voici la teneur : « La Puissance occupante ne pourra procéder à la déportation ou au transfert d'une partie de sa propre population civile dans le territoire occupé par elle. »

173– Ce qui correspond en tous points à la situation des colonies et des colons israéliens établis sur le territoire palestinien occupé. Évoquant ces derniers, la Cour internationale de Justice a retenu une interprétation large de ce texte dès lors que celui-ci « prohibe non seulement les déportations ou transferts forcés de population tels qu'intervenus au cours de la Seconde Guerre mondiale, mais encore toutes les mesures que peut prendre une puissance occupante en vue d'organiser et de favoriser des transferts d'une partie de sa propre population dans un territoire occupé »[1]. Cette interprétation est cohérente avec le commentaire du CICR de cette disposition qui souligne bien que le déplacement dont il s'agit est non

---

[1] *Conséquences juridiques de l'édification d'un mur dans le territoire palestinien occupé, Avis consultatif du 9 juillet 2004,* CIJ Recueil 2004, p. 183, § 120.

seulement celui des personnes protégées (ici les Palestiniens), mais aussi celui des ressortissants de la Puissance occupante (ici les colons israéliens)[1].

174– « le transfert par la Puissance occupante d'une Partie de sa population civile dans le territoire qu'elle occupe... » est qualifié « d'infraction grave », non par la 4e Convention de Genève de 1949, mais par le Protocole additionnel aux Conventions de Genève du 12 août 1949 relatif à la protection des victimes des conflits armés internationaux, en date du 10 juin 1977 (Protocole I, article 85, 4, a). Cette modification a été décidée, semble-t-il, en ayant à l'esprit les colonies israéliennes en territoire palestinien. De son côté, le Statut de la Cour pénale internationale l'érige en crime de guerre, l'un des crimes pour lesquels cette juridiction internationale a reçu compétence.

175– En effet, le Statut de Rome instituant la Cour pénale internationale (CPI) vise notamment « le transfert, direct ou indirect, par une puissance occupante d'une partie de sa population civile, dans le territoire qu'elle occupe, ou la déportation ou le transfert à l'intérieur ou hors du territoire occupé de la totalité ou d'une partie de la population de ce territoire » (article 8, § 2, b, viii)[2]. L'accent mis sur le caractère « direct ou indirect » du transfert de la population témoigne de la portée ample que ses rédacteurs ont voulu imprimer à ce texte, ce qui englobe bien des mesures israéliennes telles que rappelées ci-dessus. Et si Israël a pris soin de ne pas devenir membre de la Cour pénale internationale, c'est notamment, pense-t-on, à cause du risque qu'elle court en raison de ses colonies. La Palestine, elle, a accédé au Statut de cette juridiction le 2 janvier 2015 et peut donc la saisir de faits survenus sur son territoire. Ce qu'elle a d'ailleurs fait, comme nous aurons l'occasion de le voir plus tard (chapitre IV).

176– Malgré cette illégalité et les très nombreuses condamnations régulièrement prononcées au niveau international, Israël n'a non seulement pas infléchi sa politique, mais l'a, à l'inverse, intensifiée. Les nombreuses résolutions votées à l'ONU et ailleurs n'y ont strictement rien changé. Même les pressions de ses proches alliés, comme les États-Unis

---

[1] https://ihl-databases.icrc.org/fr/ihl-treaties/gciv-1949/article-49/commentary/1958?activeTab=un defined.

[2] G. Poissonnier et É. David, « Les colonies israéliennes en Cisjordanie, un crime de guerre ? », *La Revue des droits de l'homme*, n° 16, 2019.

qui jouent parfois la carte de la modération, ou les risques de détérioration durable de ses relations avec certains pays étrangers n'ont toujours pas ralenti le développement continu de cette colonisation[1]. C'est la politique des faits accomplis qui, jour après jour, éloigne les possibilités de compromis et de solutions acceptables par les Palestiniens. Il faut croire que les colonies semblent constituer une pièce maîtresse de la politique d'Israël pour s'emparer des territoires palestiniens occupés ou du moins d'une partie substantielle de ceux-ci. On a vu le régime très particulier réservé à la zone C de la Cisjordanie où Israël se comporte de fait comme un souverain et où sont implantées la plupart des colonies.

177– Après l'occupation, il s'agit à l'évidence du plus gros obstacle au droit à l'autodétermination des Palestiniens et son ampleur fait qu'aujourd'hui il est difficile d'imaginer que l'État hébreu renonce volontairement à ces implantations dans le cadre d'un règlement négocié[2]. Il faut d'ailleurs se demander si préconiser la négociation à outrance pour sortir de l'impasse actuelle, ce qui *a priori* peut sembler aller de soi, ne revient pas à faire en sorte que les Palestiniens fassent l'essentiel des concessions et renoncent à tout ou partie de leurs droits légitimes. Mais, comme nous l'avons constaté, le droit à l'autodétermination est une norme impérative qui, par suite, s'impose même aux protagonistes qui ne peuvent ainsi le méconnaître, y compris par la voie de la négociation. Outre cet objectif stratégique d'annexion « rampante »[3], la configuration de ces colonies nuit irrémédiablement à la possibilité d'un État palestinien faute de continuité géographique. Le morcellement du territoire palestinien qui en résulte fait que la population palestinienne est répartie entre des dizaines de petits îlots, surveillée de près par les forces de sécurité et les colons israéliens, soumise à des contrôles incessants et entourée par des routes de contournement qui leur sont inaccessibles. Au-delà, tout cela amène à s'interroger sur le sort des droits individuels des Palestiniens dans un contexte fortement abîmé dans lequel l'occupant ne fait pas mystère de ses objectifs ultimes et jouit d'une situation marquée par une inégalité profonde au détriment de l'occupé.

---

[1] « La question des colonies en Cisjordanie brouille la normalisation des relations entre le Maroc et Israël », 22.6.2023 (www.lemonde.fr).

[2] A. Gresh et D. Vidal, *Les 100 clés du Proche-Orient*, Hachette, 2003, p. 136.

[3] « Israël et l'« annexion rampante » des colonies », 10.11.2018 (www.lemonde.fr).

CHAPITRE III.

Le droit international humanitaire et les droits de l'homme

178– En cas de conflit armé, s'applique non seulement la protection du droit international humanitaire, dont il n'est nul besoin d'évoquer l'importance, mais aussi celle des droits de l'homme, contrairement d'ailleurs à l'une des positions défendues par Israël selon laquelle, en pareilles circonstances, seule la première protection s'impose. Comme la Cour internationale de Justice l'a expliqué, « la protection offerte par le Pacte international relatif aux droits civils et politiques ne cesse pas en temps de guerre, si ce n'est par l'effet de l'article 4 du Pacte, qui prévoit qu'il peut être dérogé, en cas de danger public, à certaines des obligations qu'impose cet instrument. »[1] Il est revenu à la Cour de préciser par la suite qu'une disposition protectrice peut être consacrée par le droit international humanitaire *ou bien* par les droits de l'homme, ou encore par les deux à la fois[2]. *En tout état de cause, une protection n'exclut nullement l'autre.* Gardons cette précision à l'esprit et examinons cela de plus près en abordant successivement trois questions : l'applicabilité au territoire palestinien occupé des instruments juridiques pertinents relatifs à la protection des personnes (section I), la pratique réelle des autorités et forces israéliennes en la matière (II), et enfin le débat sur l'assimilation de cette pratique à un régime d'apartheid (section III).

---

[1] *Licéité de la menace ou de l'emploi d'armes nucléaires, Avis consultatif du 8 juillet 1996,* CIJ Recueil 1996, p. 240, § 25.
[2] CIJ Recueil 2004, p. 171, § 86 et p. 178, § 106.

SECTION I/
Le refus de l'applicabilité

§1/ Le droit international humanitaire

A/ La thèse israélienne

179– Le droit international humanitaire rassemble divers textes obligatoires dont le but est de protéger les personnes affectées par les conflits armés et réunit deux volets historiquement distincts. L'un réglemente les moyens et méthodes de guerre admissibles (droit de La Haye). L'autre se préoccupe du traitement et de la protection des personnes touchées par les combats comme les membres des forces armées mises hors de combat (les blessés, les malades et les naufragés, les prisonniers de guerre) ou les personnes qui ne participent pas aux hostilités telles que les civils, les membres du personnel sanitaire ou d'organisations humanitaires (droit de Genève)[1]. Il s'agit d'un ensemble de textes rédigés, complétés et révisés depuis le milieu du XIXe siècle. S'agissant de l'occupation, puisque telle est la situation juridique du territoire palestinien sous contrôle israélien, deux textes essentiels s'imposent : le Règlement de La Haye concernant les lois et coutumes de la guerre sur terre, du 18 octobre 1907 d'une part, et la 4e Convention de Genève relative à la protection des personnes civiles en temps de guerre, du 12 août 1949, liant pas moins de 196 États (dont Israël et la Palestine).

180– On ne saurait trop souligner la place et le rôle de ce dernier texte qui traite essentiellement du statut et du traitement des « personnes protégées » (c'est-à-dire les personnes au pouvoir d'une partie au conflit ou d'une puissance occupante dont elles ne sont pas ressortissantes), met au clair les obligations de la puissance occupante à l'égard de la population civile, encadre ses droits et prérogatives, et contient des dispositions détaillées sur les secours humanitaires en faveur des populations en territoire occupé... Un troisième texte mérite attention, le Protocole additionnel I aux Conventions de Genève du 8 juin 1977, relatif à la protection des victimes des conflits armés internationaux, étant toutefois précisé qu'Israël n'y est pas partie. Reste toutefois la question de la nature coutumière des dispositions de ce texte qui ferait que les obligations

---

[1] J. Salmon (sous la direction de), *Dictionnaire de droit international*, Bruxelles, Bruylant, 2001, p. 385 ; *Licéité de la menace ou de l'emploi d'armes nucléaires, Avis consultatif du 8 juillet 1996*, CIJ Recueil 1996, p. 256, § 75.

concernées s'imposeraient aux États même lorsque ceux-ci ne les ont pas acceptées formellement.

181– Israël n'est pas non plus lié conventionnellement par le Règlement de La Haye de 1907, mais la Cour suprême israélienne en fait application en raison de sa nature coutumière. Rappelons brièvement que la coutume s'entend d'une pratique générale acceptée comme étant le droit, qui ne nécessite donc pas un engagement formel (signature, ratification) des États comme c'est le cas pour les conventions internationales. Le problème est que ce Règlement, désormais ancien, est plutôt incomplet et c'est la raison pour laquelle la 4e Convention de Genève sur la protection des personnes civiles en temps de guerre précitée est venue le renforcer et le compléter, notamment à la lumière des conflits ayant ensanglanté la première moitié du XXe siècle.

182– S'agissant de la 4e Convention de Genève précitée, Israël l'a signée le 8 décembre 1949 et ratifiée le 6 juillet 1951. Pendant une courte période consécutive à la guerre des Six-Jours, plus exactement d'août à décembre 1967[1], Israël en a fait application en promulguant notamment l'ordonnance n° 3 dont l'article 35 prévoyait que « (l)e tribunal militaire... doit appliquer les dispositions de la Convention de Genève du 12 août 1949 relative à la protection des personnes civiles en temps de guerre en ce qui concerne les procédures judiciaires. En cas d'incompatibilité entre la présente ordonnance et ladite Convention, cette dernière prévaudra. »[2] Puis revirement de position à compter du 29 décembre 1967 : Israël abroge ce dernier texte, refuse depuis lors d'appliquer la Convention *de jure*, comme ce serait logique puisqu'il l'a ratifiée, et indique se limiter à une application *de facto* cantonnée, qui plus est, à ce que ce pays appelle les « dispositions humanitaires » de cet instrument. Comment expliquer une telle évolution et que signifie-t-elle concrètement ?

183– Cette question de l'applicabilité de la 4e Convention de Genève est intimement liée à celle de l'occupation. Dès lors que, comme on l'a vu plus haut (*supra*, chapitre II), Israël conteste que le territoire palestinien soit occupé (c'est un territoire « disputé » soutient-il), il ne fallait pas

---

[1] *Order Concerning Security Provision*, article 35, 11 août 1967, abrogé le 29 décembre 1967. B. Rubin, Israel, "Occupied Territories", *Max Planck Encyclopedia of International Law*, October 2009, § 46-47.
[2] CIJ Recueil 2004, p. 173-174, § 93.

s'attendre à ce qu'il se dise lié *de jure* par ladite 4e Convention de Genève qui réglemente justement l'occupation. Il s'agit donc d'une position politique au soutien de son projet d'annexion ou en tout cas de non acceptation d'un État palestinien. D'après Israël, les conditions d'application de cette Convention ne seraient tout simplement pas réunies en l'espèce. Qu'est-ce à dire ?

184– D'une part, cette Convention ne devrait, selon Israël, être prise en considération que si le territoire occupé relève d'un État partie, ce qui ne serait pas le cas de la Cisjordanie, car la Jordanie l'aurait occupée illégalement de 1950 à 1967, et quasiment aucun État n'a reconnu son appartenance au territoire jordanien. Signalons que la même objection a été formulée pour la situation de la bande de Gaza car, au dire des autorités israéliennes, l'Égypte qui l'a administrée à partir de 1949 jusqu'en 1967 (Israël l'a brièvement occupée lors de la guerre de 1956), ne l'occupait pas à proprement parler et n'en a jamais revendiqué la souveraineté, en se bornant simplement à l'administrer. Sous cet angle, Jérusalem-Est doit être mise à part du fait de l'annexion qui en fait, selon la logique israélienne, un territoire israélien. D'autre part, l'acquisition par Israël de ces deux territoires en 1967 serait une « conquête défensive » octroyant un meilleur titre juridique à Israël par rapport à l'Égypte et la Jordanie qui l'auraient agressé[1].

185– Quant à la Cour suprême d'Israël, elle considère que le Règlement de La Haye de 1907 s'applique bien au territoire palestinien occupé en vertu de sa nature coutumière. S'agissant en revanche de la 4e Convention de Genève précitée, celle-ci ne peut être invoquée par les justiciables devant les juridictions israéliennes dans la mesure où elle n'a pas été formellement incorporée en droit israélien par un acte juridique spécifique également de droit israélien. La Cour suprême ignore du même coup sa portée coutumière et la prive de toute efficacité et utilité pour les particuliers, palestiniens tout spécialement. Et bien sûr, il serait naïf de

---

[1] M. Shamgar (futur membre et Président de la Cour suprême israélienne), "The Observance of International Law in the Administered Territories", *Israeli Yearbook on Human Rights*, vol. 1, 1971, p. 262-277 ; Y. Z. Blum "The Missing Reversioner: Reflections on the Status of Judea and Samaria", *Israel Law Review*, 1968, p. 279 et s. ; voir aussi le *Rapport Levy* du 21 juin 2012 (Edmund Levy, est un ancien Juge à la Cour suprême d'Israël), commandé par le Premier ministre israélien, Benyamin Netanyahou, et son ministre de la justice : Yesh Din, The Emile Zola Chair for Human Rights, *Unprecedent. A Legal Analysis of the Report of the Committee to Examine the Status of Building in Judea and Samaria [the West Bank] ("The Levy Committee") – International and Administrative Aspects*, January 2014 (www.yesh-din.org).

compter sur les autorités israéliennes pour insérer le texte de la Convention au sein du droit israélien ! Au total, la position d'Israël peut être résumée ainsi : pas d'occupation au sens strict, et donc peu de normes internationales régissant l'occupation à respecter, sauf celles anciennes et datées du Règlement de La Haye de 1907 et encore si une juridiction est saisie, auxquelles s'ajoutent celles de la 4e Convention de Genève lorsque les autorités israéliennes décident qu'elles font partie des « dispositions humanitaires » qu'elles disent appliquer volontairement (*de facto*). Et elles seules savent comment distinguer une « disposition humanitaire » d'une disposition qui ne l'est pas, toutes deux au sein d'une Convention dont l'objet même est la protection humanitaire et qui ne comporte pas moins de 159 articles et 3 annexes !

B/ Une thèse inexacte et isolée

186– Nombreuses sont les critiques adressées à cette thèse qui révèle rapidement sa faiblesse juridique comme le montre un examen même rapide des commentaires doctrinaux, de l'accueil qui lui a été réservé par les instances internationales, les États et la justice internationale.

Le rejet par la Cour internationale de Justice

187– Contrairement à ce que soutient l'État hébreu, les conditions d'application de la 4e Convention de Genève existent bel et bien. C'est l'article 2, alinéa 2 de ce texte qui commande cette question en ces termes : « (l)a Convention s'appliquera également dans tous les cas d'occupation de tout ou partie du territoire d'une Haute Partie contractante, même si cette occupation ne rencontre aucune résistance militaire ». Comme l'explique la Cour internationale de Justice dans son avis consultatif sur le mur déjà cité, précisément en réponse à l'objection israélienne ci-dessus rappelée, il ne faut surtout pas lire de façon littérale et étroite cette disposition. À l'inverse, il faut l'interpréter en fonction du but de cette Convention, à savoir la protection des civils dont l'intangibilité est garantie par son article 47, et retenir que cette disposition ne doit pas se lire de manière restrictive ; elle se borne simplement à préciser que l'absence de résistance militaire n'exclut pas l'occupation.

188– Ce traité est dès lors applicable lorsque deux conditions sont satisfaites : d'une part, l'existence d'un conflit armé (que l'état de guerre ait ou non été reconnu importe d'ailleurs peu) et, d'autre part, un conflit opposant deux États parties. Ce qui est le cas puisque Israël, la Jordanie

(Cisjordanie) et l'Égypte (bande de Gaza), sont parties à ce traité. Notons que c'est d'ailleurs aussi le cas de la Syrie et du Liban ; quant à la Palestine, elle s'est engagée de façon unilatérale, le 7 juin 1982, à en respecter les dispositions. Dans ces conditions, point n'est besoin de rechercher le statut exact des territoires avant leur occupation[1].

189– Est-il utile d'aller plus loin, sauf à indiquer que les autres arguments israéliens, non examinés dans l'avis sur le mur, sont tout aussi critiquables. Ils méconnaissent par exemple le principe rigoureux de l'inadmissibilité de l'acquisition territoriale par la force, maintes fois rappelé notamment par le Conseil de sécurité. A propos du concept de « conquête défensive », observons que non seulement celui-ci est inconnu en droit international, mais que même si un État agit légalement en légitime défense, cette situation ne l'autorise nullement à s'approprier tout ou partie du territoire de son agresseur et/ou à se dérober au régime international de l'occupation. De surcroît, pareille position fait totalement abstraction du droit à l'autodétermination du peuple palestinien, consacré de façon régulière au plan international (chapitre II, *supra*). Il faut néanmoins souligner l'attachement d'Israël à cet argument douteux : il n'y pas si longtemps encore, le Premier ministre Benyamin Netanyahou faisait remarquer que « désormais, Il existe un principe important de la vie internationale : quand vous engagez une guerre d'agression et que vous perdez du territoire, ne venez pas demander sa restitution. »[2]

190– Pour ce qui est de l'objection développée par la Cour suprême (absence d'insertion de la 4e Convention de Genève dans le droit israélien), il suffit de rappeler la nature coutumière de cette Convention et préciser que la responsabilité internationale de l'État d'Israël est quoi qu'il en soit engagée, car le droit international interdit aux États de s'abriter derrière leur droit national pour tenter d'échapper à leurs obligations

[1] CIJ Recueil 2004, p. 174, § 95. D. Momtaz, "Israel and the Fourth Geneva Convention: On the ICJ Advisory Opinion Concerning the Separation Barrier", *Yearbook of International Humanitarian Law*, 2005, p. 344-355 ; A. Imseis, "Critical Reflections on the International Humanitarian Law aspects of the ICJ Wall Advisory Opinion", *American Journal of international Law*, 2005, p. 102-118.
[2] Cité par S. Cypel, *L'État d'Israël contre les Juifs*, La Découverte, 2020, p. 21.

internationales[1] [2]. De plus, l'article 1 du texte en cause impose que « (l)es Hautes Parties contractantes s'engagent à respecter et à faire respecter la présente Convention en toutes circonstances », et son article 146 d'ajouter que les « ... Hautes Parties contractantes s'engagent à prendre toute mesure législative nécessaire pour fixer les sanctions pénales adéquates à appliquer aux personnes ayant commis, ou donné l'ordre de commettre, l'une ou l'autre des infractions graves à la présente Convention... ». C'est peu dire qu'Israël se comporte comme si ces obligations n'existaient pas, sans parler du non-respect des obligations de fond que l'on verra plus bas (section II).

Conséquence : application du droit de l'occupation

191– Peu convaincante par elle-même, la thèse israélienne n'a pas ou très peu reçu de soutien. En effet, l'applicabilité de la 4e Convention de Genève au territoire palestinien occupé est affirmée et confirmée à l'unisson au plan international à rebours donc de l'analyse israélienne qui s'en trouve singulièrement isolée. Tout d'abord, on ne compte plus les résolutions du Conseil de sécurité en ce sens, votées est-il besoin de le dire avec l'appui ou l'absence d'opposition des États-Unis. Ainsi dans sa résolution 681 (1990), cet organe « engage le Gouvernement israélien à reconnaître l'applicabilité *de jure* de la Convention de Genève relative à la protection des personnes civiles en temps de guerre, du 12 août 1949, à tous les territoires occupés par Israël depuis 1967 et à se conformer scrupuleusement aux dispositions de la Convention »[3] ; puis « demande aux Hautes Parties contractantes à ladite Convention de veiller à ce

[1] Voir notamment A. Imseis, "On the Fourth Geneva Convention and the Occupied Palestinian Territory", *Harvard International Law Journal*, Volume 44, n° 1, Winter 2003, p. 65-138 ; E. Benvenisti, "Symposium on revisiting Israel's settlements the missing argument: the article that changed the course of history?", *American Journal of International Law*, 2017, vol. 111, p. 31 et s. ; Th. Meron, "The West Bank and international humanitarian law on the eve of the fiftieth anniversary of the Six-day war", *American Journal of International Law*, 1990, vol. 84, p. 357 et s. ; The Emile Zola Chair for Human Rights, *Unprecedent. A Legal Analysis of the Report of the Committee to Examine the Status of Building in Judea and Samaria [the West Bank] ("The Levy Committee") – International and Administrative Aspects*, January 2014 (www.yesh-din.org).

[2] Articles 26 de la Convention de Vienne sur le droit des traités du 23 mai 1969, et 32 des articles sur la responsabilité de l'État pour fait internationalement illicite (A/RES/56/83 {2001}).

[3] Sans prétention à l'exhaustivité, d'autres résolutions du Conseil de sécurité peuvent être citées dans le même sens : S/RES/237 (1967) ; 271 (1969) ; 446 (1979) ; 452 (1979) ; 465 (1980) ; 468 (1980) ; 469 (1980) ; 471 (1980) ; 476 (1980) ; 478 (1980) ; 484 (1980) ; 592 (1986) ; 605 (1987) ; 607 (1988) ; 608 (1988) ; 636 (1989) ; 641 (1989) ; 672 (1990) ; 673 (1990) ; 694 (1991) ; 726 (1992) ; 799 (1992) ; 904 (1994) ; 1322 (2000) ; 1435 (2002) ; 1544 (2004) ; 2334 (2016).

qu'Israël, puissance occupante, s'acquitte des obligations qu'il a contractées aux termes de l'article I de la Convention. »

192– L'Assemblée générale de l'ONU consacre une attention permanente à cette question comme on peut en juger par le très grand nombre de résolutions qui l'évoquent d'une façon ou d'une autre et qui rappellent ses obligations à Israël en tant que puissance occupante avant d'en tirer certaines conséquences à l'encontre des décisions prises par ce pays ; ce qui bien sûr souligne la persistance du problème et l'impuissance de cet organe à obtenir un changement d'orientation du gouvernement israélien même si ces textes sont à chaque fois adoptés avec de fortes majorités[1]. On notera que dans certaines résolutions la définition du droit applicable au territoire palestinien englobe le Règlement de La Haye de 1907, la Convention de Genève relative à la protection des personnes civiles en temps de guerre, du 12 août 1949, et les dispositions pertinentes du droit coutumier, y compris celles qui ont été codifiées dans le Protocole additionnel I aux quatre Conventions de Genève[2].

193– Cette analyse est celle d'un très grand nombre d'États comme le montre régulièrement l'ampleur des votes en faveur des résolutions de l'Assemblée générale des Nations Unies sur cette question. De plus, les nombreux États parties à la 4e convention de Genève (196 actuellement) ont, en cette qualité, confirmé l'applicabilité de cette dernière au territoire palestinien occupé, et cela, par déclarations des 15 juillet 1999, 5 décembre 2001 et 17 décembre 2014 et appelé à l'application de ce texte au territoire palestinien occupé. De son côté, le CICR considère le territoire palestinien, en ce compris la bande de Gaza, comme étant sous occupation belligérante israélienne, avec pour corollaire l'applicabilité *de jure* du droit de l'occupation issu du Règlement de La Haye de 1907 et de la 4e Convention de Genève de 1949[3].

---

[1] Impossible de citer toutes les résolutions pertinentes, en voici un rapide échantillon glané au fil des sessions : A/RES/32/91 A (1977) ; 37/123 C (1982) ; 38/180 A (1983) ; 42/160 C (1987) ; 43/21 (1988) ; 52/65 (1997) ; 53/54 (1998) ; 54/77 (1999) ; 55/131 (2000) ; ES-10/7 (2000) ; 56/60 (2001) ; 56/204 (2001) ; ES-10/8 (2001) ; 58/97 (2003) ; 64/94 (2009) ; 65/105 (2010) ; 66/79 (2011) ; 75/97 (2020) ; 75/236 (2020) ; 76/82 (2021) ; 76/225 (2021) ; 77/126 (2022) ; 77/246 (2022) ; 78/78 (2023).

[2] Voir par exemple en dernier lieu : A/RES/77/126 (2022) ; A/RES/78/78 (2023).

[3] Conference of High Contracting Parties to the Fourth, Geneva Convention, Declaration Geneva, 5 December 2001, et Conference of High Contracting Parties to the Fourth Geneva Convention: Statement by the International Committee of the Red Cross, Geneva, 5 December 2001, (https://www.icrc.org/en/doc/resources/documents/).

194– Inutile de multiplier les exemples, abondants comme on le voit, qui démontrent tous que, du point de vue juridique, la question a reçu une réponse claire. Terminons par la position prise dans le même sens par la Cour internationale de Justice, sous forme d'un bref rappel, car nous en avons déjà dit un mot. Suivant le raisonnement brièvement présenté plus haut (*supra*, ce chapitre), et après avoir relevé, sans surprise, que la grande majorité des participants à la procédure consultative ne partageaient pas le point de vue israélien, la Cour conclut que le principe est que la 4e Convention de Genève est applicable dans tout territoire occupé en cas de conflit armé surgissant entre deux ou plusieurs parties contractantes, ce qui est précisément le cas tant d'Israël que de la Jordanie en 1967 lors de la guerre dite des Six-Jours. Il s'ensuit logiquement qu'elle est applicable dans les territoires occupés par Israël suite à ce conflit[1]. Ceci posé, cette juridiction fera application de plusieurs dispositions de cette Convention et constatera, comme nous le verrons plus bas, qu'elles ont été violées par les autorités israéliennes (articles 6, 47, 49, 52, 53, 59). Un seul exemple sera cité pour l'instant, celui concernant les colonies israéliennes. Pour la Cour, ces dernières résultent d'un transfert d'habitants prohibé de la puissance occupante vers le territoire palestinien occupé, qui, en conséquence, transgresse l'article 49 de la 4e Convention de Genève. Pour ce faire, la haute juridiction a interprété cette disposition comme interdisant non seulement le transfert forcé d'une partie de la population par l'État - seule signification attachée par Israël à l'article 49 précité -, mais aussi les actions qui servent à organiser ou à encourager le mouvement d'une partie de la population de l'occupant vers le territoire occupé.

§2 / Les droits de l'homme

195– Sous cette expression ou celle de droits humains (*Human Rights*), on désigne l'ensemble des droits et libertés fondamentales inhérents à la dignité de la personne humaine et qui concernent *tous les êtres humains*. Ils se déclinent en plusieurs générations : première génération pour les droits civils et politiques, deuxième génération pour les droits économiques, sociaux et culturels, troisième génération pour les droits dits de solidarité (à la paix, au développement, à un environnement sain, etc.) On perçoit sans peine la valeur de ces droits d'une façon générale, mais plus encore dans un contexte d'occupation, spécialement d'une occupation comme celle que vit le peuple palestinien depuis bientôt 57 ans. Ainsi les

---

[1] CIJ Recueil 2004, p. 173-174, § 90 et 93, et p. 177, § 101.

deux Pactes de 1966 cités ci-dessous proclament-ils plusieurs droits dont le droit des peuples à disposer d'eux-mêmes (article 1 au libellé identique). Tout comme pour le droit international humanitaire, on se demandera quelle est la position israélienne quant à leur applicabilité au territoire palestinien occupé, puis ce qu'il faut en penser.

A/ Une applicabilité excluant le territoire palestinien occupé

196– À l'instar de nombreux États, Israël est partie à plusieurs traités relatifs aux droits de l'homme. On ne citera ici que quelques exemples qui retiendront notre attention. Ainsi, l'État hébreu est partie aux traités suivants, importants par leur sujet cela va sans dire : Convention internationale sur l'élimination de toute forme de discrimination raciale (depuis le 3 janvier 1979), Pacte international relatif aux droits civils et politiques (depuis le 3 octobre 1991), Pacte international relatif aux droits économiques, sociaux et culturels (depuis le 3 octobre 1991), Convention sur l'élimination de toute discrimination à l'égard des femmes (depuis le 3 octobre 1991), Convention contre la torture et autres peines ou traitements cruels inhumains ou dégradants (depuis le 3 octobre 1991), Convention relative aux droits de l'enfant (depuis le 3 octobre 1991), Convention relative aux droits des personnes handicapées (depuis le 28 septembre 2012).

197– Ces textes prévoient un suivi de leur mise en œuvre, notamment par la remise périodique par chaque État partie d'un rapport détaillant les mesures prises pour se mettre en conformité avec ses engagements. L'examen de ces rapports ainsi que la conduite du dialogue avec les représentants de l'État partie, ont été confiés à un comité propre à chaque convention et prenant le nom de celle-ci. Chaque comité est composé d'experts indépendants siégeant à titre individuel, et émet, à l'issue de l'examen des rapports étatiques et des échanges avec la délégation concernée, des observations finales relatives aux aspects positifs et/ou aux lacunes et difficultés de la mise en œuvre. Il se trouve qu'Israël omet systématiquement de fournir des informations sur l'application dans le territoire palestinien occupé de chacun des traités cités. Les raisons essentielles avancées pour justifier cette lacune tiennent, selon ce pays, au fait que ces traités auraient un champ d'application qui s'arrête à ses propres frontières et que, s'agissant du territoire palestinien occupé, seul le droit international humanitaire doit y être observé. Observons que ceci n'est pas très cohérent avec la thèse israélienne selon laquelle le territoire palestinien n'est pas occupé (qui expliquerait l'application du droit humanitaire), mais disputé. Parfois, des difficultés pratiques sont également alléguées, mais contredisent la position de principe prise : que viennent faire en effet ces difficultés dès lors que l'on dit que le traité ne doit pas s'appliquer au-delà-des frontières israéliennes ? Et ces « explications » sont présentées et répétées devant chaque comité conventionnel, car selon une périodicité spécifique, plus ou moins respectée d'ailleurs, chaque comité reçoit plusieurs rapports étatiques successifs étalés dans le temps.

B/ Le rejet de l'analyse israélienne par les organes conventionnels

198– Pour simplifier, disons que tous les comités conventionnels concernés ont adopté une attitude similaire sinon identique consistant à déplorer le manque de données factuelles et autres sur les mesures prises par Israël pour donner corps aux traités en cause sur le territoire palestinien occupé. Mais le plus intéressant est leur rejet de l'explication israélienne voulant limiter les effets de ces traités au seul territoire israélien et leur affirmation convergente de l'applicabilité de ces traités à l'ensemble des territoires et populations sous contrôle israélien, donc sur le territoire palestinien occupé, écartant par là même l'idée que seul le droit international humanitaire a vocation à y être respecté. On remarquera à ce sujet que, sans craindre une autre contradiction, Israël indique dans le même temps appliquer les traités aux colons israéliens vivant par définition... sur les terres palestiniennes, une application extraterritoriale donc. En conséquence, chacun de ces comités demande, mais en vain, que le rapport suivant comporte des informations sur l'exécution du traité sur le territoire palestinien.

199– De plus, ces comités d'experts regrettent la non-incorporation des traités en cause en droit israélien, privant ainsi les justiciables de la possibilité de s'en prévaloir devant les juridictions israéliennes. Pour sa part, le Comité des droits économiques, sociaux et culturels ajoute qu'Israël est non seulement tenu de respecter les droits prévus par le Pacte du même nom, mais en plus ne doit pas faire obstacle à l'exercice de tels droits dans les domaines où la compétence a été transférée aux autorités palestiniennes[1]. À partir de 2004, ces organes conventionnels s'appuient,

[1] ONU, doc. E/C. 12/1/Add.90, 26 juin 2003.

pour conforter le fait que le droit international humanitaire et les droits de l'homme ne s'excluent pas, et régissent tous deux la population palestinienne occupée, sur l'avis consultatif de la Cour internationale de Justice sur le mur israélien édifié dans le territoire palestinien occupé qui a bien clarifié cette question (encore que certains comités conventionnels, comme le Comité des droits de l'homme, avaient développé une telle analyse bien avant)[1].

200– La Cour internationale de Justice a en effet abordé cette question dans son avis sur le mur précité. Elle a d'abord dégagé le principe en vertu duquel la protection offerte par les conventions protégeant les droits de l'homme ne cesse pas en cas de conflit armé, sauf clause dérogatoire particulière prévue dans le traité sur les droits de l'homme en cause qui ne peut néanmoins jouer que si les conditions dont une telle clause est entourée sont réunies. Ensuite, elle s'est penchée sur le cas des deux Pactes portant respectivement sur les droits civils et politiques d'une part, et les droits économiques, sociaux et culturels d'autre part, ainsi que sur celui de la Convention sur les droits de l'enfant. Et elle a conclu que tous ces textes étaient applicables sur le territoire palestinien occupé, en invoquant d'ailleurs, pour les deux Pactes, les analyses du Comité des droits de l'homme et du Comité des droits économiques sociaux et culturels[2]. Non seulement applicables, mais violés en la circonstance.

SECTION II/
Une protection violée

201– Très nombreux sont en effet les constats qu'Israël, qui aime à se présenter comme un État de droit, méconnaît ses obligations en matière de

---

[1] Comité des droits de l'homme (ONU, doc. CCPR/C/79/Add.93, 18 août 1998 ; CCPR/CO/78/ISR, 21 août 2003 ; CCPR/C/ISR/CO/3, 3 septembre 2010 ; CCPR/C/ISR/CO/4, 21 novembre 2014 ; CCPR/C/ISR/CO/5, 5 mai 2022). Comité des droits économiques, sociaux et culturels (E/C.12/1/Add.27, 4 décembre 1998 ; E/C.12/1/Add.90, 26 juin 2003 ; E/C.12/ISR/CO/3, 16 décembre 2011 ; E/C.12/ISR/CO/4, 12 novembre 2019). Comité contre la torture (A/49/44, 1994 ; A/57/44, 2001-2002 ; CAT/C/ISR/CO/4, 23 juin 2009 ; CAT/C/ISR/CO/5, 3 juin 2016). Comité des droits de l'enfant (CRC/C/15/Add.195, 9 octobre 2002 ; CRC/C/ISR/CO/2-4, 4 juillet 2013 ; CRC/C/ISR/5-6, 11 novembre 2022). Comité pour l'élimination de la discrimination à l'égard des femmes (CEDAW/C/ISR/CO/5, 5 avril 2011 ; CEDAW/C/ISR/CO/6, 17 novembre 2017). Comité pour l'élimination de la discrimination raciale (A/49/18, 19 septembre 1994 ; CERD/C/ISR/CO/13, 14 juin 2007 ; CERD/C/ISR/CO/14-16, 3 avril 2012 ; CERD/C/ISR/CO/17-19, 27 janvier 2020).

[2] *Conséquences juridiques de l'édification d'un mur dans le territoire palestinien occupé, Avis consultatif du 9 juillet 2004,* CIJ Recueil 2004, p. 178, § 106 et s.

droit international humanitaire et de droits humains à l'égard des Palestiniens ; ce que laissait d'ailleurs présager son refus de l'applicabilité des protections en cause. Qu'il s'agisse des enquêtes des Nations Unies ou des ONG nationales ou internationales, celles-ci convergent de façon indiscutable. Et il n'est pas rare de lire dans cette documentation, régulièrement actualisée, que la situation ne cesse d'empirer. La réaction d'Israël a été de cesser toute collaboration et tout contact avec en particulier le Haut-Commissariat aux droits de l'homme des Nations Unies dont les experts se voient, depuis quelques années, refuser l'accès au territoire palestinien occupé ; ce qui complique singulièrement leur travail.

202– Ce pays a également entrepris toute une série d'attaques contre les défenseurs des droits de l'homme s'intéressant aux droits des Palestiniens, que ces défenseurs soient israéliens (par le biais notamment du contrôle de leur financement) ou palestiniens. Ces derniers sont harcelés, menacés, taxés de terroristes et arrêtés, grâce à une législation particulièrement floue s'agissant de la définition de ce qu'est une « organisation terroriste ». En 2021, plusieurs organisations ont été déclarées « associations illicites » par le commandant militaire israélien pour la Cisjordanie, tandis que d'autres ont été qualifiées d'« organisations terroristes » par le ministre de la Défense. Leurs responsables ont été interrogés et sommés de cesser toute activité et, de fait, leurs bureaux ont été fermés. Quelque seize défenseurs des droits de l'homme ont été arrêtés dans la foulée par les forces de sécurité israéliennes[1], tout comme des journalistes qui couvraient les manifestations palestiniennes. Le Comité des droits de l'homme n'a pas manqué de critiquer les arrestations et les détentions arbitraires de journalistes et de défenseurs des droits de l'homme, ainsi que diverses pratiques les visant comme les menaces, les intimidations, le harcèlement, les attaques, les campagnes de dénigrement et de diffamation pour les discréditer et décourager le soutien et le financement de leurs activités. Il a également regretté l'utilisation de la législation antiterroriste pour

[1] Conseil des droits de l'homme, *Situation des droits de l'homme dans le Territoire palestinien occupé, y compris Jérusalem-Est, et obligation de garantir les principes de responsabilité et de justice*, Rapport de la Haut-Commissaire des Nations Unies aux droits de l'homme, A/HRC/49/25, 23 février 2022, § 35 et s. ; *Même intitulé*, A/HRC/52/75, 13 février 2023, § 29 et s. ; Sur cette question voir l'analyse développée in Conseil des droits de l'homme, *Rapport du Rapporteur spécial sur la situation des droits de l'homme dans les territoires palestiniens occupés depuis 1967*, A/HRC/34/70, 13 avril 2017, § 30 et s.

criminaliser les activités des organisations de la société civile et de leurs membres[1].

203– Comme les violations sont nombreuses, variées et répétitives, on se limitera à quelques illustrations qui ne distingueront pas systématiquement entre le droit international humanitaire d'un côté, et les droits humains de l'autre ; ceci pour une présentation plus simple mais aussi parce que ces protections se rejoignent souvent. Et pour alléger les observations qui suivent et éviter, autant que faire se peut, les redites, les droits des Palestiniens affectés par la construction du mur israélien dans le territoire palestinien seront, sauf exception, abordés à l'occasion de l'examen de cette question (chapitre IV).

§1/ Recours systématique, excessif et problématique à la force

204– Dans ses relations avec les Palestiniens, Israël recourt très fréquemment à la force brutale et sans beaucoup de considération pour les hommes, les femmes et les enfants qui en sont victimes. Sylvain Cypel écrit à propos du rapport d'Israël à la force que les Israéliens ont détourné le sens d'un verset de la Bible en le reformulant ainsi « ce qui ne s'obtient pas par la force s'obtient en usant de plus de force ». Et d'observer que « depuis longtemps, Israël a suivi cette ligne de conduite... En toutes circonstances, comme une sorte de réflexe pavlovien, en premier ressort Israël n'imagine agir qu'en ayant recours à la force. En cas d'échec, la seule conclusion qui en découle est que la force a échoué parce qu'elle a été insuffisante »[2]. Voici quelques exemples d'une pratique malheureusement trop abondante. On distinguera entre le recours à la force en temps de crise et celui en l'absence de crise ouverte (on aurait aimé dire « en temps normal », mais crise ou pas, la situation analysée n'est jamais normale).

A/ Le recours à la force en l'absence de crise

Fréquence et banalisation

204 bis– Début juillet 2023, l'armée israélienne attaque massivement (frappes aériennes, attaques de drones, mobilisation de centaines de

[1] *Observations finales concernant le cinquième rapport périodique d'Israël*, CCPR/C/ISR/CO/5, 5 mai 2022, § 42.
[2] *L'État d'Israël contre les juifs*, *op. cit.*, p. 16.

soldats, etc.) le camp de (14.000) réfugiés de Jénine tuant plus d'une dizaine de Palestiniens (dont trois enfants) et en blessant une centaine, dont vingt dans un état grave, tandis que 3.000 réfugiés ont fui désespérément ce déferlement de violence. Selon le Haut-Commissariat aux droits de l'homme (ONU), par son ampleur et ses conséquences (pertes de vies, destructions de biens notamment), cette opération soulève une série de problèmes graves au regard des normes et règles internationales applicables, notamment la protection et le respect du droit à vie. Il faut savoir que ce même camp a déjà fait l'objet de plusieurs attaques similaires, par exemple au début 2023 (9 morts palestiniens), et en 2002 (mort de 53 palestiniens et de 23 israéliens)[1]. Et depuis le 7 octobre 2023 et l'opération *Déluge d'Al-Aqsa*, pas moins de 23 raids ont été menés contre Jénine (Tulkarem et Naplouse subissent également le même acharnement)[2]. Le meurtre d'un Palestinien à Hébron le 24 mars 2016 a été médiatisé, celui-ci ayant été abattu par un soldat israélien (Azaria) alors même qu'il gisait au sol, gravement blessé et immobile. Ce soldat a écopé d'une peine des plus légères (8 mois), identique à celle infligée à une Palestinienne (Ahed Tamimi) pour avoir giflé un soldat entré dans sa maison juste quelques jours après que son cousin de 15 ans a été abattu à bout portant par l'armée israélienne[3].

205– Du 1er novembre 2021 au 31 octobre 2022, on a compté au moins 161 Palestiniens tués et 10.298 blessés dans le territoire palestinien occupé. À quoi il faut ajouter, la mort de 20 Israéliens (par des assaillants palestiniens), et 112 blessés au moins[4]. Du début janvier à la fin mai 2023, 112 Palestiniens ont perdu la vie en Cisjordanie à la suite d'actions des forces de sécurité israéliennes (cinq morts sont imputables aux colons), bien plus encore qu'au cours de la même période en 2022 (53 Palestiniens tués). Quant aux blessés, on en dénombre 4.296. Dans le sillage de l'opération *Déluge d'Al-Aqsa* du 7 octobre 2023, le nombre de victimes en

---

[1] « Cisjordanie : neuf Palestiniens tués lors d'un raid israélien à Jénine », *ONU Info*, 26.01.2023 ; « Raid à Jénine et attaque à Tel Aviv : l'ONU appelle à l'arrêt des violences », *Ibid.*, 4.07.2023 ; « Deux heures dans Jénine avec l'armée israélienne », 5.7.2023 (www.lemonde.fr) ; « En Cisjordanie, des milliers de réfugiés palestiniens fuient le camp de Jénine en raison de l'opération militaire israélienne », 4.07.2023 (*Ibid.*)

[2] « Cisjordanie : l'autre guerre menée par Israël », 30.01.2024 (*Ibid.*)

[3] S. Cypel, *L'Etat d'Israël contre les Juifs*, *op. cit.*, p. 62-63.

[4] Conseil des droits de l'homme, *Situation des droits de l'homme dans le Territoire palestinien occupé, y compris Jérusalem-Est, et obligation de garantir les principes de responsabilité et de justice*, Rapport de la Haute-Commissaire des Nations Unies aux droits de l'homme, A/HRC/52/75, 13 février 2023, § 4.

Cisjordanie s'accroît rapidement pour atteindre 400 à la mi-février 2024, dont plus d'une centaine d'enfants, et 4.575 blessés ; côté israélien, on constatait 13 tués et 86 blessés. 2023 est devenue ainsi l'année la plus meurtrière dans cette zone !

Malgré son caractère pacifique, la marche du retour à Gaza, commémorant la Nakba, a eu un prix humain inadmissible : en 2018 et 2019, on y a enregistré un très grand nombre de morts palestiniens (207 en 2019), et plus encore de blessés (33.828). Les conclusions de la Commission internationale d'enquête sur cette dernière situation sont sans appel : elles pointent l'utilisation de balles réelles par les forces de sécurité israéliennes contre les manifestants pacifiques et son illégalité dans quasiment tous les cas. Elles soulignent la violation du droit à la vie et ainsi que celle du principe de distinction entre civils et combattants, principe cardinal du droit international humanitaire[1].

D'une manière générale, et sans multiplier les exemples, hélas trop nombreux, le recours à la force par la sécurité israélienne ne paraît pas conforme aux critères de légalité, de nécessité et de proportionnalité, avec pour résultat des homicides illicites, et dans certains cas de possibles exécutions extrajudiciaires[2]. D'après ces règles, l'utilisation d'armes à feu n'est envisageable qu'en dernier recours, en cas d'absolue nécessité et dans des situations déterminées, lorsqu'il y a une menace imminente de mort ou de blessure grave[3]. Pour sa part, le Comité contre la torture déplore « le recours à une force excessive et parfois mortelle par les forces de sécurité, principalement contre les Palestiniens de Cisjordanie, de Jérusalem-Est et des secteurs en accès restreint de la bande de Gaza... » et fait sienne l'analyse du Haut-Commissariat aux droits de l'homme selon laquelle « certaines mesures... évoquent fortement des exécutions illégales, y compris d'éventuelles exécutions extrajudiciaires »[4]. Le Comité des droits de l'homme est sur la même ligne devant l'emploi par les forces de sécurité israéliennes de la force létale contre des civils palestiniens, y compris des enfants, et ce, dans le cadre du maintien de l'ordre lors de manifestations,

[1] Conseil des droits de l'homme, *Rapport de la Commission d'enquête internationale indépendante sur les manifestations dans le Territoire palestinien occupé*, A/HRC/40/74, 6 mars 2019.

[2] « Israël : l'ONU préoccupée par la reprise des « assassinats ciblés » en Cisjordanie occupée », *ONU Info*, 28.10.2022.

[3] Comité des droits de l'homme, *Observation générale n° 36,* 2018.

[4] Comité contre la torture, *Observations finales concernant le cinquième rapport périodique d'Israël*, CAT/C/ISR/CO/5, 3 juin 2016, § 32.

comme celles précitées de la marche du retour (mars 2018 et décembre 2019). Marches au cours desquelles des dizaines de personnes, dont des enfants, des auxiliaires de santé, des journalistes et des personnes handicapées, ont été abattues. Des pratiques qui sont autant de manquements à plusieurs dispositions du Pacte international des droits civils et politiques (droit à la vie, prohibition de la torture et des traitements cruels, inhumains ou dégradants, droit de réunion pacifique)[1].

Privatisation de la violence par les colons

206– À la violence des organes de l'État israélien *vient s'ajouter celle des colons*, avec tantôt l'appui, tantôt la passivité des forces de sécurité israéliennes qui se gardent de protéger la population palestinienne, méconnaissant ainsi le Règlement de La Haye et la 4e Convention de Genève. Le 26 février 2023, au moins une dizaine de colons, dont certains armés, ont, durant plusieurs heures, mené une expédition punitive contre la ville de *Hawara* et contre des villages voisins, dans le Nord de la Cisjordanie. Ils ont par exemple incendié des voitures, des commerces et des habitations, le tout en représailles après la mort de deux colons[2]. Il s'agit en réalité d'un phénomène en expansion, tout comme le nombre de colonies et de colons. Ces dix dernières années, ont été recensés pas moins de 3.372 incidents violents commis par des colons (1.222 Palestiniens blessés, et parfois des morts). Et 2022 a été l'année où ces violences ont connu leur pic le plus élevé (89 % d'augmentation par rapport à 2012).

207– Ces attaques sont accompagnées d'autres actions similaires des mêmes colons visant à terroriser les Palestiniens : détérioration des moyens de subsistance (le bétail, les terres agricoles, les arbres et les maisons sont vandalisés, le cheptel ou les récoltes sont volés), intimidation contre les agriculteurs palestiniens pour les empêcher d'accéder et de s'occuper de leurs terres contraignant certains à tout abandonner et à fuir. Sans doute est-ce d'ailleurs là l'objectif recherché, un autre mode d'accaparement des terres et des biens palestiniens.[3] À plusieurs reprises, des colons ont attaqué et terrifié des femmes et des filles (même des femmes enceintes) et des femmes âgées, et ce, à l'aide de pierres, de

---

[1] Comité des droits de l'homme, *Observations finales concernant le cinquième rapport périodique d'Israël*, CCPR/C/ISR/CO/5, 5 mai 2022, § 26.
[2] « Cisjordanie : l'armée israélienne passive face aux violences des colons », 27.02.2023 (www.lemonde.fr).
[3] « En Cisjordanie, des villages palestiniens à la merci des colons juifs », 23.06.2023 (*Ibid.*)

matraques, de gaz poivré, de cocktails Molotov, de chiens et d'armes à feu. Entre le 1er novembre 2021 et le 31 octobre 2022, on a assisté à 739 actes de violence de la part de colons en Cisjordanie, y compris Jérusalem-Est, contre 502 actes la période précédente. 248 Palestiniens (207 hommes, 19 femmes et 22 enfants) ont ainsi été blessés, 10.810 arbres et 668 véhicules vandalisés. Cette augmentation quantitative s'est accompagnée d'une gravité accrue des attaques.

La violence des colons et celle des forces de sécurité israéliennes sont de plus en plus étroitement imbriquées au point qu'il devient bien difficile de les distinguer[1]. La Commission indépendante d'enquête a relevé récemment que « (d)ans l'ensemble, les forces de sécurité civiles et militaires d'Israël protègent rarement les Palestiniens contre les violences des colons. Des éléments indiquent qu'elles ont observé sans intervenir des attaques violentes commises par des colons et, dans certains cas, participé à de telles attaques. Les autorités judiciaires obligent rarement les colons à rendre compte de leurs actes »[2]. Les comités de supervision des conventions portant sur les droits de l'homme, notamment le Comité des droits de l'homme, celui contre la torture, et celui pour l'élimination de la discrimination raciale ont, avec bien d'autres organes, attiré l'attention d'Israël sur cette situation. Ainsi le Comité pour l'élimination de la discrimination raciale regrette que « des actes de violence sont commis par des colons israéliens contre des Palestiniens et contre leurs biens en Cisjordanie, y compris à Jérusalem-Est, et qu'aucune mesure efficace n'est prise afin que les auteurs de ces actes aient à en répondre et que les victimes bénéficient d'une protection »[3] [4]. Ce Comité évoque là, à l'instar des autres, un autre problème d'une gravité certaine, celui de *l'impunité* dont bénéficient nombre de ces colons, question sur laquelle on reviendra un peu plus loin.

---

1 Conseil des droits de l'homme, *Les colonies de peuplement israéliennes dans le Territoire palestinien occupé, y compris Jérusalem-Est, et le Golan syrien occupé*, A/HRC/52/76, 15 mars 2023, § 36 et s.

2 ONU, *Rapport de la Commission internationale indépendante chargée d'enquêter dans le Territoire palestinien occupé, y compris Jérusalem-Est, et en Israël*, A/77/328, 14 septembre 2022, § 65.

3 *Observations finales concernant le rapport d'Israël valant dix-septième à dix-neuvième rapports périodiques,* CERD/C/ISR/CO/17-19, § 42 c.

4 Comité contre la torture, *Observations finales du Comité contre la torture : Israël*, CAT/C/ISR/CO/4, 23 juin 2009, § 32 ; *Observations finales concernant le cinquième rapport périodique d'Israël*, CAT/C/ISR/CO/5, 3 juin 2016, § 38. Comité des droits de l'homme, *Observations finales concernant le cinquième rapport périodique d'Israël*, CCPR/C/ISR/CO/5, 5 mai 2022, § 24 ; *Observations finales concernant le quatrième rapport périodique d'Israël*, CCPR/C/ISR/CO/4, 21 novembre 2014, § 16.

B/ Le recours à la force en cas de crise

Singularité de la violence depuis le 7 octobre 2023

208– Pour les avoir déjà évoquées plus haut (chapitre I), rappelons d'un mot les multiples guerres contre la bande de Gaza (2008-2009, 2012, 2014, 2021, 2022, 2023) avec leur lot de très (trop) nombreuses morts de civils et de destructions de biens privés et publics d'une ampleur incompréhensible. À cet égard, les enfants paient toujours un lourd tribut à ce déchaînement périodique de violence. Tués ou survivants, le prix payé par eux est toujours excessif puisque quand leur vie est épargnée et quand ils ne deviennent pas handicapés en raison de leurs blessures, leur enfance est saccagée et leur avenir, lui, est lourdement hypothéqué tant leurs différents droits à la santé (physique et mentale), à l'éducation, à la sécurité notamment, s'en trouvent gravement compromis.

On pensait avoir connu tous les excès, mais la violence de l'opération du Hamas *Déluge d'Alqsa* du 7 octobre 2023 et celle de la riposte israélienne (opération *Glaive de fer*) nous montrent que cette descente aux enfers ne connaît décidément pas de limite. Rappelons brièvement, nous en avons déjà parlé (chapitre I), que 2.000 combattants du Hamas ont, le 7 octobre 2023, franchi la barrière de protection et pénétré sur le territoire israélien pour y commettre des atrocités rarement vues jusque-là, tuant 1.163 personnes, dont 767 civils (parmi lesquels 710 Israéliens), et prenant en otage 250 personnes (civils et militaires) dont, à la mi-février 2024, une centaine sera libérée, une trentaine perdra la vie, y compris parfois du fait des forces israéliennes.

La réaction israélienne ne s'est pas fait attendre et très vite la bande de Gaza est devenue un enfer, un endroit inhabitable qui ne comporte aucun lieu sûr vu le nombre rapidement élevé de civils tués et de destructions. Mi-février 2024, le nombre de Gazaouis tués dépasse les 29.000 (dont 70 % d'enfants et de femmes), les blessés étant encore plus nombreux (plus de 68.667). À quoi, il faut ajouter 400 Palestiniens morts (dont au moins une centaine d'enfants) et 4.575 blessés en Cisjordanie depuis le 7 octobre 2023. Il s'agit, selon toute vraisemblance, d'un bilan sous-évalué car ne prenant en compte ni les corps encore sous les décombres ni les morts à l'extérieur des hôpitaux. De son côté, l'armée israélienne déplore avoir perdu 238 soldats à côté de 1.400 blessés. De toute manière ce sont des chiffres dépassés dès qu'ils sont publiés.

Aussi bien le massacre commis par le Hamas que la très forte riposte israélienne soulèvent des questions de droit des plus essentielles. Comme elles sont nombreuses et touchent à de multiples aspects de cette situation, nous ne ferons qu'en aborder quelques-unes en se limitant à des remarques générales, et plutôt des interrogations d'ailleurs, car les conclusions fiables et définitives ne peuvent venir que d'enquêtes indépendantes et impartiales (internationales idéalement) et, si possible, d'analyses juridictionnelles.

Un fondement juridique critiquable

209– Le fondement juridique de la réaction israélienne allégué par ce pays est la *légitime défense* telle que prévue en droit international (article 51 de la Charte des Nations Unies). Qu'en penser ? De sérieux doutes peuvent être émis quant à la pertinence de cet argument, et cela, pour deux raisons au moins. *Primo*, Israël a le statut de puissance occupante de la bande de Gaza, comme nous l'avons vu plus haut (chapitre II), et par suite ne peut se prévaloir de la légitime défense qui ne se conçoit que lorsqu'un État en agresse un autre ou que l'agression est commise par des entités extérieures ; ce qui n'est le cas ici, le Hamas n'étant ni un État ni une entité extérieure à Israël, puisqu'il se trouve sur le territoire occupé par celui-ci. Dans l'affaire du mur israélien construit en territoire palestinien, Israël avait déjà invoqué la légitime défense comme justification de cette construction, mais la Cour internationale de Justice l'a écartée au motif que les violences, présentées comme la raison d'être de ce mur, ne provenaient pas d'un État, mais trouvaient leur origine à l'intérieur du territoire occupé par Israël[1]. C'est la même situation aujourd'hui puisque l'occupation s'est poursuivie depuis ce prononcé de la Cour. Cela ne signifie évidemment pas qu'Israël ne peut pas se défendre, mais il doit faire reposer sa réaction sur une autre justification légale et alors qu'il est supposé, en tant que puissante occupante, prendre toutes les mesures pour rétablir et assurer, autant qu'il est possible, l'ordre public et la sécurité publique.

Dans la procédure intentée contre Israël par l'Afrique du Sud pour génocide, la CIJ a simplement mentionné, en exposant l'argumentation israélienne, mais sans autre commentaire, qu'Israël soutenait que son droit

[1] *Conséquences juridiques de l'édification d'un mur dans le territoire palestinien occupé, avis consultatif du 9 juillet 2004,* CIJ Recueil 2004, p. 194, § 139.

à la légitime défense était un élément essentiel pour apprécier la situation[1]. Cela conduit à penser que, pour la Cour, cet argument est dénué de toute pertinence, au moins à ce stade de la procédure relative non au fond, mais aux mesures conservatoires. D'ailleurs, la demande israélienne de rejeter les mesures conservatoires demandées et de rayer l'affaire du rôle a été écartée par la Cour. En tout état de cause, il est toutefois difficile de croire que la légitime défense, à la supposer établie, puisse justifier un génocide ou conduire à l'apprécier différemment...

Secundo, la légitime défense est assortie de conditions telles que la *proportionnalité*, laquelle ne paraît pas respectée en l'espèce. Le nombre de morts et de blessés civils, en grande majorité des femmes et des enfants, l'ampleur considérable des destructions, l'atteinte portée à des personnes et des biens protégés, la dégradation rapide de la situation humanitaire ainsi créée et aggravée, tout cela montre clairement que ce n'est pas le cas. Même le Président des États-Unis, allié indéfectible d'Israël, a fini par qualifier « d'excessive » l'opération israélienne. Mais il faut savoir que ce pays agit en conformité avec la doctrine militaire dite de *Dahiya* inventée par un chef d'état-major et devant son nom à un quartier de Beyrouth où elle fut expérimentée pour l'une des toutes premières fois (2006)[2]. D'après cette doctrine, la riposte militaire doit toujours être disproportionnée et dissuasive, et par suite impliquer des destructions massives notamment des habitations et un nombre de victimes civiles forcément élevé. Ses concepteurs la pensent spécialement appropriée lorsque l'ennemi se fond dans la population civile, comme hier le Hezbollah, et aujourd'hui le Hamas. Il est clair que c'est cette doctrine qui est à l'œuvre dans la bande de Gaza et qui explique des dégâts matériels d'une dimension considérable et les milliers de victimes civiles[3].

Cette disproportion n'est pas nouvelle, elle marque depuis pas mal de temps les opérations militaires israéliennes. Ainsi en a par exemple jugé la Commission d'enquête internationale sur la guerre de Gaza de 2008-2009 : « ...ce qui s'est passé en à peine plus de trois semaines à la fin de 2008 et au début de 2009 était une attaque délibérément disproportionnée visant à

---

[1] *Application de la convention pour la prévention et la répression du crime de génocide dans la bande de Gaza (Afrique du Sud c. Israël),* CIJ, Ordonnance du 26 janvier 2024, § 40 *in fine* (voir *infra*, chapitre IV).
[2] S. Cypel, *L'État d'Israël contre les juifs*, *op. cit.*, p. 19.
[3] « En Israël, les tensions traversent le cabinet de guerre qui mène les opérations militaires à Gaza », 10.11.2023 (www.lemonde.fr).

punir, humilier et terroriser une population civile, à réduire considérablement la capacité de l'économie locale de lui assurer du travail et de quoi subsister et de lui imposer un sentiment toujours plus vif de dépendance et de vulnérabilité. »[1] De plus, le Premier ministre israélien de l'époque, Ehud Olmert, avait publiquement menacé le Hamas d'une réaction « disproportionnée » au cas où celui-ci poursuivrait ses tirs de roquettes. Mais, à supposer, par extraordinaire, que la légitime défense soit ici retenue, celle-ci, même fondée, n'exonère nullement du respect du DIH.

Violations du droit humanitaire international

210– Précisément, le comportement de Tsahal et du Hamas alimente bien des interrogations sous l'angle des *règles fondamentales du droit humanitaire*. Dès le 9 novembre 2023, le Haut-Commissariat de l'ONU aux droits de l'homme a les accusé Israël de crimes de guerre. Compte tenu de leur nombre, quelques règles seulement vont être rappelées ici.

1/ On commencera par la *distinction civils/combattants* d'importance cardinale, on le comprendra sans peine, à tel point qu'on la tient pour une norme de *jus cogens* (droit impératif). Il est à peine besoin de dire que les parties au conflit doivent en tout temps faire la distinction entre civils et combattants et les attaques ne peuvent être dirigées que contre des combattants, pas contre des civils (sauf lorsque ces derniers participent aux hostilités).[2] Pour reprendre les termes du Secrétaire général de l'ONU, « (l)a population entière de Gaza subit une destruction à une échelle et à une vitesse sans précédent dans l'histoire récente. » Et d'ajouter que rien ne pouvait justifier une telle punition collective[3]. Le ton a été donné par le Président israélien lui-même : « c'est toute une nation qui est responsable. Tous ces beaux discours sur les civils qui ne savaient rien et qui n'étaient pas impliqués. Ça n'existe pas.... Et nous nous battrons jusqu'à leur briser la colonne vertébrale ». De fait, on est frappé par le nombre très élevé de morts civils dont - répétons-le - une très grande proportion de femmes et d'enfants. Cela dit, il ne pouvait en être autrement vu la campagne de bombardements massifs opérés de façon intensive et aveugle par l'armée

---

[1] Conseil des droits de l'homme, *Rapport de la Mission d'établissement des faits de l'ONU sur le conflit de Gaza*, 15 septembre 2009, A/HRC/12/48, § 1893.

[2] Règles 1 à 6 du DIH coutumier, articles 48, § 2 et 52, § 2 du Protocole additionnel I (Protocole additionnel aux conventions de Genève du 12 août 1949 relatif à la protection des victimes des conflits armés internationaux).

[3] « La solution à 2 États, Israël et Palestine, « seul moyen de parvenir à une paix durable » – Guterres », *ONU info*, 23.01.2014.

israélienne dans une zone peu étendue et très densément peuplée. On a parlé de bombardements d'une ampleur inédite depuis la Seconde Guerre mondiale avec des munitions dont une grande partie était dépourvue de système de guidage. 29.000 bombes auraient été larguées sur Gaza pendant les six premières semaines de l'opération, soit autant que sur l'Irak, en 2003, un pays d'une superficie mille fois supérieure[1]. Pour atteindre tel membre présumé du Hamas (qualifié comme tel par Israël), des dizaines d'habitations sont bombardées et le nombre de victimes innocentes se compte lui aussi par dizaines. Le recours par l'armée israélienne à l'intelligence artificielle pour choisir ses cibles participe aussi à ce que beaucoup qualifient de « carnage » ou de « massacre »[2]. De son propre aveu, Tsahal a même tué des otages israéliens marchant torse nu et agitant un drapeau blanc. Et on mentionnera à peine l'emploi de certaines armes interdites telles que les armes à sous-munitions ou celles libérant du phosphore blanc, déjà utilisées lors de la guerre de Gaza de 2009[3].

De son côté, le Hamas a attaqué des civils, tiré des roquettes indiscriminés, commis des homicides volontaire, des mauvais traitements infligés à des civils, des destructions gratuites de biens de caractère civil et pris des otages, soit autant de crimes de guerre. Des viols et agressions sexuelles ont été perpétrés, semble-t-il, et l'enquête en cours devra faire la lumière sur ce point avec toute la clarté souhaitable[4]. L'échelle n'est pas la même, mais la violation de la règle dans les deux cas paraît avérée.

On sait que doit également être respectée la distinction entre les biens de caractère civil et les objectifs militaires : les premiers ne doivent pas être attaqués sauf s'ils deviennent des objectifs militaires[5]. Il paraîtrait que plus 50 % des logements gazaouis (360.000) aient été détruits, totalement ou partiellement, par les bombardements israéliens, pratique désignée par le nouveau terme de « domicide » entendu comme « la destruction massive et délibérée de logements dans le but de provoquer des souffrances

---

[1] « Cent jours de guerre à Gaza : un bilan effroyable et pas de perspective de sortie de crise », 15.01.2024 (www.lemonde.fr)

[2] « L'utilisation de l'intelligence artificielle par l'armée israélienne questionne le droit de la guerre », 14.12.23 (*Ibid.*)

[3] « L'autre menace pour Gaza : sols et air pollués, eau contaminée », 1.02.2024 *(Ibid.)*

[4] Règle 96 du DIH coutumier ; article 3 commun aux quatre Conventions de Genève de 1949 ; 4e Convention de Genève, articles 34 et 147 ; Protocole additionnel I, article 75, § 2 ; Protocole additionnel II, article 4, § 2.

[5] Règles 7 à 10 du DIH coutumier ; articles 48 et 52, § 2 du Protocole additionnel I.

humaines »[1]. Et ces destructions ne s'arrêtent pas aux seules habitations, elles s'étendent à d'autres édifices tels que les écoles, les établissements d'enseignement universitaire, les administrations, les installations de santé, les monuments, les sites archéologiques, les cimetières, les terrains agricoles, etc.

Il est instructif à cet égard de jeter un coup d'œil sur les conclusions des commissions internationales d'enquête ayant examiné les confrontations militaires antérieures entre Israël et le Hamas. D'après la Commission d'établissement des faits ayant examiné la guerre de Gaza de 2014, l'absence répétée de distinction entre les combattants et les civils semble avoir été le résultat de directives délibérées données aux soldats, comme l'ont décrit certains d'entre eux, et non le résultat de défaillances occasionnelles[2]. La Commission va même plus loin en observant que, même si le gouvernement israélien a cherché à présenter ses opérations comme découlant de son droit à l'autodéfense contre les tirs de roquettes, elle considère que le plan visait, au moins en partie, une cible différente : la population de Gaza dans son ensemble[3].

210 bis– 2/ Dans cet ensemble, les personnes, biens et établissements jouissant d'une protection faisant l'objet de règles spécifiques ne sont pas davantage épargnés, sachant que, de toute manière, ils sont protégés par leur caractère civil.

a) Ainsi, d'après l'ONU, plus de 122 journalistes et professionnels des médias (la plupart palestiniens) ont été tués dans la bande de Gaza, trois journalistes au Liban à la suite de bombardements israéliens et quatre journalistes israéliens l'ont été par le Hamas. Dans certains cas, leurs locaux professionnels et leurs logements ont été dévastés. Des experts de l'ONU considèrent qu'il s'agit du « conflit le plus meurtrier et le plus dangereux de l'histoire récente pour les journalistes », et certains parlent d'« horreur à huis clos »[4]. Israël interdit en effet l'accès de la bande de Gaza aux journalistes étrangers sauf, à titre exceptionnel, pour de très

---

[1] ONU, *Logement convenable en tant qu'élément du droit à un niveau de vie suffisant, et droit à la non-discrimination à cet égard*, A/77/190, 19 juillet 2022, § 5.
[2] UN, *Report of the United Nations Fact-Finding Mission on the Gaza Conflict established pursuant to Human Rights Council resolution S-9/1 of 12 January 2009*, 25 September 2009, § 1889.
[3] *Ibid.*, § 1883.
[4] « Gaza : les opérations d'aide humanitaire sont en péril en raison de la crise financière », 1.02.204, *ONU Info* ; « Gaza : l'horreur à huis-clos », 2.02.2024 (www.liberation.fr).

brèves visites guidées et strictement encadrées par elle, alors que dans le même temps ces journalistes étrangers sont reçus à bras ouverts sur le sol israélien pour enquêter sur les massacres du 7 octobre et ses suites. Saisie, la Cour suprême israélienne aurait confirmé cette interdiction au nom de la sécurité des... soldats israéliens[1]. L'ampleur prise par ce ciblage a poussé Reporters sans frontières ainsi que la chaîne Al Jazeera à se tourner vers la Cour pénale internationale. Rappelons, en en effet, que « les journalistes civils qui accomplissent des missions professionnelles dans des zones de conflit armé doivent être respectés et protégés, aussi longtemps qu'ils ne participent pas directement aux hostilités »[2].

b) Les établissements sanitaires, et en particulier les hôpitaux, sont durement affectés par ce conflit. Ils sont bombardés, assiégés, fouillés, ciblés par les tirs israéliens, leur personnel est malmené, arrêté et parfois tué, et cela, selon Israël, parce que des membres du Hamas pourraient s'y réfugier ou des otages y auraient été détenus. Bien entendu, le fonctionnement de ces hôpitaux s'en trouve gravement détérioré : beaucoup ont fermé et d'autres réduit très fortement leurs activités, alors même que les besoins de la population palestinienne sont immenses (c'est là un des nombreux signes de la détresse humanitaire décrite plus bas)[3]. Les ambulances ou les ONG (MSF par exemple) ne sont pas davantage préservées en ce qu'il n'est pas rare qu'elles constituent des cibles. Et pourtant, la règle est que le personnel, les unités et les moyens de transport sanitaires, exclusivement affectés à des fins sanitaires, appellent respect et protection en toutes circonstances. Et il n'en est autrement que s'ils se détournent de leurs fonctions, pour commettre des actes nuisibles à l'ennemi[4].

[1] Guerre Israël-Hamas : les reporters palestiniens dans le viseur de l'armée israélienne », 21.12.2023 (www.lemonde.fr) ; « Guerre Hamas-Israël : à Gaza, les voix étouffées des victimes », 2.02.2024 (www.liberation.fr) ; « Couvrir le conflit à Gaza sous blocus informationnel, « une frustration absolue » pour les rédactions françaises », 2.02.2024 (*Ibid.*)

[2] Règle 34 du DIH coutumier ; article 79 du Protocole additionnel I.

[3] « Ce que l'on sait de la situation des hôpitaux à Gaza », 14.11.2023 (www.lemonde.fr) ; « Guerre Israël-Hamas : à Gaza, le ciblage meurtrier des hôpitaux », 20.12.2023 (*Ibid.*) ; « Conseil de sécurité : le système de santé de Gaza est « à genoux », selon l'OMS », *ONU Info*, 10.11.2023 ; A Gaza, la situation « sanitaire et humanitaire » est « inhumaine et continue de se détériorer », alerte l'OMS, 21.01.2024 (*Ibid.*) ; « Guerre Israël-Hamas : inquiétudes autour de l'hôpital Nasser, négociations « pas très prometteuses »… Le point sur la journée du samedi 17 février », 17.02.2024 (*Ibid.*)

[4] Règles 25 à 30 du DIH coutumier ; Convention de Genève de 1949 I, articles 24 à 26 ; Convention II, article 36 ; Convention IV, article 20 ; Protocole additionnel I, article 15.

Là encore, les conclusions des précédentes commissions internationales sont à méditer. Ainsi, celle sur la guerre de Gaza de 2008-2009 n'a trouvé aucune preuve étayant les allégations israéliennes selon lesquelles l'hôpital et les installations sanitaires ont été utilisés par les autorités de Gaza ou par des groupes armés palestiniens pour protéger des activités militaires ou que des ambulances l'ont été pour transporter des combattants ou pour d'autres objectifs militaires[1]. Lors de son opération contre le Hezbollah en 2006, Tsahal a causé des dommages matériels à des installations sanitaires libanaises, mais s'est révélé incapable de démontrer que le Hezbollah s'est servi de ces installations à des fins militaires. Pour la Commission d'établissement des faits, il s'agit-là d'une violation de l'obligation de respecter ces installations[2]. La même Commission a constaté qu'Israël n'avait pas épargné les secours humanitaires : des convois d'aide humanitaire avaient été attaqués, des autorisations d'assistance ont été accordées tardivement, des entraves ont entraîné le décès de blessés qui n'ont pas reçu les soins que leur état nécessitait[3].

c) Les locaux des organisations internationales sont censés jouir d'une protection spéciale. L'UNRWA, organisme si important pour les Palestiniens, a fait en sorte que ses locaux servent d'abri à un très grand nombre de Gazaouis fuyant les combats, souvent sur instructions expresses de l'armée israélienne elle-même qui a ordonné à la population de quitter certaines zones (le Nord en particulier) pour éviter les bombardements. Il arrive que ces abris soient néanmoins visés par l'armée israélienne alors même que celle-ci est parfaitement informée de leur localisation, fonction et situation. Entre le 7 octobre 2023 et fin janvier 2024, l'UNRWA a compté jusqu'à 282 incidents visant ses installations accueillant les familles déplacées et ayant eu pour résultat : 377 morts et 1365 blessés. Pour ne prendre que cet exemple, le 24 janvier 2024, deux chars israéliens ont tiré sur un centre de formation de l'UNRWA transformé précisément en refuge pour plus de 10.000 personnes déplacées. Bilan : 13 morts et 56 blessés, dont plusieurs gravement. Même les États-Unis en sont gênés et

---

[1] *Report of the United Nations Fact-Finding Mission on the Gaza Conflict established pursuant to Human Rights Council resolution S-9/1 of 12 January 2009*, 25 September 2009, § 36.

[2] ONU, *Rapport de la Commission d'enquête sur le Liban*, 23 novembre 2006, A/HRC/3/2, § 162-170.

[3] *Ibid.*, § 178-187 et 334.

beaucoup, comme l'ONU ou la France, appellent au nécessaire respect du DIH[1].

211– 3/ Parmi les principes gouvernant la conduite des hostilités (nécessité militaire, humanité, distinction, précaution...) *la proportionnalité* tient une place incontournable. Il est en effet « interdit de lancer des attaques dont on peut attendre qu'elles causent incidemment des pertes en vies humaines dans la population civile, des blessures aux personnes civiles, des dommages aux biens de caractère civil, ou une combinaison de ces pertes et dommages, qui seraient excessifs par rapport à l'avantage militaire concret et direct attendu. »[2] Ce principe se retrouve dans nombre de manuels militaires, dont le manuel israélien, et sa transgression constitue un crime de guerre[3]. Le moins que l'on puisse dire est qu'il n'a guère été observé par l'armée israélienne comme le démontrent le nombre très élevé de tués et de blessés civils avec une très large part d'enfants et de femmes, ainsi que l'ampleur des destructions des biens également civils. Il pourrait également y être ajouté des déclarations d'officiels de l'État hébreu telles que celles du ministre de la Défense indiquant aux troupes à la frontière de Gaza qu'il avait « relâché toutes les contraintes », « supprimé toutes les restrictions » et ajouté que : « Gaza ne redeviendra pas ce qu'elle était avant. Nous allons tout éliminer... ». Le Vice-président de la Knesset a, le 7 octobre 2023, écrit que l'objectif était « d'effacer la bande de Gaza de la surface de la terre. »

Pour le regretté Éric David, éminent spécialiste du DIH, la disproportion semble « devenir un caractère secondaire ou un élément constitutif de l'État hébreu, car trois commissions d'enquête établies par le Conseil des droits de l'homme et composées de personnes différentes utilisent systématiquement les mots « disproportionné » pour caractériser les opérations militaires d'Israël. » Et de citer la Commission d'enquête sur l'opération d'Israël contre le Hezbollah en 2006 qui utilise ce

---

[1] « Au moins neuf morts dans un tir direct contre un abri de l'UNRWA au sud de Gaza », *ONU Info*, 24.01.2024. « A Gaza, le bilan des frappes sur un abri de l'ONU passe à treize morts ; Israël exige l'évacuation du camp », 25.01.2024 (www.lemonde.fr). Official Statement from Thomas White, "Khan Younis : One of the largest UNRWA shelters hit during military operations", 25 January 2024.

[2] Règle 14 du DIH coutumier ; Conventions de Genève I, article 50 ; II, article 51 ; IV, article 147 ; articles 51, § 5b et 57 du Protocole additionnel I ; article 3, § 3 de la Convention sur les armes classiques de 1980, et article 3, § 8 de sa version révisée de 1996.

[3] J-M. Henckaerts et L. Doswald-Beck, *Droit international humanitaire coutumier*, Bruylant-CICR, 2006, p. 63 (note 8).

qualificatif 12 fois, la Commission d'établissement des faits sur le conflit de Gaza de 2008-2009 qui l'emploie 24 fois, et la Commission d'établissement des faits sur l'interception de la flottille de paix en mai 2010 qui le mentionne 5 fois ![1] Les objectifs poursuivis par l'opération militaire examinée ne sont pas des plus clairs. « L'éradication du Hamas » est souvent mise en avant ; mais outre son absence de clarté, cet objectif est loin d'être atteint à tel point que des voix israéliennes s'élèvent pour demander un changement d'approche[2]. Les précisions sur les pertes du Hamas manquent ou celles avancées par Israël paraissent peu crédibles ; en tout cas ses chefs n'ont toujours pas été appréhendés à l'heure où ces lignes sont écrites. Quoi qu'il en soit, le coût humain et matériel est de toute manière exorbitant et bien excessif au regard des résultats obtenus. La libération des otages israéliens, autre objectif évoqué, semble en contradiction avec cette disproportion puisque l'intensité des bombardements fait logiquement craindre pour leur vie. D'ailleurs certains d'entre eux sont morts et une bonne partie des autres sont toujours en captivité (du moins à la mi-février 2024), ceux libérés l'ont été grâce essentiellement la négociation et la trêve de fin novembre 2023 (105 otages ont retrouvé la liberté, tout comme 240 prisonniers palestiniens). Un tout petit nombre l'a été grâce à l'action militaire directe, et encore à un coût humain des plus lourds[3].

211 bis– 4/ « Catastrophique » « désespérée », « cauchemardesque » sont les qualificatifs qui reviennent le plus souvent pour décrire la *situation humanitaire*. Déjà sous blocus israélien depuis 2007 et en proie à une grande pauvreté et précarité, la bande de Gaza a vu le déclenchement des hostilités s'accompagner d'une vague de nouvelles restrictions et du renforcement des anciennes. Ainsi, dès le 9 octobre 2023, le ministre israélien de la Défense, indique avoir ordonné un siège complet de Gaza, et qu'il n'y aura pas d'électricité, pas de nourriture, pas d'eau, pas de combustible. Cela, plus les bombardements massifs et continus, le déplacement de plus de 75 % de la population du Nord vers le Sud, le plus

---

[1] É. David, *Principes de droit des conflits armés*, Bruylant, 2019, p. 314 et s.

[2] « En Israël, les divisions du cabinet de guerre s'expriment publiquement », 20.01.2024 (www.lemonde.fr) ; E. Barnavi, (tribune), « La guerre de Gaza est la première guerre ouverte israélo-iranienne par milices interposées », 24.01.2024 (*Ibid.*) ; « Les troupes israéliennes dans le guêpier de Gaza », 23.01.2024 (*Ibid.*) ; « Dans la bande de Gaza détruite, le Hamas perdure malgré les opérations de l'armée israélienne », 2.02.2024 (*Ibid.*) ; S. Cypel, « Offensive contre Gaza. Premières fractures en Israël », *Orient XXI*, 1er février 2024.

[3] « Opération israélienne nocturne à Rafah : deux otages libérés, une centaine de Palestiniens tués selon le Hamas », 12.02.2024 (www.liberation.fr)

souvent sur les ordres de l'armée israélienne, les frappes sur les hôpitaux, le manque de carburant, de médicaments, de nourriture, d'eau potable, vont déboucher sur une aggravation rapide de la situation humanitaire déjà bien fragile au départ. Il en est résulté la désorganisation dramatique du système de santé conduisant à des opérations sans anesthésie, à des accouchements dans des « conditions infernales », à des abandons de traitements des malades à tel point que selon MSF, à fin janvier 2014, « il n'y a virtuellement plus de système de santé à Gaza »[1]. De retour de la bande de Gaza, le médecin humanitaire Raphaël Pitti explique « compte tenu de l'afflux massif de blessés, les médecins vont au plus court. De nombreux cas critiques ne sont pas pris en charge. On les laisse mourir. De même, il y a énormément d'amputations. Dans de telles conditions, on ne cherche plus à réparer. On coupe... »[2] . Pour le directeur de l'OMS, la situation sanitaire et humanitaire est « inhumaine et continue de se détériorer » et de s'interroger « dans quel monde vivons-nous lorsque les gens ne peuvent pas se procurer de la nourriture et de l'eau, ou lorsque des personnes qui ne peuvent même pas marcher ne peuvent pas recevoir de soins ? Dans quel monde vivons-nous lorsque le personnel de santé risque d'être bombardé alors qu'il effectue son travail ? Dans quel monde vivons-nous lorsque les hôpitaux doivent fermer parce qu'il n'y a plus d'électricité ou de médicament pour sauver les patients, et qu'ils sont la cible des militaires ? »[3]

À ce tableau bien dramatique s'ajoutent un risque de plus en plus élevé de famine, une errance des Palestiniens de lieu en lieu pour tenter de s'abriter, qui dans des écoles (notamment celles de l'UNRWA), qui dans la rue, qui là où il peut dans des conditions d'hygiène déplorables (une toilette pour plusieurs centaines de personnes) propices à la propagation des épidémies, des infections et des maladies dangereuses en particulier pour les enfants. Le tout sous les bombardements, car après le Nord, ceux-ci se sont poursuivis vers le Sud poussant la population à fuir de nouveau vers Rafah, la ville frontière avec l'Égypte où s'entassent plus de 1,4 million de personnes et où, contre toute attente, les bombardements ont fini par arriver, ceci en attendant une opération terrestre annoncée. Dans ces

---

[1] « Guerre Israël-Hamas : le point sur la situation pour la journée du vendredi 26 janvier », 26.01.2024 (www.lemonde.fr).

[2] « Hôpitaux à Gaza : Dans de telles conditions, on ne cherche plus à réparer. On coupe… », 6.02.2024 (*Ibid.*)

[3] « A Gaza, la situation « sanitaire et humanitaire » est « inhumaine et continue de se détériorer », alerte l'OMS », 21.01.2024 (*Ibid.)*

conditions, les Palestiniens craignent une nouvelle *Nakba*, un nettoyage ethnique d'autant que certains hommes politiques israéliens ont fait ouvertement part de leurs vœux de les voir migrer vers le Sinaï égyptien[1]. Selon l'UNICEF, « la bande de Gaza est l'endroit le plus dangereux au monde pour un enfant. Et jour après jour, cette réalité brutale est renforcée. »[2]

211 ter– C'est dans ce contexte effroyable, qu'après plusieurs tentatives infructueuses, le Conseil de sécurité a adopté péniblement, le 22 décembre 2023, la résolution 2720 par laquelle il « exige de toutes les parties qu'elles autorisent et facilitent l'acheminement immédiat, sûr et sans entrave d'une aide humanitaire à grande échelle directement à la population civile dans l'ensemble de la bande de Gaza... ». Force est toutefois de constater qu'à la fin janvier 2024, cette aide est encore très largement insuffisante, notamment dans le Nord de la bande de Gaza. Et comment pourrait-il en aller autrement avec les opérations militaires qui se poursuivent à un rythme soutenu ? Deux postes-frontières seulement permettent l'acheminement des secours humanitaires : celui de Rafah (frontière avec l'Égypte), et celui de Kerem Shalom (frontière avec Israël). Or, les pratiques de contrôle israéliennes sont drastiques et font que, en janvier 2024, seulement 24 % des envois d'aide ont été acceptés par ce pays. 10 convois sur les 61 prévus ont pu atteindre le Nord de la bande de Gaza. Sont particulièrement visés par les refus, les médicaments et le carburant pour les pompes à eau et les réservoirs. Le contrôle des biens à double usage est des plus sévères faisant, par exemple, que des produits pour la chimiothérapie ou pour l'eau sont refoulés. En outre, certains membres de ces convois humanitaires sont arrêtés et détenus par l'armée israélienne, quand d'autres sont tués[3]. Tout dernièrement, Israël a bloqué 1049 conteneurs d'aide alimentaire pour la Bande de Gaza (huile pour cuisson, riz, sucre, pois chiches). Et de leur côté, des civils israéliens tentent également d'empêcher l'aide humanitaire de passer. Pascal Hundt,

---

[1] « Israël force les Gazaouis à un nouvel exode vers Rafah : « Où veulent-ils qu'on aille ? », 7.12.2023 (*Ibid.*).

[2] www.unicef.fr.

[3] « Tout le monde a faim à Gaza actuellement, selon l'ONU », *ONU info*, 2.01.2024 ; « Gaza : le chef de l'OMS déplore des frappes « inadmissibles » sur un hôpital à Khan Younis », *Ibid.*, 3.01.2024 ; « L'OMS alarmée par la situation dramatique du système de santé à Gaza », *Ibid.*, 9.01.2014 ; « Gaza : des bébés naissent dans des conditions « infernales » et dans un contexte de pénurie d'aide », *Ibid.*, 19.01.2024 ; « Les obstacles à Gaza continuent de retarder l'acheminement de l'aide vitale », *Ibid.*, 18.01.2024 ; « A Gaza, la catastrophe humanitaire se poursuit », 23.01.2024 (www.lemonde.fr).

chef de mission du CICR indique qu'« il n'y a même pas deux cents camions qui passent quotidiennement à Rafah... : cela fait un camion pour dix mille personnes. C'est comme faire vivre une petite ville avec un seul semi-remorque par jour. »[1]

Quelles sont les règles à observer en la matière ? Le personnel de secours humanitaire doit être respecté et protégé, tout comme les biens utilisés pour ces opérations de secours. Et les parties au conflit doivent autoriser et faciliter le passage rapide et sans encombre des secours humanitaires destinés aux personnes civiles dans le besoin, de caractère impartial et fournis sans aucune distinction de caractère défavorable, et ce, sous réserve de leur droit de contrôle. Le personnel humanitaire doit jouir de la liberté de déplacement essentielle à l'exercice de ses fonctions, en sorte que ses déplacements ne peuvent être temporairement restreints qu'en cas de nécessité militaire impérieuse[2]. La famine constitue une véritable menace dans la bande de Gaza, à tel point que sauter des repas est devenu la norme car, il ne faut pas l'oublier, l'insécurité alimentaire sévissait déjà avant le 7 octobre 2023[3]. Or, il est interdit d'utiliser la famine comme méthode de guerre contre la population civile. Il est également interdit d'attaquer, de détruire, d'enlever ou de mettre hors d'usage des biens indispensables à la survie de la population civile[4]. La Cour internationale de Justice s'est montrée sensible à cette situation humanitaire qu'elle qualifie, elle aussi, de « catastrophique ». Dans son ordonnance du 26 janvier 2024, prononcée suite à la requête de l'Afrique du Sud contre Israël pour génocide, elle a jugé que « (l)'État d'Israël doit prendre sans délai des mesures effectives pour permettre la fourniture des services de base et de l'aide humanitaire requis de toute urgence afin de remédier aux difficiles conditions d'existence auxquelles sont soumis les Palestiniens de la bande de Gaza. »[5]

---

[1] « La population de Gaza est polytraumatisée mentalement. Elle vit dans une espèce de terreur permanente », 21.02.2024 (*Ibid.*)

[2] Règles 31, 32, 55 et 56 du DIH coutumier ; articles 23 et 59 de la 4e Convention de Genève ; articles 70, § 2, 71, § 2, 3 et 4 du Protocole additionnel I.

[3] « Guerre Hamas-Israël : le spectre de la famine à Gaza », 21.01.2024 (www.le.monde.fr) ; « A Gaza, la population « meurt de faim », dénonce un responsable de l'OMS », 31.01.2024 (*Ibid.*) ; « La bande de Gaza est affamée après quatre mois et demi de siège par l'armée israélienne », 22.02.2024 (*Ibid.)*

[4] Règles 53 et 54 du DIH coutumier ; article 54, § 1 et 2 du Protocole additionnel I.

[5] *Application de la convention pour la prévention et la répression du crime de génocide dans la bande de Gaza (Afrique du Sud c. Israël),* CIJ, Ordonnance du 26 janvier 2024, § 86 (voir *infra*, chapitre IV).

212– 5/ Les manquements aux règles applicables par Israël et son armée d'un côté, et par le Hamas de l'autre sont, sans surprise, sanctionnés notamment par le Statut de la Cour pénale internationale dans la mesure où ils sont susceptibles d'être qualifiés de *crimes de guerre, de crimes contre l'humanité voire de crime de génocide*. Rappelons que les infractions graves aux Conventions de Genève du 12 août 1949 sur le DIH, si des personnes ou des biens protégés par ces Conventions sont concernées, s'analysent en des *crimes de guerre*. En voici quelques exemples : tuer intentionnellement ; causer intentionnellement de grandes souffrances ou porter gravement atteinte à l'intégrité physique ou à la santé des personnes protégées ; détruire et s'approprier des biens, lorsque cela est non justifié par des nécessités militaires et exécuté sur une grande échelle de façon illicite et arbitraire ; prendre des otages ; diriger intentionnellement des attaques contre la population civile en tant que telle ou contre des civils qui ne participent pas directement aux hostilités ou contre des biens civils ; diriger intentionnellement une attaque en sachant qu'elle causera incidemment des pertes en vies humaines dans la population civile, des blessures aux personnes civiles, des dommages aux biens de caractère civil, etc. (article 8 du Statut de la CPI).

Quelques précisions complémentaires à partir des actes et comportements que l'on vient d'évoquer. Ainsi, l'homicide intentionnel est un crime de guerre (article 8, § 2, a, i), et pourrait même être considéré comme un *crime contre l'humanité* s'il est commis dans le cadre d'une attaque généralisée ou systématique lancée contre toute population civile et en connaissance de cette attaque (articles 7, § 1, a et b). De même, le fait de viser délibérément un civil qui ne participe pas directement aux hostilités constitue un *crime de guerre* (articles 8, § 2, a, i ; 8, § 2, b, i ; et 8, § 2, e, i). *Idem* pour le transfert forcé de population et on vient de voir que Tsahal a ordonné à l'ensemble de la population du nord de Gaza – 1,7 un million de personnes, en ce compris le personnel de l'ONU et les civils hébergés dans les installations onusiennes – de partir très rapidement vers le Sud de Gaza. Arrivée dans le sud, cette population a pourtant été de nouveau soumise aux bombardements en attendant une possible attaque terrestre (articles 7, § 1, d ; 8, § 2, a, vii ; et 8, § 2, e, viii). Même qualification de crime de guerre pour l'utilisation de la famine des civils comme méthode de guerre, et cela, par la privation de biens indispensables à leur survie, y compris en empêchant intentionnellement l'envoi des secours (article 8, § 2, b, xxv). Crime de guerre encore le fait de lancer des attaques délibérées contre le personnel ou contre les installations, le matériel, les unités ou les véhicules employés dans le cadre d'une mission d'aide humanitaire conformément à la Charte des Nations Unies (article 8, § 2, b, iii).

Dans cette situation décrite à l'instant, le débat juridique a pris un tour plus grave encore lorsque Israël a été accusé *de nettoyage ethnique et/ou de génocide* à l'encontre des Palestiniens de Gaza. Pour mémoire, le génocide s'entend de certains actes « commis dans l'intention de détruire, ou tout ou en partie, un groupe national, ethnique, racial ou religieux ». Les actes en cause sont le meurtre de membres du groupe, l'atteinte grave à l'intégrité physique ou mentale de membres du groupe, la soumission intentionnelle du groupe à des conditions d'existence devant entraîner sa destruction physique totale ou partielle, les mesures visant à entraver les naissances au sein du groupe ou le transfert forcé d'enfants du groupe à un autre groupe. Sur initiative de l'Afrique du Sud, la Cour internationale de Justice a été saisie, le 29 décembre 2023, et a rendu une ordonnance sur les mesures conservatoires le 26 janvier 2024.

Compte tenu de leur importance, ces deux aspects (éventuelles poursuites pénales individuelles pour les crimes mentionnés d'un côté et responsabilité alléguée de l'État d'Israël pour génocide de l'autre) vont être examinés, non pas immédiatement, mais au chapitre IV relatif à la justice internationale.

§2/ Des pratiques, procédures et sanctions illégales

A/ L'impunité

213– L'impunité revient bien souvent à propos des responsabilités et des manquements d'Israël qui ne font jamais, ou très rarement, l'objet de poursuites et encore moins de sanctions. Le champ couvert par cette pratique est bien trop large pour qu'on puisse en parler de façon complète. Quelques exemples suffiront.

214– On a évoqué plus haut la violence des colons et la réaction des organes de suivi des conventions relatives aux droits de l'homme. Ainsi le Comité des droits de l'homme, après avoir pris note des informations au sujet d'enquêtes menées sur ce type d'infraction, se dit néanmoins préoccupé par : « a) l'augmentation significative du nombre et de la gravité des actes de violence commis par des colons ces dernières années ; b) la participation des forces de sécurité israéliennes à ces actes de violence ; c) *la très faible proportion d'auteurs de tels actes mis en accusation et déclarés coupables, ce qui entretient un climat général d'impunité.* » Et de remarquer en outre que « les victimes ne portent pas systématiquement plainte, parce qu'elles ne font pas confiance aux autorités et craignent des représailles, et parce qu'elles n'ont pas accès à la justice et à des recours utiles ». Ce qui porte atteinte à différents droits protégés par le Pacte des droits civils et politiques (égale protection pour toute personne relevant de la compétence de l'État partie ; droit à la vie ; interdiction de la torture, des peines ou traitements cruels, inhumains ou dégradants ; égalité devant la loi ; droit à la vie privée)[1].

215– Cette impunité revêt en réalité une ampleur plus générale. Ainsi les raids et bombardements successifs sur Gaza (2008/2009, 2012, 2014, 2021, 2022, 2023) n'ont donné lieu à quasiment aucune enquête israélienne crédible et encore moins à des poursuites alors que le droit international humanitaire y a été à chaque fois malmené, par les deux parties d'ailleurs. Israël a bien créé en 2014 un mécanisme d'établissement des faits rattaché à son état-major, mais celui-ci œuvre dans une opacité regrettable et les résultats de son travail se font attendre. Ainsi, le Comité des droits de l'homme a dû faire le constat qu'aucun des responsables des violations commises durant l'escalade de mai 2021 n'avait été traduit en justice, et regretté l'absence d'informations actualisées sur les enquêtes (et leur issue) consacrées aux précédentes escalades (celles de 2008/09, de 2012 et de 2014)[2].

216– A propos des allégations de tortures subies par des détenus palestiniens, le Comité public contre la torture en Israël indique que sur plus de 1.300 plaintes déposées depuis 2001au nom de Palestiniens auprès du ministère israélien de la Justice, seules deux enquêtes criminelles ont été ouvertes. Mais l'une et l'autre ont été classées sans suite ![3] Selon B'Tselem, une ONG israélienne de défense des droits de l'homme, sur les 739 affaires que, depuis 1989, cette organisation a porté à la connaissance de l'avocat général de l'armée, aucune enquête n'a été ouverte dans 182 cas et dans 343 autres cas l'enquête a été purement et simplement classée

---

[1] CCPR/C/ISR/CO/5, § 24.

[2] CCPR/C/ISR/CO/5, § 22 et 26.

[3] Conseil des droits de l'homme, *Situation des droits de l'homme dans le Territoire palestinien occupé, y compris Jérusalem-Est, et obligation de garantir les principes de responsabilité et de justice*, A/HRC/49/25, 23 février 2022, § 30.

sans suite. En 25 ans, indique-t-elle, seules 25 affaires ont débouché sur l'engagement de poursuites contre les soldats mis en cause[1].

217– Toute blessure et tout décès dû(e) à l'emploi de la force dans le cadre d'opérations de maintien de l'ordre devrait faire l'objet d'une enquête répondant à certaines caractéristiques : indépendance, impartialité, transparence, approfondissement et efficacité. Mais les autorités israéliennes ne sont pas de cet avis lorsque le décès survient dans un contexte de « combat réel », notion interprétée de façon extensive englobant tout échange de tirs par exemple. C'est ce qui s'est passé pour une mort dont la presse s'est fait largement l'écho, celle de la journaliste Shireen Abu Akleh. Équipée d'un gilet pare-balles portant la mention « presse » et d'un casque, cette journaliste connue de la chaîne Al-Jazzera a été tuée d'une balle dans la tête alors qu'elle couvrait un raid militaire israélien dans le camp de réfugiés de Jénine. Après avoir un temps nié la responsabilité de l'armée israélienne, le Premier ministre d'alors, Yaïr Lapid, l'a reconnue mais s'est aussitôt opposé à ce que le soldat auteur du tir fatal soit poursuivi. Le bureau du Procureur militaire israélien a en effet estimé qu'il « n'y avait pas de soupçon d'un acte criminel justifiant l'ouverture d'une enquête criminelle par la police militaire », à l'encontre d'un quelconque soldat parce que le décès était survenu dans une situation de combat au sens des règles israéliennes[2].

B/ Les peines collectives

218– Les peines collectives sont généralement des mesures punitives infligées à des personnes et des communautés pour des infractions que celles-ci n'ont pas commises. Selon l'article 33 de la 4e Convention de Genève, « (a)ucune personne protégée ne peut être punie pour une infraction qu'elle n'a pas commise personnellement. *Les peines collectives, de même que toute mesure d'intimidation ou de terrorisme, sont interdites*. Le pillage est interdit. Les mesures de représailles à l'égard des personnes protégées et de leurs biens sont interdites. » Le Règlement de La Haye de 1907 (article 50) comporte la même prohibition, laquelle est aujourd'hui considérée comme relevant également du droit coutumier

---

[1] ONU, *Situation des droits de l'homme dans les territoires palestiniens occupés depuis 1967*, A/71/554, 19 octobre 2016, § 16.

[2] « L'armée israélienne reconnaît une « forte possibilité » d'avoir tué par balle la journaliste Shireen Abu Akleh », 5.9.2022 (www.lemonde.fr) ; « Mort de la journaliste palestinienne Shireen Abu Akleh : Israël refuse de coopérer avec une enquête américaine », 15.11.2022 (*Ibid.*)

(règle 103 du DIH coutumier). Leur non-conformité avec les droits de l'homme est également avérée : ainsi violent-elles, en fonction de leur objet, le droit à la liberté de circulation, le droit à un logement adéquat, le droit à un procès équitable, le droit à une vie familiale, sans parler de la présomption d'innocence ni d'autres droits possiblement impactés. Pourtant, Israël y recourt à l'encontre des Palestiniens, et dans certains cas de manière spectaculaire.

219– Fréquemment, il s'agit de mesures punitives subies par les membres de la famille des Palestiniens auteurs avérés ou présumés d'attaques contre des Israéliens, parfois alors même que le procès les concernant n'est même pas terminé ! Leur forme peut consister en la destruction totale ou partielle du logement ou de la maison de la famille de la personne suspectée. Il faut noter que la destruction et l'appropriation de biens dans un territoire occupé, en l'absence de nécessité militaire et si elles sont exécutées sur une grande échelle de façon illicite et arbitraire, peuvent constituer des infractions graves à la Convention de Genève relative à la protection des personnes civiles en temps de guerre (article 147) et être même qualifiées de crimes de guerre. Le Comité contre la torture a demandé à Israël d'y mettre fin en raison de sa contrariété avec la Convention contre la torture (article 16)[1]. Quant à l'atteinte au droit de propriété, elle n'a évidemment pas besoin d'être soulignée.

220– Une autre pratique voit Israël refuser de restituer les dépouilles des Palestiniens tués par ses forces de sécurité. Là aussi, il s'agit d'une méconnaissance manifeste des obligations en la matière, méconnaissance dénoncée par le Comité des droits de l'homme qui s'étonne qu'Israël utilise cette rétention comme moyen d'échange, étrangement autorisé d'ailleurs par la Haute Cour de justice israélienne ![2] La violation de la Règle 114 du droit international humanitaire coutumier est également frontale dans la mesure où cette règle pose le principe de l'*obligation* de retour des restes et des effets personnels des personnes décédées.

221– La forme la plus connue reste le bouclage des localités palestiniennes en Cisjordanie et les fermetures de routes, et surtout le blocus de Gaza depuis... 2007 ! Une « punition collective » selon

---

[1] *Observations finales concernant le cinquième rapport périodique d'Israël*, CAT/C/ISR/CO/5, 3 juin 2016, § 40-41.
[2] CCPR/C/ISR/CO/5, par. 32.

l'expression de Ban Ki Moon, ancien Secrétaire général de l'ONU[1]. Cette mesure extrême est justifiée par Israël pour des raisons de sécurité. Mais en vérité ne s'agit-il pas de punir les habitants de Gaza et leurs dirigeants (le Hamas, hostile à l'État hébreu) ? La sécurité ne peut constituer un motif justifiant de telles mesures : selon le Comité des droits de l'homme, les États parties au Pacte sur les droits civils et politiques (dont Israël) ne peuvent en aucune circonstance déroger à leurs obligations prévues par ce texte pour justifier des actes attentatoires au droit humanitaire ou aux normes impératives du droit international. Et donne, entre autres exemples d'actes interdits, celui des châtiments collectifs[2]. Voilà donc qui fait justice de la « justification » avancée par Israël.

222– Toujours est-il que ce blocus a un impact des plus lourds et négatifs sur nombre de droits des Gazaouis. Ainsi de la liberté de circulation, des droits économiques, sociaux et culturels tels que les droits à un niveau de vie suffisant, à la santé, à l'éducation, au travail et à la vie de famille. L'un des droits les plus affectés est celui relatif à la santé tant les services de santé n'y sont pas nombreux et sont régulièrement détruits par les forces militaires israéliennes et, lorsqu'ils fonctionnent, manquent de presque tout. Comme Israël contrôle tous les points d'accès entre Gaza et Israël (sauf celui de Rafah, à la frontière avec l'Égypte), ce sont ses services qui autorisent ou non le transfert des malades vers les hôpitaux extérieurs, tout comme les importations de très nombreux produits nécessaires à la vie des 2,4 millions d'habitants de la bande de Gaza. Et à cet égard, l'État hébreu indique utiliser « une tactique de récompense et de punition » en fonction du comportement des autorités de Gaza, jouant ainsi de la carotte et du bâton au gré des décisions politiques qui lui plaisent ou déplaisent... C'est bien entendu la population palestinienne qui en subit les conséquences, lesquelles peuvent être dramatiques (plusieurs malades sont décédés faute de permis de sortie de Gaza refusés par Israël)[3].

---

[1] « UN chief Ban Ki-moon calls for Israel to end "collective punishment" blockade of Gaza », *Haaretz*, 29.06.2016.

[2] *Observation générale n° 29 sur l'article 4*, CCPR/C/21/Rev.1/Add.11, 31 août 2001, § 11.

[3] ONU, *Pratiques israéliennes affectant les droits de l'homme du peuple palestinien dans le Territoire palestinien occupé, y compris Jérusalem-Est*, Rapport du Secrétaire général, A/75/336, 1er septembre 2020, § 23 et s. ; ONU, *Situation des droits de l'homme dans les territoires palestiniens occupés depuis 1967*, A/71/554, 19 octobre 2016, § 25 et s.

C/ Internement et torture

223– L'internement administratif constitue une pratique redoutable en raison des risques qu'elle fait peser sur la personne qui en fait l'objet. Les détenus peuvent en effet être privés des garanties juridiques de base et, notamment, être incarcérés sans être inculpés pendant une période illimitée sur la base de renseignements non seulement secrets, mais en plus non communiqués ni au détenu ni à son avocat. Au 31 octobre 2022, 820 Palestiniens (chiffre le plus élevé depuis 2008) étaient en détention administrative en Israël, et ce, sans jamais n'avoir été ni inculpés ni jugés. Parfois, la personne est internée pendant plusieurs années avant de se voir officiellement condamnée. Le cas le plus préoccupant est celui des enfants, nombreux semble-t-il, à subir un tel régime. Le Comité contre la torture est revenu à plusieurs reprises, mais en vain, sur les dangers de l'internement administratif et du placement en détention des combattants irréguliers en Israël.

224– Malgré la décision de la Cour suprême israélienne jugeant légitime le refus des autorités israéliennes d'enquêter sur les centres de détention secrets, Israël est incité à faire en sorte qu'à l'avenir nul ne soit retenu dans de tels lieux de détention secrets relevant des autorités de l'État, la seule existence de ces centres constituant en soi une violation de la Convention contre la torture. En outre, les autorités pénitentiaires utiliseraient, de façon illégale, la mise au secret comme moyen d'inciter des mineurs à passer aux aveux ou à titre de sanction pour une infraction au règlement de la prison[1]. Pour sa part, le rapporteur spécial sur la situation des droits de l'homme dans le territoire palestinien occupé fait remarquer que « l'internement ne peut être utilisé que dans un cadre non pénal et ne saurait se substituer à une condamnation pénale ou à une forme de sanction. Le fait que les mesures de détention administrative soient souvent prononcées contre des individus que les autorités israéliennes ont d'abord tenté de poursuivre sans succès semble indiquer qu'un grand nombre de ces arrestations sont contraires à cette règle. »[2]

225– Dans le cadre de l'examen de la législation et de la pratique des autorités israéliennes, ces dernières se sont vu rappeler que l'interdiction de la torture est absolue et insusceptible de dérogation et qu'aucune

---

[1] CAT/C/ISR/CO/5, 3 juin 2016, § 22 ; CAT/C/ISR/CO/4, 23 juin 2009, § 17 et 26.

[2] ONU, *Situation des droits de l'homme dans les territoires palestiniens occupés depuis 1967*, A/71/554, 19 octobre 2016, § 20.

circonstance même exceptionnelle ne peut être invoquée par un État partie à la Convention contre la torture pour la justifier. Or, le Code pénal israélien comporte la notion *d'état de nécessité* susceptible de permettre des cas de torture dans des situations de menace immédiate pour la vie humaine ; ce qui du coup rend impossible la mise en cause de la responsabilité des auteurs de tels actes. S'agissant des allégations d'actes de torture ou de mauvais traitement, on a déjà constaté, en examinant la question de l'impunité, que des centaines de plaintes ont été enregistrées, mais n'ont donné lieu à aucune poursuite. Cette situation est à l'évidence en contradiction avec plusieurs dispositions de la Convention contre la torture qui pourtant obligent les autorités israéliennes (prohibition de la torture ; surveillance des méthodes et pratiques d'interrogatoire, de la garde et du traitement des personnes arrêtées, détenues ou emprisonnées ; obligation d'enquêter en cas de suspicion de torture ; droit de porter plainte en cas de torture ; réparation possible en cas de torture ; invalidité d'une preuve obtenue sous la torture ; prohibition des actes similaires à la torture, etc.)

§3/ Des atteintes multiples et persistantes

226– La multiplication des atteintes aux droits des Palestiniens va bien au-delà de ce que l'on vient d'exposer. En fait, il serait illusoire de prétendre en dresser un tableau exhaustif, surtout après près de 57 ans d'occupation. Dès lors, on terminera cette brève revue en évoquant les questions liées à la liberté de circulation, aux atteintes au droit de propriété et au droit au logement, au regroupement familial et enfin, *last but not least*, aux droits économiques et sociaux.

A/ Une liberté de circulation empêchée

227– Déjà séparée de la bande de Gaza et de plus en plus de Jérusalem-Est, la Cisjordanie a été, on le sait, divisée en trois zones (A, B, C) avec chacune ses limites et son régime, et si on ajoute l'implantation des colonies et des routes de contournement, la circulation des Palestiniens devait fatalement en pâtir. Sur cette réalité se sont en effet greffés de multiples checkpoints, barrières, murs et autres points de contrôle de toutes sortes rendant ainsi la circulation des Palestiniens pour le moins difficile et dans beaucoup de cas impossible, dépendante qu'elle est de multiples autorisations et permis, accordés ou refusés discrétionnairement par la puissance occupante. Ainsi, les 34.000 Palestiniens habitant la zone H2 d'Hébron ou autour sont séparés du reste de la ville par 22 points de contrôle. Et même obtenus, ces permis peuvent être révoqués, à titre de sanction ou de représailles contre les Palestiniens (exemple des 83.000 permis accordés, en juin 2016, aux résidents de la Cisjordanie et de Gaza pour leur permettre de voyager pendant le Ramadan et ensuite brusquement révoqués).

228– Si son but premier est d'empêcher la naissance d'un État palestinien faute de continuité territoriale, l'archipélisation du territoire palestinien en de multiples subdivisions territoriales (165 sauf erreur pour la seule Cisjordanie) se répercute aussi directement sur la vie des Palestiniens qui, en fonction de différents critères, vont plus ou moins pouvoir se mouvoir, y compris pour travailler, accéder à leurs terres et plantations, se soigner, étudier ou encore rendre visite à leurs familles[1]. En 2021, on ne comptait pas moins de 593 points de contrôle et barrages routiers israéliens visant à contrôler leurs déplacements, causant par exemple la perte de dizaines de millions d'heures de travail. Mais, en la matière, la bande de Gaza subit un traitement encore plus sévère avec le blocus qui la frappe depuis 2007 et qui, inévitablement, empêche de la quitter ou d'y accéder librement.

229– Des impératifs de sécurité sont souvent avancés par Israël pour justifier ces restrictions de la liberté de circulation, qui toutefois peinent à convaincre compte tenu de leur généralité et de leur permanence. En réalité, il y a là une violation directe du Pacte international relatif aux droits civils et politiques (article 12), de la Déclaration universelle des droits de l'homme (article 13) et de la 4e Convention de Genève (article 27)[2]. On verra que la Cour internationale de Justice a considéré que le mur érigé par Israël sur les terres palestiniennes l'a été en méconnaissance, entre autres, de cette liberté (*infra*, chapitre IV).

230– Les comités de suivi des grandes conventions relatives aux droits de l'homme ont également conclu à cette violation. Ainsi le Comité des droits de l'homme a, en 2022, de nouveau exprimé « sa profonde inquiétude quant aux restrictions à la liberté de circulation que l'État partie

---

[1] Voir les textes de M. Lecoquierre et V. Bontemps in C. Ayad et autres, *Ce que la Palestine apporte au monde*, Institut du monde arabe et le Seuil, 2023, respectivement p. 50-54, et p. 56-60.

[2] ONU, *Situation des droits de l'homme dans les territoires palestiniens occupés depuis 1967*, A/71/554, 19 octobre 2016, § 29 et s. ; ONU, *Situation des droits humains dans les territoires palestiniens occupés depuis 1967*, A/76/433, 22 0ctobre 2012, § 13 et s.

(Israël) continue d'imposer dans l'ensemble du territoire palestinien occupé, y compris Jérusalem-Est, moyennant son régime de permis discriminatoire et la désignation de zones d'accès restreint ». Surtout que, pour faire respecter ces restrictions, les forces de sécurité israéliennes recourent souvent à la force létale contre les Palestiniens qui se déplacent par exemple entre la Cisjordanie et les colonies israéliennes ou Israël, les agriculteurs de Gaza dont les terres ont été désignées comme zones d'accès restreint, et les pêcheurs de Gaza qui travaillent le long de la côte de Gaza, où les zones de pêche autorisées sont souvent réduites ou entièrement fermées[1].

B/ Permis de construire hors de portée et démolition des constructions palestiniennes

231– Plusieurs comités conventionnels ont mis en cause les politiques d'aménagement et d'urbanisme et les démolitions des structures palestiniennes. Ainsi, le Comité des droits économiques et sociaux a recommandé aux autorités israéliennes de revoir les lois et politiques d'aménagement du territoire appliquées en Cisjordanie, pour en assurer la conformité avec le Pacte des droits économiques, sociaux et culturels, de mettre fin aux pratiques de zonage, de réformer le système de permis de construire dans la même région pour empêcher les démolitions et les expulsions dues précisément à l'absence de tels permis, et de garantir que toute démolition soit strictement nécessaire et effectuée uniquement en dernier ressort. Il constate en effet que les lois et politiques d'aménagement et de zonage territorial sont discriminatoires à l'encontre des Palestiniens et des communautés bédouines en Cisjordanie. Seulement moins de 1 % des terrains dans la zone C et 13 % des terrains à Jérusalem-Est sont affectés à la construction d'infrastructures palestiniennes. Qui plus est, la procédure de demande de permis de construire est longue, complexe, onéreuse et aléatoire. Résultat, bien peu sont approuvées : 2 % de 2009 à 2018 ; et 32 demandes présentées par des Palestiniens ont été acceptées contre 310 rejetées, entre 2019 et 2020. Ce qui contraste singulièrement avec l'approbation, pour la même période, de 16.098 logements dans les colonies israéliennes !

---

[1] *Observations finales concernant le cinquième rapport périodique d'Israël*, CCPR/C/ISR/CO/5, 5 mai 2022, § 36 ; voir aussi du même organe, *Observations finales concernant le quatrième rapport périodique d'Israël*, CCPR/C/ISR/CO/4, 21 novembre 2014, § 12 et 18.

232– Tout cela débouche inévitablement sur des expulsions et des démolitions des constructions palestiniennes en Cisjordanie (y compris Jérusalem-Est)[1]. L'obtention des permis de construire est effectivement très difficile pour ne pas dire quasiment impossible pour les Palestiniens. Comme leurs besoins de logement s'accroissent naturellement avec le temps, ceux-ci sont contraints de construire des structures sans permis que les autorités israéliennes finissent par démolir à moins que les Palestiniens ne le fassent eux-mêmes pour échapper aux lourdes sanctions qui les guettent. La Commission indépendante d'enquête de l'ONU note à cet égard que « le régime de planification et de zonage appliqué par Israël se caractérise manifestement par une approche discriminatoire, puisqu'il est très restrictif lorsqu'il est appliqué aux projets de construction des Palestiniens alors qu'il est beaucoup moins strict lorsqu'il s'agit de l'aménagement et du zonage dans les colonies. »[2]

233 – Aboutissant à la même conclusion, le Comité pour l'élimination de la discrimination raciale souligne lui aussi le contraste avec la politique inverse de traitement préférentiel favorisant l'expansion des colonies israéliennes en utilisant les « terres du domaine public », la construction d'infrastructures (des routes et des systèmes d'approvisionnement en eau), la délivrance de nombreux permis d'urbanisme et l'instauration de comités spéciaux d'urbanisme composés de colons pour gérer les processus consultatifs de prise de décision. De même, s'inquiète-t-il de la politique « d'équilibre démographique » promue par Israël et énoncée dans les plans municipaux officiels d'urbanisme, notamment pour la ville de Jérusalem[3].

C/ Vie et Regroupement familial impossibles

234– La réglementation applicable à la citoyenneté et l'entrée en Israël paraît interdire le regroupement familial avec le conjoint aux Palestiniens de Cisjordanie ou de la bande de Gaza mariés à des personnes titulaires de permis de résidence en Israël ou à Jérusalem-Est. Une ordonnance temporaire de la Knesset, semble-t-il toujours appliquée, a posé comme

---

[1] *Observations finales concernant le quatrième rapport périodique d'Israël*, E/C.12/ISR/CO/4, 12 novembre 2019, § 50. Lire aussi les observations du Comité des droits de l'homme, documents précités, CCPR/C/ISR/CO/5, 5 mai 2022, § 42 et CCPR/C/ISR/CO/4, 21 novembre 2014, § 9.

[2] ONU, *Rapport de la Commission internationale indépendante chargée d'enquêter dans le Territoire palestinien occupé, y compris Jérusalem-Est, et en Israël*, A/77/328, 14 septembre 2022, § 45.

[3] *Examen des rapports présentés par les États parties conformément à l'article 9 de la Convention*, CERD/C/ISR/CO/14-16, 3 avril 2012, § 25.

règle le refus de la résidence permanente aux Palestiniens des territoires occupés qui épousent des Israéliens ou Israéliennes, et cela contrairement aux citoyens d'autres pays. D'où l'impossibilité d'exercer le droit à la vie familiale, pourtant garanti par les deux Pactes internationaux de 1966.

235– De même, de nombreuses personnes vivant en Cisjordanie (comprenant Jérusalem-Est), et qui ont de la famille dans la bande de Gaza, restent séparées de celle-ci des années durant à cause du blocus pratiqué par l'État hébreu. Le risque est en outre que des milliers d'enfants palestiniens soient privés de leur droit de vivre et de grandir dans un milieu familial avec leurs deux parents ou avec leurs frères et sœurs, et qu'ils vivent dans la crainte d'en être séparés du fait des restrictions très strictes précitées frappant le regroupement familial. D'où les observations critiques du Comité des droits de l'homme, du Comité des droits économiques, sociaux et culturels et du Comité des droits de l'enfant ; ce dernier a, de plus, déploré que même les enfants qui ont perdu un de leurs parents ne peuvent rejoindre le parent survivant[1].

D/ Des droits économiques et sociaux ignorés

Le droit au développement

236– Analysant la question du droit au développement des Palestiniens, Michael Lynk, précédent rapporteur spécial sur les droits de l'homme dans le territoire occupé, conclut qu'Israël a, dans l'ensemble, fait peu de cas de l'obligation qui est la sienne de respecter ce droit au développement et le droit du peuple palestinien de jouir pleinement et sur un pied d'égalité de tous les droits fondamentaux. Et de rappeler les maux dont ce peuple souffre dans ce domaine, à savoir l'insécurité alimentaire généralisée, les confiscations de biens, les crises humanitaires récurrentes dans la bande de Gaza, un taux de chômage très élevé particulièrement accentué dans la bande de Gaza, une pauvreté quasi généralisée, un délitement des infrastructures, une grave pénurie de logements, des conditions de vie précaires et une misère omniprésente, encore une fois particulièrement

---

[1] Comité des droits de l'enfant, *Observations finales concernant les deuxième, troisième et quatrième rapports périodiques d'Israël soumis en un seul document*, CRC/C/ISR/CO/2-4, 4 juillet 2013, § 49 ; Comité des droits de l'homme, *Observations finales concernant le cinquième rapport périodique d'Israël*, CCPR/C/ISR/CO/5, 5 mai 2022, § 44 et *Observations finales concernant le quatrième rapport périodique d'Israël*, CCPR/C/ISR/CO/4, 21 novembre 2014, § 21 ; Comité des droits économiques, sociaux et culturels, *Observations finales concernant le quatrième rapport périodique d'Israël*, E/C.12/ISR/CO/4, 12 novembre 2019, § 40.

prononcées chez les Gazaouis. Pour lui aucune autre société dans le monde ne fait face à une telle accumulation de difficultés : elle connaît en effet une occupation prolongée, un morcellement extrême de son territoire, des différends politiques et administratifs et un isolement à la fois géographique et économique.

237– Le Protocole de Paris de 1994 conclu avec Israël dans le sillage de l'accord d'Oslo, a, loin de permettre le décollage de l'économie palestinienne, significativement avantagé Israël à travers une série de dispositifs : la monnaie utilisée dans le territoire palestinien occupé est celle d'Israël, la sorte d'union douanière instaurée entre Israël et ce territoire profite surtout aux biens et services israéliens, les modalités de change et les capacités de perception des impôts sont entre les mains des autorités israéliennes qui ne manquent pas de s'en servir pour faire pression ou sanctionner l'Autorité palestinienne en retenant les sommes dues à celle-ci alors même que ces sommes pourraient utilement et légitimement combler de nombreux besoins[1].

238– L'ensemble des importations et exportations palestiniennes, ou quasiment, transitent par des ports et postes-frontières contrôlés par Israël, et là les retards et les mesures de sécurité en augmentent significativement les coûts ; d'où un déficit commercial important et persistant. Depuis 2007, Israël a institué des restrictions frappant les « biens à double usage », dont l'effet est de prohiber l'entrée sur le territoire palestinien occupé de toute marchandise qu'il estime susceptible d'avoir des usages militaires aussi bien que civils (par exemple les produits chimiques et le matériel technologique). En un mot, l'asymétrie politique se double d'une asymétrie économique. Nombreuses sont les études économiques qui montrent le coût exorbitant de l'occupation pour la Palestine, les pertes qu'elle subit du fait de celle-ci et, inversement, les bénéfices qu'en tire la puissance occupante[2].

---

[1] ONU, *Situation des droits de l'homme dans les territoires palestiniens occupés depuis 1967*, A/71/554, 19 octobre 2016.

[2] Citons, par exemple, CNUCED, *Les coûts économiques de l'occupation israélienne pour le peuple palestinien et son droit fondamental au développement : aspects juridiques*, ONU, 2018 ; ONU, *Répercussions économiques et sociales de l'occupation israélienne sur les conditions de vie du peuple palestinien dans le Territoire palestinien occupé, y compris Jérusalem-Est, et de la population arabe du Golan syrien occupé*, A/77/90 –E/2022/66, 8 juin 2022 ; ONU, *Les coûts économiques de l'occupation israélienne pour le peuple palestinien : aspects fiscaux*, A/74/272, 2 août 2019 ; ONU, *Les coûts économiques de l'occupation israélienne pour le peuple palestinien : bouclage de la bande de Gaza et restrictions*, A/75/310, 13 août 2020 ; ONU, *Les coûts économiques de l'occupation*

Pauvreté et régression

239– Vu ce contexte, il n'est guère surprenant que les *droits économiques et sociaux* des Palestiniens aient été peu considérés par la puissance occupante. Quelques exemples vont l'illustrer. Ainsi le Comité des droits économiques, sociaux et culturels s'est dit préoccupé de ce que la moitié de la population de Gaza souffre de la pauvreté et de l'insécurité alimentaire qui frappe les deux tiers environ des ménages gazaouis, situation en grande partie imputable au blocus décidé par Israël. Sont également soulignés les sérieux obstacles à la jouissance du droit au travail et au droit à un niveau de vie suffisant auxquels se heurtent les Palestiniens de Cisjordanie dont les terres agricoles ont été rendues difficiles d'accès, et pour beaucoup inaccessibles, en raison de la construction du mur de séparation, du nombre limité de permis octroyés et des horaires d'ouverture des portes, changeants et difficilement prévisibles. Les terres disponibles pour l'agriculture palestinienne de 2,4 millions de dounoums en 1980 ont reculé à environ 1 million de dounoums en 2010 (1 dounam = 1000 m2) ; *idem* pour la part de l'agriculture dans le produit intérieur brut palestinien qui, de 35 % en 1972, a dégringolé à 4 % ces dernières années.

240– La situation n'est guère meilleure pour les agriculteurs de la bande de Gaza dont les terres se situent à l'intérieur ou à proximité de la zone tampon instituée par Israël au prix d'une amputation non négligeable des terres cultivables de ce tout petit territoire (17 % de la superficie de la bande de Gaza), pour ne rien dire de celle des pêcheurs dont les possibilités de pêche sont régulièrement amoindries au gré des décisions des autorités israéliennes (les restrictions peuvent affecter jusqu'à 85 % de la zone de pêche)[1]. Pour sa part, le Comité des droits de l'enfant est frappé par l'augmentation de la pauvreté chez les enfants palestiniens et par les graves violations de leur droit à un niveau de vie suffisant dues à l'occupation, les

israélienne pour le peuple palestinien : coût des restrictions supplémentaires imposées dans la zone C, 2000-2020, A/77/295, 16 août 2022 ; ONU, *Les coûts économiques de l'occupation israélienne pour le peuple palestinien : pauvreté en Cisjordanie entre 2000 et 2019*, A/76/309 ; ONU, *Les coûts économiques de l'occupation israélienne pour le peuple palestinien*, A/73/201, 10 octobre 201 ; World Bank Group, *West Bank and Gaza Investment Climate Assessment Fragmentation and Uncertainty*, 2014 ; Word Bank Group, *Gaza Rapid Damage and Needs Assessment*, 2021 ; voir aussi la série de rapports de la CNUCED, *Rapport sur l'assistance de la CNUCED au peuple palestinien.*

[1] Comité des droits économiques, sociaux et culturels, *Observations finales concernant le quatrième rapport périodique d'Israël*, E/C.12/ISR/CO/4, 12 novembre 2019, § 44 ; et *Examen des rapports présentés par les États parties conformément aux articles 16 et 17 du Pacte*, E/C.12/ISR/CO/3, 16 décembre 2011, § 12.

mesures en faveur de l'expansion des colonies israéliennes, la construction du mur visant à séparer les communautés et le blocus de Gaza[1]. Ce dernier a fait qu'entre 2007 et 2018, la part de la bande de Gaza dans l'économie palestinienne a régressé de 31 % à 18 %. Autre conséquence : plus d'un million de personnes sont passées sous le seuil de pauvreté et le taux de pauvreté a inévitablement augmenté de 40 % en 2007 à 56 % en 2017, comme a augmenté la dépendance de plus de 80 % de la population à l'aide internationale.

Le droit à la santé

241– *Le droit à la santé* a été souvent évoqué tant il est gravement transgressé par la puissance occupante[2]. Les Palestiniens sous occupation n'ont en effet qu'un accès limité aux structures, aux biens et aux services de santé. On reste saisi par la faible disponibilité des services de santé dans la bande de Gaza et la baisse de la qualité de ces services, par suite des restrictions imposées par la puissance occupante visant notamment l'importation des produits à double usage, parmi lesquels des fournitures et matériels médicaux, et des opérations armées répétées contre la bande de Gaza. Tout ceci contraint les habitants, lorsqu'ils le peuvent, à se rendre en Cisjordanie, en Israël ou même à l'étranger pour se faire soigner.

242– Or, cette dernière possibilité s'est progressivement tarie du fait de la lenteur et de la complexité du système de visa de sortie géré et contrôlé par les autorités israéliennes. Plus grave encore, l'augmentation notable du nombre de refus et de retards des visas de sortie s'est parfois accompagnée de conséquences dramatiques avec le décès de patients en attente de ce document. Selon l'OMS, entre 2019 et 2021, 35 % des demandes de permis présentées par des patients de cette zone n'ont pas été approuvées à temps pour leur permettre de se rendre à leur rendez-vous à l'hôpital. Et entre 2011 et 2021, 331.678 demandes de permis de patients et d'accompagnateurs ont été refusées pour la Cisjordanie[3].

---

[1] Comité des droits de l'enfant, *Observations finales concernant les deuxième, troisième et quatrième rapports périodiques d'Israël soumis en un seul document*, CRC/C/ISR/CO/2-4, 4 juillet 2013, § 59.
[2] Conseil des droits de l'homme, *Rapport du Rapporteur spécial sur la situation des droits de l'homme dans les Territoires palestiniens occupés depuis 1967*, A/HRC/37/75, 14 juin 2018, § 27 et s.
[3] OMS, *Situation sanitaire dans le territoire palestinien occupé, y compris Jérusalem-Est, et dans le Golan syrien occupé*, Rapport du Directeur général, A76/15, 17 mai 2023. « Les Palestiniens rencontrent des obstacles majeurs à la réalisation du droit à la santé (OMS) », *ONU Info*, 10.05.2023.

Le droit à l'eau

243– *L'accès à l'eau* est un problème ancien et persistant. Il a été constaté que les Palestiniens sous occupation n'ont pas accès à l'eau potable en quantités suffisantes ni à un assainissement adéquat. Il faut en plus mentionner la poursuite de la destruction des infrastructures d'approvisionnement qui, inévitablement, aggravent une situation déjà peu reluisante. Dans une étude portant sur cette question, Amnesty International note que, depuis le début de l'occupation, « l'accès à l'eau des Palestiniens (...) est toujours contrôlé et restreint par Israël, à un niveau tel, qu'il ne permet pas de couvrir les besoins de cette population, et qu'il ne constitue pas une répartition équitable des ressources d'eau communes ». En effet, depuis novembre 1967, et la promulgation de l'ordonnance militaire n° 158, les Palestiniens n'ont pas le droit de construire de nouvelles infrastructures hydrauliques sans obtenir au préalable un permis de l'armée israélienne. Autrement dit, obtenir l'eau d'une nouvelle source ou du développement des infrastructures existantes suppose toujours l'autorisation d'Israël, laquelle ne s'obtient pas aisément[1].

244– Dans la bande de Gaza la situation est encore plus critique : la nappe aquifère côtière a été vidée en raison de la surexploitation israélienne puis contaminée par les eaux usées et l'infiltration d'eau de mer ; son eau est devenue en quasi-totalité impropre à la consommation. Une très grande majorité de foyers doivent alors acheter de l'eau auprès des usines de dessalement ou de purification, laquelle coûte beaucoup plus cher que l'eau courante ; ce qui contribue à aggraver la situation préexistante de très grande pauvreté.

Le droit à l'éducation

245– Dégradation également du *droit à l'éducation* fortement atteint par la pénurie d'établissements scolaires suite à la démolition, fréquente, des bâtiments scolaires et la confiscation des locaux ou des supports pédagogiques par les autorités israéliennes, ainsi que par les difficultés rencontrées pour obtenir des permis de construire et se procurer les matériaux de construction qui, pour la plupart, sont interdits du fait des restrictions à l'importation de biens à double usage pratiquées par Israël.

---

[1] « L'occupation de l'eau », 29 novembre 2017 https://www.amnesty.org/fr/latest/campaigns/2017/11/the-occupation-of-water/.

À noter également la précarité de l'environnement éducatif due aux perquisitions auxquelles se livrent les forces de sécurité israéliennes dans les écoles palestiniennes. S'y ajoutent le harcèlement ou les menaces de la part des forces de sécurité ou des colons israéliens envers les élèves et les enseignants aux points de contrôle ou le long des routes, qui pénalisent tout particulièrement les filles ainsi dissuadées de poursuivre leur scolarité. On ne peut dès lors que constater la violation du droit à l'éducation et de l'obligation de protection des enfants et de la famille.

246– Le Comité des droits de l'enfant met en lumière l'ampleur du manque important de locaux et le mauvais état des infrastructures scolaires dans tout le territoire palestinien occupé avec pour conséquence que des enfants palestiniens sont privés d'instruction ou suivent leur scolarité dans des tentes ou des caravanes dans de mauvaises conditions et dans des structures surpeuplées. Plus généralement, les restrictions à la liberté de mouvement imposées par le mur israélien, les bouclages répétés, les points de contrôle et les nombreux et divers régimes de permis pèsent fortement pour rendre illusoire et en tous cas encore plus difficile l'accès à l'éducation[1]. Autre restriction, l'interdiction générale imposée depuis 2014 aux étudiants de la bande de Gaza d'accéder à l'enseignement dispensé en Cisjordanie. De la même manière qu'on ne peut passer sous silence un autre impact négatif découlant du régime restrictif frappant les importations de biens à double usage ; sont ainsi obérées les possibilités de ces étudiants de bénéficier du progrès scientifique, faute de matériel et d'équipements adéquats.

SECTION III/
Un régime d'apartheid ?

§1/ Le débat

247– La question prend de l'ampleur et nourrit un débat passionné. La chose peut surprendre s'agissant d'Israël, de prime abord du moins, lorsque l'on se rappelle l'origine de ce régime à jamais lié à l'Afrique du Sud qui l'a inventé et institué en 1948 avant qu'il ne s'étende à l'Afrique australe. Apartheid vient de l'afrikaans et signifie « séparation » pour désigner un régime politique et social raciste et inégalitaire. Il vise un

---

[1] Comité des droits de l'enfant, *Observations finales concernant les deuxième, troisième et quatrième rapports périodiques d'Israël soumis en un seul document*, CRC/C/ISR/CO/2-4, 4 juillet 2013, § 63.

développement séparé, bâti sur une discrimination raciale institutionnalisée et servi par une politique de séparation des races inégalitaire, notamment du point de vue des zones d'habitation, de la vie sociale, de l'éducation, de la santé, de l'emploi, etc. Une telle politique a été condamnée dès le début des années soixante par les Nations Unies et qualifiée de crime contre l'humanité tant par l'Assemblée générale que par le Conseil de sécurité[1]. La Cour internationale de Justice a été saisie d'une demande d'avis consultatif à son propos, plus précisément sur le cas de la Namibie, et a conclu qu'elle violait la Charte des Nations Unies[2]. Les dernières lois inspirées par l'apartheid ont été abolies au début des années 90 en Afrique du Sud qui, comme on le sait, a changé de régime politique du tout au tout avec l'élection de Nelson Mandela comme premier Président de cette nouvelle ère postapartheid. Toujours est-il qu'une telle politique a été érigée en infraction internationale, comme on le verra, avec la Convention internationale sur l'élimination et la répression du crime d'apartheid du 30 novembre 1973 réunissant aujourd'hui quelque 109 États parties. Et l'interdiction de l'apartheid est désormais considérée comme relevant du *jus cogens* (droit impératif).

248– Un régime d'apartheid caractérise-t-il l'occupation israélienne dans le territoire palestinien, et même au-delà si l'on veut prendre également en considération - ce que l'on ne fera pas ici - le sort des Palestiniens, et autres minorités, citoyens d'Israël (20 % de la population), mais pas toujours traités de façon égale avec les citoyens juifs ? Sous ce dernier angle, la question est plus cruciale encore depuis l'adoption par la Knesset de la loi du 19 juillet 2018 dégradant le statut de la langue arabe et proclamant qu'Israël est l'État-nation du (seul) *peuple juif* dans lequel il réalise son droit naturel, culturel, historique et religieux à l'autodétermination. L'existence de cet apartheid israélien est alléguée par plusieurs avis ou analyses juridiques émanant de différentes sources allant d'ONG palestiniennes de défense des droits de l'homme (Centre Al-Mazan pour les droits de l'homme, par exemple) à des ONG israéliennes (B'Tselem, Yesh Dinh) ou internationales (Amnesty International, Human Rights Watch) en passant par des personnalités internationalement reconnues (Ban Ki-moon, ancien Secrétaire général de l'ONU ; Desmond

---

[1] Voir, par exemple, A/RES/1904 (1963) ; A/RES/2202 (1966) ; S/RES/473 (1980), S/RES/556 (1984).

[2] *Conséquences juridiques pour les États de la présence continue de l'Afrique du Sud en Namibie (Sud-Ouest africain) nonobstant la résolution 276 (1970) du Conseil de sécurité, Avis consultatif du 21 juin 1971*, CIJ Recueil 1971, p. 57, § 131.

Tutu, archevêque anglican Sud-Africains qui reçut le prix Nobel de la paix en 1984 pour son combat pacifique contre l'apartheid, ou encore des personnalités, ambassadeurs et juristes israéliens).

249– Certaines ONG (B'Tselem) souhaitent ainsi ne plus utiliser les expressions « d'occupation prolongée », leur préférant « situation d'apartheid » qui leur paraît mieux refléter la réalité actuelle du territoire palestinien occupé. Des spécialistes réputés de l'apartheid, et connaisseurs des situations sud-africaine et palestinienne, pensent que « les pratiques israéliennes dans le territoire occupé ne rappellent pas seulement - et, dans certains cas, sont pires que - l'apartheid tel qu'il existait en Afrique du Sud, mais enfreignent l'interdiction légale de l'apartheid »[1]. Il faut ici rappeler que l'État hébreu a été l'un des rares pays, avec les États-Unis, à avoir entretenu des liens étroits avec le régime raciste sud-africain[2]. D'autres analyses font valoir qu'Israël et le territoire palestinien occupé forment un seul territoire où sévit un régime d'apartheid au détriment des Palestiniens systématiquement moins bien traités[3].

250– En 2012, le Comité de l'ONU pour l'élimination de la discrimination raciale a attiré l'attention d'Israël sur la question de la ségrégation raciale et de l'apartheid, et l'a exhorté à prendre immédiatement des mesures pour remédier au sort subi par la population palestinienne dans le territoire palestinien occupé[4]. Dans son rapport de 2013, la mission internationale indépendante d'établissement des faits chargée d'étudier les effets des colonies sur les droits des Palestiniens conclut notamment que « (l)es colonies de peuplement sont créées pour le bénéfice exclusif des Juifs israéliens et sont entretenues et développées au moyen d'un *système de ségrégation totale* entre les colons et le reste de la population du territoire palestinien occupé. Ce *système de ségrégation* est

---

[1] J. Dugard and J. Reynolds Apartheid, "International Law, and the Occupied Palestinian Territory", *European Journal of International Law*, 2013, Vol. 24, n° 3, p. 867–913 ; N. Jenah, "De l'Afrique du Sud à Israël, les trois piliers de l'apartheid », https://orientxxi.info/magazine/de-l-afrique-du-sud-a-israel-les-trois-piliers-de-l-apartheid,6187, 23 février 2023.

[2] A. Bouba Nouhou, *Israël et l'Afrique*, Karthala, 2003, p. 111 et s.

[3] M. Barnett, N. Brown, M. Lynch, and S. Telhami, "Israel's One-State Reality. It's Time to Give Up on the Two-State Solution", Published on April 14, 2023 (https://www.foreignaffairs.com/middle-east/israel-palestine-one-state-solution) ; A. Gresh, « Israël-Palestine. Des deux États à l'apartheid », *Orient XXI*, 13 septembre 2023.

[4] *Examen des rapports présentés par les États parties conformément à l'article 9 de la Convention*, CERD/C/ISR/CO/14-16, 3 avril 2012, § 24.

défendu par un contrôle militaire et policier strict, exercé au détriment des droits de la population palestinienne. »[1]

John Dugard, Richard Falk et Michaël Lyink, qui ont chacun occupé la fonction de rapporteur spécial de l'ONU sur la situation des droits de l'homme dans les territoires occupés, ont étudié la question de manière de plus en plus approfondie et recommandé que la Cour internationale de Justice soit saisie d'une demande d'avis consultatif sur ce sujet[2]. Il faut aussi citer des travaux académiques ou de terrain de qualité[3]. Richard Falk et Virginia Tilley ont corédigé un rapport sur demande de la Commission économique et sociale de l'Asie occidentale (ESCAW) dont les conclusions méritent attention, mais qui a provoqué bien des remous diplomatiques[4]. Tout récemment (février 2024), lors des débats devant la Cour internationale de Justice à propos de la demande d'avis consultatif sur les conséquences juridiques découlant des politiques et pratiques d'Israël dans le territoire palestinien occupé, nombre d'États ont fait valoir que, pour eux, une politique d'apartheid israélienne existait bel et bien au préjudice des Palestiniens, et l'ont, au surplus, invoquée pour demander la cessation de l'occupation (sur cet avis, voir *infra*, chapitre IV). Cela étant dit, quel est le fondement juridique de cette mise en cause et sur quelles preuves s'appuie-t-elle ?

§2/ Prohibition et criminalisation de l'apartheid

251– Plusieurs instruments juridiques internationaux importants prohibent l'apartheid, sans parler bien entendu des nombreuses lois

---

[1] A/HRC/22/63, 13 février 2013, § 103 (italiques ajoutés).

[2] ONU, *Question de la violation des droits de l'homme dans les territoires arabes occupés, y compris la Palestine*, A/59/256, 12 août 2004, § 40 ; Conseil des droits de l'homme, *Rapport du Rapporteur spécial sur la situation des droits de l'homme dans les territoires palestiniens occupés depuis 1967*, John Dugard, A/HRC/4/17, 29 janvier 2007, § 49-50 ; *Rapport du Rapporteur spécial sur la situation des droits de l'homme dans les territoires palestiniens occupés depuis 1967*, Richard Falk, A/HRC/16/72, 10 janvier 2011, § § 7, 31 et 32 ; *Rapport du Rapporteur spécial sur la situation des droits de l'homme dans les territoires palestiniens occupés depuis 1967*, Richard Falk, A/HRC/25/67, 13 janvier 2014, § 51 et s. ; *Rapport du Rapporteur spécial sur la situation des droits de l'homme dans les territoires palestiniens occupés depuis 1967*, Michaël Lynk, A/HRC/49/87, 12 août 2022, § 8 et s.

[3] Voir par exemple V. Tilley (ed.), *Occupation, colonialism, apartheid ? A re-assessment of Israel's practices in the occupied Palestinian territories under international law (Version 1)*, 2009, University of Sussex (https://hdl.handle.net/10779/uos.23392841.v1) ; M. Bole Richard, *Israël – le nouvel apartheid*, Les Liens qui libèrent, 2013.

[4] *Israeli Practices towards the Palestinian People and the Question of Apartheid*, Economic and Social Commission for Western Asia, E/ESCWA/ECRI/2017/1, Beirut, 2017.

nationales. Ils sont ici brièvement présentés suivant un ordre chronologique.

– i) Citons d'abord la *Convention internationale sur l'élimination de toutes les formes de discrimination raciale* du 21 décembre 1965 liant pas moins de 182 États parties, dont Israël (adhésion du 3 janvier 1979) et la Palestine (adhésion du 2 avril 2014). D'après son article 3 « (l)es États parties condamnent spécialement la ségrégation raciale et l'apartheid et s'engagent à prévenir, à interdire et à éliminer sur les territoires relevant de leur juridiction toutes les pratiques de cette nature ». Elle conçoit extensivement la notion de discrimination raciale en y englobant notamment l'ascendance ou l'origine nationale ou ethnique (article 1, § 1).

– ii) Vient ensuite la *Convention internationale sur l'élimination et la répression du crime d'apartheid,* du 30 novembre 1973, regroupant 109 États, dont la Palestine (adhésion du 2 avril 2014), mais pas Israël. Ce texte est important car il qualifie l'apartheid de « crime contre l'humanité » (article 1), précise ce qu'il signifie et en détaille les faits constitutifs (article 2). Il y est indiqué que le crime d'apartheid désigne *les actes inhumains* décrits par ce texte, et commis en vue d'instituer ou d'entretenir la domination d'un groupe racial d'êtres humains sur n'importe quel autre groupe racial d'êtres humains et d'opprimer systématiquement celui-ci[1].

---

[1] Voici les catégories *d'actes inhumains* retenus :

a) Refuser à un membre ou à des membres d'un groupe racial ou de plusieurs groupes raciaux le droit à la vie et à la liberté de la personne :

i) En ôtant la vie à des membres d'un groupe racial ou de plusieurs groupes raciaux ; ii) En portant gravement atteinte à l'intégrité physique ou mentale, à la liberté ou à la dignité des membres d'un groupe racial ou de plusieurs groupes raciaux, ou en les soumettant à la torture ou à des peines ou des traitements cruels, inhumains ou dégradants ; iii) En arrêtant arbitrairement et en emprisonnant illégalement les membres d'un groupe racial ou de plusieurs groupes raciaux ;

b) Imposer délibérément à un groupe racial ou à plusieurs groupes raciaux des conditions de vie destinées à entraîner leur destruction physique totale ou partielle ;

c) Prendre des mesures, législatives ou autres, destinées à empêcher un groupe racial ou plusieurs groupes raciaux de participer à la vie politique, sociale, économique et culturelle du pays et créer délibérément des conditions faisant obstacle au plein développement du groupe ou des groupes considérés, en particulier en privant les membres d'un groupe racial ou de plusieurs groupes raciaux des libertés et droits fondamentaux de l'homme, notamment le droit au travail, le droit de former des syndicats reconnus, le droit à l'éducation, le droit de quitter son pays et d'y revenir, le droit à une nationalité, le droit de circuler librement et de choisir sa résidence, le droit à la liberté d'opinion et d'expression et le droit à la liberté de réunion et d'association pacifiques ;

d) Prendre des mesures, y compris des mesures législatives, visant à diviser la population selon des critères raciaux en créant des réserves et des ghettos séparés pour les membres d'un groupe racial ou de plusieurs groupes raciaux, en interdisant les mariages entre personnes appartenant à des groupes raciaux différents, et en expropriant les biens-fonds appartenant à un groupe racial ou à plusieurs groupes raciaux ou à des membres de ces groupes ;

e) Exploiter le travail des membres d'un groupe racial ou de plusieurs groupes raciaux, en particulier en les soumettant au travail forcé ;

252– iii) Les pratiques de l'apartheid et les autres pratiques inhumaines et dégradantes, fondées sur la discrimination raciale, qui donnent lieu à des outrages à la dignité personnelle, sont qualifiées d'infraction grave par le *Protocole additionnel I aux Conventions de Genève du 12 août 1949 relatif à la protection des victimes des conflits armés internationaux* en date du 8 juin 1977 et considérées comme des « crimes de guerre » (article 85). Là encore la Palestine s'est engagée à respecter ce texte, mais pas d'Israël.

– iv) Le *Statut de Rome du 17 juillet 1998* créant la Cour pénale internationale (CPI) retient, en son article 7, § 1, j parmi les crimes contre l'humanité relevant de la compétence de cette juridiction, le crime d'apartheid qu'il définit comme s'entendant d'actes inhumains tels que le meurtre, la déportation ou le transfert forcé de population, l'emprisonnement ou autres formes de privation grave de liberté physique, la torture, la persécution de tout groupe ou de toute collectivité identifiable pour des motifs inadmissibles en droit international, etc. Encore faut-il que ces actes soient « commis dans le cadre d'un régime institutionnalisé d'oppression systématique et de domination d'un groupe racial sur tout autre groupe racial ou tous autres groupes raciaux et dans l'intention de maintenir ce régime » (article 7, § 2, h). À l'inverse de la Palestine, Israël n'est pas membre de la CPI faute d'avoir ratifié le statut de Rome précité.

– v) Cela dit, on considère généralement que la prohibition de l'apartheid fait partie du droit coutumier, en tant que norme générale ou règle humanitaire, et est même devenue une norme de *jus cogens*, et par suite insusceptible de dérogation[1]. Il s'ensuit que cette interdiction devrait s'appliquer sans que nécessairement l'État dont il s'agit se soit formellement engagé dans un lien conventionnel, ce qui relativise donc le fait qu'Israël n'ait pas adhéré à un certain nombre des textes précités.

§3/ L'apartheid appliqué aux Palestiniens ?

253– Les analyses concluant à la réalité d'un régime ou d'une politique d'apartheid dans le territoire palestinien tel qu'occupé par Israël se rejoignent pour dire que les trois conditions posées par les textes précités,

---

f) Persécuter des organisations ou des personnes, en les privant des libertés et droits fondamentaux, parce qu'elles s'opposent à l'apartheid.

[1] CICR, « Règle 88. La non-discrimination et commentaire », https://ihl-databases.icrc.org/fr/customary-ihl/v2/rule88?country=fr#sectionc.

et notamment par la Convention contre l'apartheid de 1973, sont bel et bien réunies[1]. Les trois conditions dont il s'agit tiennent à l'existence :

– i) d'un régime institutionnalisé d'oppression et de discrimination raciale systématique ;

– ii) d'un régime mis en place dans l'intention de maintenir la domination d'un groupe racial sur un autre ;

– iii) d'actes cruels et inhumains commis dans le cadre de ce régime, à l'exception toutefois d'« imposer délibérément à un groupe racial ou à plusieurs groupes raciaux des conditions de vie destinées à entraîner leur destruction physique totale ou partielle ». Encore que l'opération *Glaive de fer*, commencée à partir d'octobre 2023, devrait inciter à revoir ce dernier point sous un nouvel angle. On a vu que les bombardements incessants et les restrictions humanitaires imposées par Israël ont soumis les Gazaouis à des conditions de vie extrêmement difficiles au point que l'on a parlé d'actes inhumains et de génocide (famine, absence de soins, de médicaments, eau rationnée et de mauvaise qualité, hygiène précaire, toilettes saturées, entraves aux secours humanitaires, etc. Voir *supra*, ce chapitre).

Nombre d'aspects nourrissant ces constats ont déjà été exposés, fût-ce brièvement. Nous souhaiterions, pour ne pas trop alourdir ces développements, insister plutôt sur l'aspect discriminatoire des politiques israéliennes en renvoyant pour le reste aux documents cités ainsi qu'aux observations de ce chapitre comme du précédent relatives à la violation des différents droits des Palestiniens.

---

[1] Conseil des droits de l'homme, *Rapport du Rapporteur spécial sur la situation des droits de l'homme dans les territoires palestiniens occupés depuis 1967*, Michaël Lynk, A/HRC/49/87, 12 août 2022 ; Amnesty International, « L'apartheid israélien envers le peuple palestinien un système cruel de domination et un crime contre l'humanité », https://www.amnesty.org/fr/latest/campaigns/2022/02/israels-system-of-apartheid/ ; Yesh Din, "The Israeli Occupation of the West Bank and the Crime of Apartheid: Legal Opinion by Adv. Michaël Sfard", https://www.yesh-din.org/en/the-occupation-of-the-west-bank-and-the-crime-of-apartheid-legal-opinion/ ; B'Tselem, « Un régime de suprématie juive de la Méditerranée au Jourdain : c'est un apartheid », https://www.btselem.org/sites/default/files/publications/202101_this_is_apartheid_fr.pdf ; Human Rights Eatch, « Israeli Apartheid: "A Threshold Crossed" », https://www.hrw.org/report/2021/04/27/threshold-crossed/israeli-authorities-and-crimes-apartheid-and-persecution ; *Israeli Practices towards the Palestinian People and the Question of Apartheid*, Economic and Social Commission for Western Asia, E/ESCWA/ECRI/2017/1, Beirut, 2017 ; V. Tilley (ed.), *Occupation, colonialism, apartheid? A re-assessment of Israel's practices in the occupied Palestinian territories under international law* (Version 1), 2009, University of Sussex (https://hdl.handle.net/10779/uos.23392841.v1).

A/ L'omniprésence de la discrimination

254– Un point central doit d'emblée être souligné et toujours à garder à l'esprit : l'instauration et le développement de deux systèmes juridiques et juridictionnels distincts, fondés sur une base ethnique et nationale (Israéliens/Palestiniens). Avec l'occupation à partir de 1967, un régime militaire a administré la Cisjordanie et la bande de Gaza, Jérusalem-Est ayant été annexée. Progressivement le système juridique et juridictionnel (les tribunaux) israélien a été appliqué aux colons israéliens de Cisjordanie, alors que les Palestiniens habitant ce même territoire restent, eux, soumis principalement à des règles et tribunaux militaires, généralement beaucoup plus stricts (procédures moins favorables, garanties moindres, majorité pénale plus précoce, peines et sanctions plus sévères, etc.) Ainsi, pour ne citer qu'un exemple, le simple fait de tenir et d'agiter un drapeau palestinien lors de manifestations ou de rassemblements pacifiques de Palestiniens est jugé comme une menace contre la sécurité. Inutile de dire qu'il n'en va absolument pas de même si un Israélien fait le même geste avec le drapeau national ! Et cette dualité couvre presque tous les domaines du droit pénal à la planification et construction en passant par nombre de libertés...[1]

255– Comme l'observe Michaël Sfard, avocat israélien, « il en résulte une discrimination systémique inscrite dans la loi qui affecte de nombreux aspects de la vie des Palestiniens en Cisjordanie, d'une manière qui viole le droit à l'égalité dans son sens le plus fondamental - l'égalité devant la loi. En outre, le double système juridique prive les Palestiniens, et les Palestiniens seulement, de nombreux droits tels que le droit à une procédure régulière, la liberté de mouvement, le droit à la vie privée et à la famille, le droit de former des associations, la liberté d'expression et de protestation »[2]. Deux régimes co-existent donc, l'un pour les Israéliens, l'autre pour les Palestiniens, alors même que les uns et les autres vivent sur le même territoire (le territoire palestinien occupé) et que souvent ces régimes s'appliquent aux mêmes faits et situations. Problématique en elle-même, cette dualité l'est encore plus dans la mesure où elle a été conçue et demeure pratiquée à l'avantage des ressortissants juifs israéliens.

---

[1] The association for civil Rights in Israel, "One Rule, Two Legal Systems: Israel's Regime of Laws in the West Bank", November 24, 2014, https://law.acri.org.il/en/2014/11/24/twosysreport/.

[2] "The Occupation of the West Bank and the Crime of Apartheid", Legal Opinion by Adv. Michaël Sfard, June 2020, www.yesh-din.org

256– La situation est en réalité plus complexe, car les Palestiniens occupés ne sont pas tous assujettis au même régime. L'étendue de leurs droits et obligations dépend en effet de l'endroit où ils vivent : Cisjordanie, bande de Gaza ou Jérusalem-Est. Qui plus est, à l'intérieur de la Cisjordanie, la fragmentation territoriale, accentuée par les accords d'Oslo, en de multiples entités ou enclaves, pèse ici de tout son poids pour moduler encore plus les droits et obligations des Palestiniens. Et le tableau devient encore plus contrasté si l'on pense aux Palestiniens réfugiés à l'étranger interdits de retour et les Palestiniens citoyens israéliens, dont le statut est toutefois le moins défavorable parmi les Palestiniens. Le point commun à toutes ces catégories demeure toutefois l'infériorité par rapport au statut des Israéliens juifs. Pour certaines analyses, « la fragmentation du peuple palestinien est la méthode centrale par laquelle Israël impose l'apartheid » et, en cela, elle rappelle l'apartheid de l'Afrique du Sud[1]. Quelques exemples pour donner chair à la réalité multiforme de cette discrimination[2].

B/ Colonisation et urbanisation

257– Rappelons que la loi fondamentale de 2018, « Israël – État-nation du peuple juif », comporte une disposition clé selon laquelle « l'État considère que le développement des colonies juives est une valeur nationale et agira pour encourager et promouvoir l'établissement et le renforcement de telles colonies ». Ce n'est là, toutefois, que la reconnaissance d'une réalité inscrite dans les faits de longue date. L'État d'Israël a multiplié les dispositifs pour accaparer les terres palestiniennes, y compris les terres privées, et les affecter notamment aux colonies au mépris de l'interdiction claire découlant de la 4e Convention de Genève (article 49), cela sans parler des aides, diverses et substantielles, visant à encourager l'installation de ces colonies et même des avant-postes, théoriquement illégaux en vertu du droit israélien. Or, ces implantations sont exclusivement destinées aux Israéliens juifs et d'ailleurs interdits aux Palestiniens, sauf motif particulier conduisant à leur octroyer un permis spécial.

---

[1] *Israeli Practices towards the Palestinian People and the Question of Apartheid*, Economic and Social Commission for Western Asia, E/ESCWA/ECRI/2017/1, Beirut, 2017.

[2] Ces exemples sont tirés de B'Tselem, « Un régime de suprématie juive de la Méditerranée au Jourdain : c'est un apartheid », *op. cit.*

258– A l'inverse, Israël a institué un système de planification urbaine spécifique pour les Palestiniens en Cisjordanie, visant à empêcher la construction et le développement. De vastes étendues de terrain sont rendues non disponibles pour la construction, car proclamées terres d'État, zones de tir, réserves naturelles ou parcs nationaux. Les autorités s'abstiennent aussi d'adopter des plans d'urbanisation adéquats reflétant les besoins des communautés palestiniennes dans les quelques terres restantes. Le système de planification séparé conduit aussi à la démolition des structures construites sans permis, unique alternative qui reste aux Palestiniens face à l'impossibilité pratique, mais avérée, d'obtenir un permis de construire.

C/ Liberté de déplacement et d'établissement

259– Autre illustration de cette discrimination : le double régime en matière de liberté de déplacement et d'établissement. Alors que tout Juif, où qu'il vive dans le monde, peut émigrer en Israël, en devenir citoyen et s'établir là où il le souhaite, y compris en Cisjordanie ou à Jérusalem-Est, tel n'est pas le cas des Palestiniens même si eux ou leurs parents ont vécu par le passé dans la région. Au sein du territoire occupé, les Gazaouis ne peuvent pas quitter la bande de Gaza pour aller s'établir en Cisjordanie ou alors sur décision particulière, et ceux qui habitent la Cisjordanie ne peuvent faire la même chose à Jérusalem-Est, par exemple. On a vu à combien d'obstacles se heurte tout regroupement familial de Palestiniens, y compris lorsque ces derniers épousent des Israélien(ne)s.

260– Les citoyens et résidents juifs peuvent, quant à eux, voyager librement dans toute la région, sauf dans la bande de Gaza (« territoire hostile », selon Israël) et en principe dans la zone A, car sous la responsabilité de l'Autorité palestinienne (un cinquième environ de la Cisjordanie). Des routes et autoroutes de qualité leur sont même réservées exclusivement et fermées aux Palestiniens. Les citoyens israéliens peuvent aussi quitter le pays et y revenir selon leurs vœux, ce qui est loin d'être le cas des Palestiniens. Tableau radicalement différent en effet pour ces derniers : les résidents de Jérusalem-Est peuvent craindre la révocation de leur statut de résident en cas d'absence jugée trop longue par l'administration israélienne. Les Palestiniens de Cisjordanie voient leurs possibilités de déplacement considérablement réduites puisque, outre l'interdiction d'emprunter certaines routes - généralement plus rapides -

destinées aux Israéliens seulement, il leur est fréquemment interdit d'aller d'une division territoriale à l'autre.

261– En fait, les Palestiniens de Cisjordanie qui souhaitent aller en Israël, à Jérusalem-Est ou dans la bande de Gaza doivent obligatoirement obtenir - ce qui est rare - le feu vert des autorités israéliennes. Et celui-ci est indispensable, car toutes les routes de Cisjordanie sont contrôlées par l'armée israélienne. D'où les nombreux checkpoints fixes ou mobiles, les points d'accès aux villages et autres obstacles physiques, les uns et les autres permettant des contrôles et des blocages à souhait. Ce tableau serait incomplet si on n'évoquait pas la barrière de séparation édifiée partiellement à l'intérieur de la Cisjordanie, nouvel obstacle de taille. Et les terres palestiniennes, notamment agricoles, comprises entre le mur et la ligne verte constituent une « zone charnière » interdite d'accès aux Palestiniens, sauf s'ils sont munis d'un permis dont la difficulté pour l'obtenir n'a pas besoin d'être rappelée (la question du mur est évoquée plus en détail plus bas, chapitre IV).

D/ Les droits civils et politiques

262– Israël est généralement présenté comme une démocratie et un État de droit où les droits et libertés des personnes sont garantis, comme en témoignent, par exemple, sa proclamation d'indépendance ou les débats suscités par le projet de réforme de la Cour suprême. Pourtant, ce pays dénie aux Palestiniens les droits politiques élémentaires comme la liberté de parole ou la liberté d'association. Les Palestiniens des territoires occupés vivent sous des restrictions sévères en ce domaine ; ainsi ne sont-ils pas autorisés à manifester, beaucoup de leurs associations ont été interdites et la moindre déclaration politique court le risque non théorique, loin de là, d'être considérée comme une incitation à la violence. La répression dissuade toute forme de résistance, y compris lorsqu'elle est non violente. Les règles militaires limitent les protestations non violentes et interdisent souvent les manifestations, les rassemblements et les marches. Les autorités militaires ont largement recours à la détention administrative ou autre, y compris des élus politiques palestiniens, et à la criminalisation des associations politiques, et même des organisations protectrices des droits de l'homme, cela pour empêcher l'expression de toute contestation.

263– Inutile de préciser que la fragmentation territoriale ajoute aux difficultés d'organisation d'une telle contestation. Même chose pour la fragmentation juridique (différentes lois et procédures variables selon l'endroit considéré) qui n'est pas non plus pour faciliter l'expression collective des opinions ni les manifestations sans parler de la propension du recours à la force, y compris létale, des forces de sécurité israéliennes. Au total, si les citoyens israéliens jouissent de l'ensemble des droits civils et politiques et d'une certaine influence reconnue habituellement aux citoyens d'une démocratie pour peser sur les règles qui leur sont appliquées, la population palestinienne, elle, n'a aucune influence de cette sorte sur les règles bien rigoureuses et souvent injustes qui lui sont appliquées.

§4/ Quelles perspectives ?

264– Il est probable que chercher à imputer le crime d'apartheid à l'État d'Israël s'inscrit davantage dans une perspective politique que juridique. L'objectif consiste à faire pression sur Israël pour desserrer l'étau que celui-ci exerce sur les Palestiniens et peut-être ouvrir des possibilités de négociation si cette mise en cause est soutenue par de nombreux États et des États qui comptent pour Israël. Or, pour le moment du moins, telle n'est pas la situation qui se dessine. Le débat politique est toujours vif et cette question ne semble pas, malgré sa gravité, peser du poids qu'elle mérite. Ainsi, récemment en France, le groupe communiste à l'Assemblée nationale a, le 13 juillet 2022, vainement soumis une résolution condamnant l'institutionnalisation par Israël d'un régime d'apartheid à l'encontre du peuple palestinien et appelé à son démantèlement[1]. Du côté strictement juridique, les perspectives ne paraissent pas différentes, à supposer bien sûr que les conditions et faits exigés pour conclure à l'existence d'un crime d'apartheid soient effectivement réunis. À priori, deux traités internationaux paraissent intéressants à cet égard.

A/ Sur le fondement de la Convention internationale sur l'élimination de toutes les formes de discrimination raciale

265– La Convention internationale sur l'élimination de toutes les formes de discrimination raciale lie Israël et prévoit des voies de recours internes contre les actes de discrimination raciale et pour obtenir réparation

[1] « La politique de l'État d'Israël, récurrent sujet de division pour la gauche française », 3.5.2023 (www.lemonde.fr).
« L'Assemblée nationale rejette une proposition de résolution communiste condamnant « un régime d'apartheid » en Israël », 4.05.2023 (*Ibid.*)

(article 6), mais on a vu qu'Israël considère (à tort) que ce texte ne s'applique pas au territoire palestinien occupé, et de toute manière il n'a toujours pas été transposé, sauf erreur, en droit israélien. Dès lors, un recours international prend tout son intérêt. Un tel recours initié par un État partie devant la Cour internationale de Justice est théoriquement possible car prévu par la Convention (article 22), mais, entre autres obstacles, Israël a émis une réserve pour l'exclure à son égard et on sait que le consentement des États - qui fait donc défaut ici - est la pierre angulaire de la compétence contentieuse de cette juridiction. Un autre recours international est-il possible ? Cela n'est pas à exclure *a priori*, et de fait, la Palestine a déposé, le 23 avril 2018, une communication contre Israël devant le Comité pour l'élimination de la discrimination raciale. Elle se fonde sur l'article 11 de la Convention précitée et allègue qu'Israël en a méconnu les articles 2, 3 et 5, et ce, au détriment des citoyens palestiniens vivant dans le territoire palestinien occupé, y compris à Jérusalem-Est (pour plus de détails, voir chapitre IV). Il faut également noter qu'une demande d'avis consultatif, voie réservée à certaines institutions internationales et à leurs organes, a été votée le 30 décembre 2022 par l'Assemblée générale de l'ONU et elle est actuellement pendante devant la CIJ. L'une des questions posées à cette juridiction porte sur « l'adoption par Israël de lois et mesures discriminatoires » en lien avec la violation persistante par ce pays du droit à l'autodétermination du peuple palestinien. La réponse de la CIJ est très attendue sur ce point, comme sur beaucoup d'autres sur lesquels porte cette demande d'avis (*infra*, Chapitre IV). Enfin, Israël n'a pas reconnu la possibilité de soumettre des communications individuelles ou de groupes au Comité pour l'élimination de la discrimination raciale (article 14) ; ce qui barre la route à de telles procédures.

B/ Sur le fondement de la Convention contre l'apartheid

266– La Convention contre l'apartheid de 1973 oblige les États parties à prendre des mesures législatives, judiciaires et administratives pour poursuivre, faire juger et punir les personnes responsables ou accusées d'actes d'apartheid, que ces personnes résident ou non sur le territoire de l'État dans lequel ces actes ont été perpétrés, et qu'il s'agisse de ressortissants de cet État ou d'un autre État ou même de personnes apatrides (article IV). Israël n'étant pas partie à cette Convention, aucune des obligations conventionnelles précitées ne s'impose à lui ; ce qui ne signifie pas qu'il échappe à la prohibition de l'apartheid ne serait-ce qu'au titre du droit coutumier précité.

267– Quid alors des autres États ? D'après l'article VI, les personnes accusées d'actes constitutifs d'apartheid peuvent être jugées par un tribunal compétent de tout État partie à la Convention qui pourrait avoir juridiction sur elles. Plusieurs difficultés rendent peu probable cette possibilité de poursuite contre des Israéliens. Sans doute, la Convention semble poser une sorte de compétence universelle permettant à chaque État partie de poursuive les non-nationaux dès lors que la personne concernée se trouve soumise à sa juridiction. Mais, dans la réalité géopolitique actuelle, on voit mal quel État serait tenté de le faire. Parmi les 109 parties à la Convention, on ne compte aucun État occidental. Comme puissance, on note la présence de la seule Russie, sachant que États-Unis et le Royaume-Uni ont même voté contre l'adoption de ce traité, sans parler de la proximité de ces deux États avec Israël. Les actes inhumains constitutifs de ce crime sont « commis *en vue* d'instituer ou d'entretenir la domination d'un groupe racial d'êtres humains sur n'importe quel autre groupe racial d'êtres humains et d'opprimer systématiquement celui-ci » (article II). Ce qui suppose une démonstration d'intentionnalité bien délicate à mener. Une telle démonstration paraît davantage concevable si les personnes poursuivies sont des dirigeants politiques et non de simples exécutants[1] ; de quoi rendre les poursuites pénales étrangères encore plus problématiques d'un point de vue diplomatique. De plus, la règle « juger ou extrader » n'a pas été retenue ici, laissant ainsi une marge de manœuvre substantielle aux États parties.

268– Au total, il est probable, dans le contexte actuel, que des États, à les supposer convaincus de la pratique de l'apartheid en Palestine occupée, ne se bousculeront pas pour intenter des poursuites devant leurs propres juridictions. Les difficultés paraissent nombreuses et le succès incertain. Ils courent le risque de se voir reprocher une tentative de « déligitimation » ou une « détestation » d'Israël, une action antisémite ou encore une procédure inefficace dans la mesure où celle-ci n'aura pas d'effet sur le fond du conflit. Pire encore, un possible effet boomerang sur les Palestiniens n'est pas à exclure, si l'on en juge par les « sanctions » d'Israël infligées à l'Autorité palestinienne à chaque fois qu'une procédure internationale est intentée contre lui ou ses nationaux. Reste alors la possibilité d'intervention d'un tribunal international, comme cela est

---

[1] J. Dugard, « *L'apartheid* », in H. Ascensio, E. Decaux et A. Pellet (sous la direction de), *Droit international pénal*, Pedone, 2012, p. 197-207.

expressément envisagé par ce traité (article V). Sous cet angle, l'article XII prévoit bien que tout différend entre les États parties, non réglé par la négociation, sera porté devant la Cour internationale de Justice, sur la demande des États parties au différend, à moins que ceux-ci ne portent leur choix sur un autre mode de règlement. Là encore, comme Israël n'est pas partie à cette Convention, cette perspective ne peut être envisagée. Existe-t-il alors d'autres recours internationaux ? Oui, car - comme on vient de le voir - cette question se pose aujourd'hui devant le Comité pour l'élimination de la discrimination raciale saisi par la Palestine sur le fondement d'une autre convention dont le Comité précité porte le nom, et également devant la Cour pénale internationale dès lors que la Palestine est membre de la cette juridiction et que celle-ci a estimé avoir compétence pour enquêter sur le territoire palestinien occupé (*infra*, chapitre IV).

CHAPITRE IV.

La justice internationale

269– L'évolution du conflit israélo-palestinien fait apparaître que le traitement par le recours à la force et/ou à la diplomatie n'a toujours pas permis d'aboutir à une véritable solution agréée par les deux parties et susceptible d'aider à sortir de l'impasse actuelle. Raison pour laquelle, les autorités palestiniennes se tournent de plus en plus vers la justice internationale pour mettre en lumière et en cause la responsabilité de l'État d'Israël et peut-être se donner une chance de faire bouger les choses (les mouvements palestiniens comme le Hamas et le Jihad islamique ne sont évidemment pas sur cette ligne). Il convient donc de rappeler les enjeux qui s'attachent à la saisine de la justice internationale. Et ceci fait, évoquer les principales juridictions qui connaissent ou ont connu, directement ou indirectement, de la question palestinienne ; le tout sans prétention à l'exhaustivité, cela va sans dire.

SECTION I/
Importance et enjeux de la justice internationale

270– Puisque l'objectif est de faire apparaître et, si cela est possible, sanctionner la responsabilité d'Israël, cela n'est concevable qu'en respectant les principes généraux en la matière. Lesquels font apparaître que certaines obligations pèsent non seulement sur l'État hébreu, mais aussi sur la communauté internationale. Ceci clarifié, nous pourrons alors voir la valeur ajoutée de la justice internationale à cet égard.

§1/ La mise en cause de la responsabilité de l'État d'Israël

A/ Régime général

271– « Tout fait internationalement illicite de l'État engage sa responsabilité internationale »[1]. Tel est le principe majeur en matière de responsabilité internationale spécialement mis en avant par les travaux de la Commission du droit international dans ses articles de 2001. Cet engagement est subordonné à deux conditions : d'une part, le fait doit être attribuable à l'État en vertu du droit international, d'autre part ce fait doit constituer une violation d'une obligation internationale pesant sur ce même État[2]. Une fois, ce manquement et l'attribution établis, l'État responsable doit i) mettre fin à son comportement illicite (si celui-ci est continu), ii) le cas échéant, offrir des assurances et garanties de non-répétition, iii) réparer intégralement le préjudice par lui causé, c'est-à-dire réparer tout dommage tant matériel que moral résultant de ce fait illicite[3]. Cette réparation prend la forme de restitution, d'indemnisation ou de satisfaction selon le cas. La restitution consiste dans le rétablissement de la situation précédant le fait illicite, si cela est matériellement possible et si cela n'impose pas de charge disproportionnée par rapport à l'indemnisation. Cette dernière doit intervenir chaque fois que le dommage n'est pas réparé par la restitution et couvre tout dommage susceptible d'évaluation financière.

272– C'est en principe l'État lésé, par hypothèse la Palestine, qui est en droit d'invoquer la responsabilité de l'État auteur du fait illicite et demander réparation (et qui peut inversement y renoncer). Le rapport est, si on peut dire, « bilatéralisé » dans ce type de situation. Telles devraient être, très rapidement résumées, les règles applicables aux transgressions israéliennes du droit international et des obligations qui sont les siennes d'une manière générale et, en particulier, à l'égard de la population palestinienne. Il se trouve toutefois que certaines des règles transgressées ont un statut spécial en raison de leur importance et, par suite, leur violation engendre des conséquences supplémentaires par rapport à celles décrites à l'instant.

---

[1] Article 1 des articles de la Commission du droit international sur la responsabilité internationale. Voir J. Crawford, *Les articles de la CDI sur la responsabilité de l'État : Introduction, texte et commentaires*, Pedone, 2003, p. 93 et s.

[2] *Ibid.*, article 2.

[3] *Ibid.*, articles 30 et s.

B/ Régime spécifique en raison de l'importance de certains principes juridiques transgressés

273– Parmi les principes juridiques régulièrement ignorés par Israël figurent des règles faisant partie des normes impératives du droit international (*jus cogens*). Pour la Commission du droit international, « les normes impératives du droit international général (*jus cogens*) reflètent et protègent des valeurs fondamentales de la communauté internationale. Ces normes sont universellement applicables et sont hiérarchiquement supérieures aux autres règles du droit international »[1]. Elles sont en effet insusceptibles de dérogation et toute convention internationale qui leur est contraire encourt la nullité, y compris une convention agréée par les parties concernées. L'on voit ici que la négociation bilatérale israélo-palestinienne, à laquelle beaucoup de pays attachent une importance de premier plan (avec le risque réel de favoriser ainsi Israël, puisque c'est la partie forte, ou de lui permettre de bloquer les discussions si tel est son intérêt et ainsi de pérenniser l'occupation), doit elle-même respecter ces normes et ne peut s'en affranchir, sauf à prendre le risque de la nullité.

Peut-on par exemple imaginer que le droit à l'autodétermination, norme impérative, soit conditionné à de telles négociations ou à la satisfaction de telle ou telle exigence ? Certains, dont les États-Unis, soutiennent que le droit des Palestiniens dépend du droit des Israéliens à la sécurité ; raison pour laquelle, toujours selon ce pays, les négociations sont l'unique moyen de parvenir à concilier les deux aspirations. Il convient néanmoins de rappeler que la violation d'une norme impérative de droit international général ne peut être couverte par les circonstances excluant l'illicéité. Au nombre de six, ces circonstances ont pour conséquence importante d'exclure l'illégalité d'un comportement qui, sans cela, serait incompatible avec telle ou telle obligation internationale[2]. Or, parmi ces circonstances figure la légitime défense sous réserve toutefois que celle-ci soit exercée conformément aux conditions posées par la Charte des Nations Unies (article 51). On sait justement qu'Israël invoque souvent la légitime défense (et plus largement ses besoins en matière de sécurité), qui ne peut donc - à supposer qu'elle satisfasse aux conditions qui l'encadrent

---

[1] Commission du droit international, « Détermination et conséquences juridiques des normes impératives du droit international général (jus cogens) », *Rapport de la Commission du droit international*, ONU, A/77/10, 2022, conclusion 2, p. 12.

[2] J. Crawford, *op. cit.*, p. 227-229 et article 27 des articles de la CDI sur la responsabilité des États pour fait internationalement illicite.

habituellement - justifier la méconnaissance, qui plus est persistante, du droit à l'autodétermination.

Venons-en maintenant à la substance des normes en jeu dans ce conflit. Sans chercher à être complet, citons d'abord *le droit à l'autodétermination,* évoqué à l'instant. Pour la Cour internationale de Justice, ce droit est l'un « des principes essentiels du droit international contemporain »[1] et il est opposable *erga omnes* c'est-à-dire qu'il fait naître une obligation qui lie chaque État à tous les autres États. Ce que la même juridiction rappellera à l'occasion de son examen de la situation créée par l'édification du mur israélien dans le territoire palestinien. Le droit à l'autodétermination est généralement regardé comme faisant incontestablement partie des quelques règles composant le *jus cogens*[2].

274– Peuvent également être citées d'autres règles pertinentes dans la situation palestinienne, par exemple les *règles fondamentales du droit international humanitaire*, dont on a vu avec quelle liberté Israël en transgresse les plus importantes et en applique d'autres de façon sélective. Ou encore *l'interdiction de la discrimination raciale et de l'apartheid* qui fait également problème, comme on a pu le constater à l'occasion de la question de l'étude de la discrimination dont la population palestinienne fait l'objet (*supra*, chapitre III).

275– Pour la violation de ce type de normes, des conséquences supplémentaires s'ajoutent à celles que l'on vient de présenter pour les normes dénuées de statut spécial. Ces conséquences sont toutefois subordonnées au fait que la violation concernant ces normes d'une nature particulière doit être *grave*, c'est-à-dire qu'elle doit dénoter « un manquement flagrant ou systématique ». La gravité suppose un certain ordre de grandeur, l'aspect systématique suppose une violation organisée et délibérée, et le côté flagrant renvoie à l'intensité de la violation qui doit être manifeste. La Commission du droit international cite, parmi les facteurs à prendre en compte, l'intention de violer la norme, l'étendue et le nombre de violations, la gravité des conséquences pour les victimes. Une fois ces conditions réunies, la situation est « multilatéralisée » au sens où

[1] *Affaire relative au Timor oriental, arrêt du 30 juin 1995*, CIJ Recueil 1995, p. 102, § 29.
[2] J. Crawford, *op. cit.*, p. 296 ; Commission du droit international, « Détermination et conséquences juridiques des normes impératives du droit international général (jus cogens) » (annexe), *op. cit.*, p. 17.

l'État lésé n'est plus seul à faire face à l'illicite. En effet, trois obligations pèsent alors sur l'ensemble des États :

- La première est positive et impose aux États de coopérer pour mettre fin à la violation grave d'une norme impérative ; une des voies possibles est ici l'aide à la réalisation du droit du peuple palestinien à l'autodétermination ;
- La deuxième est négative, c'est l'obligation de non-reconnaissance de la situation illicite créée par la violation ;
- La dernière, également négative, interdit aux autres États de prêter aide ou assistance au maintien de cette même situation illicite[1]. Cette obligation a une étendue des plus larges et embrasse une multiplicité de domaines (militaire, économique, diplomatique, technologique, scientifique, etc.)

276– À cela il faut ajouter une possibilité d'importance, liée à la multilatéralisation de la situation créée par la violation d'une norme impérative, à savoir que *chaque État*, autre que l'État lésé par la violation, est en droit d'invoquer la responsabilité de l'État auteur du manquement. Ces États tiers peuvent exiger de l'État responsable la cessation du fait internationalement illicite, des assurances et des garanties de non-répétition ainsi que l'obligation de réparation dans l'intérêt de l'État lésé. De telles obligations et cette possibilité d'action ouverte aux États non lésés directement par le fait illicite sont particulièrement intéressantes dans le contexte palestinien, celui d'une entité au statut d'État contesté et dans un rapport de force foncièrement défavorable face à la puissance israélienne.

§2/ Passivité de la communauté internationale

277– Les principes bafoués par l'État israélien font que la Palestine peut agir, mais du fait de son statut, elle peut se heurter à des difficultés de tous ordres. L'action des autres États, soit individuelle, soit collective, devient alors un complément ou une alternative précieuse. La réalité des choses oblige néanmoins à dire que l'action individuelle des États tiers (du moins jusqu'aux récentes initiatives de l'Afrique du Sud et de quelques autres

---

[1] Articles 40 et 41 des articles de la CDI sur la responsabilité de l'État et « Détermination et conséquences juridiques des normes impératives du droit international général (*jus cogens*) », *Rapport de la Commission du droit international*, ONU, A/77/10, 2022, conclusion 19, p. 15-16.

États) ou celle de la communauté internationale paraît soit quasiment absente, soit inefficace.

A/ Manque de volonté des États

Le risque des négociations bilatérales

278– 139 États ont reconnu la Palestine comme État, mais ne se pressent pas, dans leur très grande majorité, et cela, pour dire le moins, pour mettre réellement en cause la responsabilité d'Israël. Tous ou presque jurent soutenir la solution à deux États (y compris les États-Unis), mais peu interviennent concrètement pour que celle-ci devienne réalité. Ils trouvent bien commode de renvoyer à la négociation entre les deux parties concernées, y compris en se raccrochant au processus d'Oslo alors que, 30 ans après, celui-ci est mort, mais il est vrai toujours pas officiellement enterré. « ... Dans les capitales occidentales, le déni se poursuit. Les diplomates continuent de réciter les formules héritées d'Oslo, même si ces éléments de langage forment aujourd'hui un catéchisme complètement hors-sol. Plus que jamais, Oslo est le cadavre dans le placard, le macchabée que personne ne veut enterrer »[1].

279– Ces États savent que la situation de blocage qui prévaut, l'énorme écart de puissance entre les parties, l'opposition persistante d'Israël à la naissance d'un État palestinien, sa volonté non dissimulée d'annexer une partie au moins du territoire palestinien occupé, les nombreux faits accomplis israéliens qui contredisent ouvertement les engagements d'Oslo, les faiblesses et les divisions palestiniennes, etc. rendent peu probable pour ne pas dire impossible une entente bilatérale. Ou alors il s'agirait d'un arrangement aux conditions israéliennes qui verrait les Palestiniens faire l'essentiel, sinon la totalité, des concessions. Pourtant, ils ne coopèrent pas réellement pour obtenir la cessation des faits illicites israéliens, certains font même fi de l'obligation de non-reconnaissance de l'illicite (tout particulièrement les États-Unis), et beaucoup ignorent celle de non-assistance. Toutes ces obligations sont bien évidemment imposées par le droit international.

280– Dans ces conditions, d'aucuns parlent désormais de l'existence d'un seul État avec toutefois deux populations au statut bien distinct, l'une

---

[1] « Israël-Palestine : trente ans après, les accords de paix d'Oslo sont morts mais personne ne veut les enterrer », 13.9. 2023 (www.lemonde.fr).

(les Palestiniens) subissant un traitement foncièrement discriminatoire, ce qui soulève la question de la discrimination raciale et de l'apartheid déjà rencontrée (*supra*, chapitre III)[1]. Rappelons que la prohibition de la discrimination raciale et de l'apartheid est une norme impérative du droit international général à propos de laquelle les États tiers peuvent intervenir. Si l'on prend un autre exemple, celui des exportations des produits des colonies israéliennes, dont on a vu le caractère fondamentalement illégal, on devrait conclure que ces exportations devraient être bannies puisqu'importer ces produits, même avec un étiquetage spécial, revient à aider au maintien de ces colonies et peut-être même à leur expansion et donc à pérenniser cette illégalité... Et toute opération économique de financement ou autre bénéficiant à ces colonies devrait faire l'objet de la même analyse. Or, appliquer un « simple » étiquetage spécifique à ces exportations s'est déjà révélé bien ardu (*infra*, ce chapitre).

Les possibilités de pression légale existent

281– Le droit international permet donc aux États tiers d'invoquer la responsabilité d'un État agissant en méconnaissance d'une norme de *jus cogens* comme le droit à l'autodétermination, l'interdiction de la discrimination raciale ou encore la transgression des normes fondamentales du droit international humanitaire. Il faut ajouter que selon l'article 1 commun aux quatre Conventions de Genève de 1949, dont la 4e Convention déjà évoquée pour son volet sur l'occupation, « (l)es Hautes Parties contractantes s'engagent à respecter et à faire respecter la présente Convention en toutes circonstances. » Selon l'interprétation retenue par le CICR, cette disposition exige que les États parties respectent eux-mêmes ces normes humanitaires, mais veillent de surcroît au respect de ces Conventions de Genève *par les autres États et les parties non étatiques*. Le CICR explique que « (c)ette obligation de faire respecter par d'autres comprend à la fois une obligation négative et une obligation positive. En vertu de l'obligation négative, les Hautes Parties contractantes ne peuvent ni encourager la commission de violations des conventions par les parties à un conflit, ni les aider ou les assister. Selon l'obligation positive, ils

[1] M. Barnett, N. Brown, M. Lynch, and Sh. Telhami, "Israel's One-State Reality. It's Time to Give Up on the Two-State Solution", April 14, 2023 (https://www.foreignaffairs.com/middle-east/israel-palestine-one-state-solution).

doivent faire tout ce qui est raisonnablement en leur pouvoir afin de prévenir et faire cesser ces violations. »[1]

282– Et comme mesures possibles pour donner corps à cette obligation, le CICR cite notamment l'adoption de contre-mesures licites telles que des embargos sur les armes, des restrictions commerciales et financières, des interdictions de vol et la réduction ou la suspension des accords d'aide et de coopération ; le fait de conditionner, limiter ou refuser des transferts d'armes ; le renvoi de la question à une organisation internationale compétente, par exemple le Conseil de sécurité ou l'Assemblée générale des Nations Unies ; la soumission, si possible, d'une question spécifique à la Cour internationale de Justice ou à un autre organe de règlement les différends ; le recours à des mesures pénales pour réprimer les violations du droit humanitaire ; le soutien aux efforts nationaux et internationaux pour traduire en justice des auteurs présumés de violations graves du DIH, etc.[2]

283– Sous réserve de ce qui sera dit à propos de l'action de l'ONU, le comportement de l'État d'Israël n'a provoqué aucune réaction de ce type de la part d'un État ou groupe d'États, exception faite de l'initiative toute récente de l'Afrique du Sud devant la Cour internationale de Justice, et celle, également récente, de ce même pays avec quelques autres devant la Cour pénale internationale (voir plus bas). Il est vrai que de telles réactions sont rares dans la communauté internationale telle que nous la connaissons, encore que la réaction de plusieurs États, notamment européens et américains, contre l'agression de l'Ukraine montre l'importance et l'intérêt de ces contre-mesures. Mais un reproche est régulièrement fait à ce type de réponse, celui du double standard : les États occidentaux sont prompts à réagir et à défendre le droit international lorsque l'un des leurs est victime d'une transgression de ce droit, comme avec l'agression russe de l'Ukraine, mais se montrent bien apathiques voire compréhensifs lorsqu'il s'agit d'une transgression commise par Israël.

Quoi qu'il en soit, voici à cet égard deux initiatives procédurales récentes :

---

[1] CICR, *Convention (I) de Genève pour l'amélioration du sort des blessés et des malades dans les forces armées en campagne, 12 août 1949. Commentaire de 2016*, § 154.
[2] *Ibid.*, § 181.

– La Gambie a attrait, le 19 novembre 2019, le Myanmar devant la Cour internationale de Justice, en raison, soutient-elle, des violations de la Convention pour la prévention et la répression du crime de génocide qui auraient été commises par le Myanmar à l'encontre de membres du groupe des Rohingyas. La requête allègue la violation de l'interdiction du génocide par des actes adoptés, accomplis ou tolérés par le Myanmar et visant les Rohingyas, groupe ethnique, racial et religieux bien défini (en majorité des musulmans) qui réside principalement dans l'État Rakhine au Myanmar[1].

– Le Canada et les Pays-Bas ont, le 8 juin 2023, déposé une requête introductive d'instance conjointe contre la Syrie devant la même juridiction au sujet de violations alléguées de la Convention contre la torture et autres peines ou traitements cruels, inhumains ou dégradants. D'après ces deux États, la Syrie a commis d'innombrables violations du droit international, parmi lesquelles le recours à la torture et d'autres peines ou traitements cruels, inhumains ou dégradants. Ces violations ont débuté à partir de 2011, avec la répression violente de manifestations civiles, et se sont poursuivies avec le conflit armé apparu dans la foulée.

284– Examinant le comportement des États-Unis et celui de l'UE, l'ancien Rapporteur spécial sur la situation des droits de l'homme dans les territoires palestiniens occupés, Michael Lynk, note que le rôle des premiers a finalement été de permettre à l'occupation israélienne de se poursuivre, notamment en défendant systématiquement et en aidant massivement ce pays, et, s'agissant de la seconde, si elle fournit un soutien précieux, principalement financier, aux Palestiniens, elle se montre divisée entre des pays comme l'Espagne ou la Belgique, sensibles au sort et aux droits de la population palestinienne, et l'Allemagne, l'Autriche, la Hongrie ou encore la Tchéquie résolument alignées sur les positions israéliennes quelles qu'elles soient. On comprend dès lors qu'elle rechigne manifestement à utiliser sa puissance économique et politique (elle est la première partenaire économique d'Israël) pour contraindre Israël à respecter ses obligations internationales, particulièrement en matière d'occupation et de colonies de peuplement (que pourtant elle condamne)[2]. Quoi qu'il en soit, si les États peuvent agir individuellement ou en groupe

---

[1] CIJ, *Requête introductive d'instance et demande en indication de mesures conservatoires (Gambie c. Myanmar)*, 11 novembre 2019 (www.cij-icj.org).

[2] ONU, *Situation des droits humains dans les territoires palestiniens occupés depuis 1967*, A/76/433, 22 octobre 2021, § 37 et 42-43.

ou encore sous une forme *ad hoc*, leur action collective passe essentiellement par le biais des organisations internationales et tout spécialement par l'ONU s'agissant de la Palestine.

B/ Impuissance de l'ONU

285– L'obligation de coopération qui pèse sur les États prend souvent forme grâce aux organisations internationales. À cet égard, on sait que l'ONU se sent une responsabilité particulière à l'égard de la question palestinienne. On a déjà vu dans quelles conditions la Palestine a été partagée et l'État d'Israël créé (*supra*, chapitre I). Au fil des années, le moins que l'on puisse dire est que l'Organisation mondiale a consacré beaucoup d'efforts pour tenter de trouver une solution au conflit israélo-palestinien. Des dizaines et des dizaines de textes (résolutions, rapports, enquêtes, expertises) ont vu le jour dans le cadre de différentes composantes de cette institution. Inlassablement l'ONU suit et documente ce conflit et le comportement des parties, notamment sous l'angle de leurs engagements internationaux en matière de droits de l'homme. Mais force est de constater que ces efforts intéressants et comportant une dimension juridique importante, et qui se poursuivent encore malgré des rapports compliqués avec l'État d'Israël, n'ont guère porté leurs fruits devant la réalité des rapports de force. L'ONU est même marginalisée dans les cadres habituels servant à la recherche d'une solution diplomatique. Si l'on prend en considération les interventions de l'Assemblée générale et celles du Conseil de sécurité, deux organes essentiels, les résultats ne sont en effet guère à la hauteur des attentes ni de l'investissement.

Le Conseil de sécurité

286– Le Conseil de sécurité, investi de la responsabilité principale du maintien de la paix et de la sécurité internationales, est parvenu à adopter quantité de résolutions sur différents aspects du conflit, et cela, malgré la proximité d'Israël avec les États-Unis et le blocage que ces derniers ont souvent su provoquer grâce à leur droit de veto (en plus de leur siège permanent). Qu'il s'agisse par exemple d'occupation, de l'acquisition de territoires par la force, d'annexion de Jérusalem-Est, de colonies de peuplement, de l'application du droit international de l'occupation, le Conseil de sécurité a très tôt déclaré le caractère illégal des positions israéliennes et lui a demandé on ne sait combien de fois d'y mettre fin. Des dizaines d'années après, ces résolutions, n'ont guère, malgré leurs termes et répétitions, été prises en considération par Israël qui agit comme si elles n'existaient tout simplement pas.

287– À cet égard, un argument souvent avancé ne doit pas convaincre, celui selon lequel ces résolutions, n'étant pas fondées sur le chapitre VII de la Charte des Nations Unies, ne seraient pas obligatoires. Or, selon l'article 25 de la même Charte « (l)es membres de l'Organisation conviennent d'accepter et d'appliquer les décisions du Conseil de sécurité... ». Dans son avis consultatif sur la Namibie, la Cour internationale de Justice a bien expliqué que cet article 25 ne se limite pas aux décisions concernant des mesures coercitives, prises en vertu du chapitre VII de la Charte, mais s'applique aux décisions du Conseil de sécurité adoptées conformément à cette même Charte[1]. De plus, les termes de ces textes ne laissent guère de doute quant à l'intention du Conseil de sécurité de prendre une décision obligatoire destinée à être suivie d'effet, ce dont bien des représentants des États membres sont d'ailleurs conscients. Il est donc clair que de tels constats d'illégalité et injonctions du Conseil de sécurité sont obligatoires pour les États membres de l'ONU, pour Israël comme pour les autres.

L'Assemblée générale

288– S'agissant de l'Assemblée générale, ses textes sont encore bien plus nombreux que ceux du Conseil de sécurité et plusieurs de ses résolutions ont été précédemment évoquées. Le caractère illégal des décisions prises par Israël dans les domaines précités est régulièrement souligné, tout comme les demandes de cessation du comportement illicite de ce pays. L'intervention de cet organe démocratique, puisqu'il regroupe les représentants de tous les 193 États membres, est d'autant plus cruciale qu'il peut venir combler le vide laissé par le blocage du Conseil de sécurité qui, en certaines situations, ne peut statuer en raison de sa division, elle-même provoquée par l'usage ou la menace du recours au droit de veto, ici souvent du fait des États-Unis pour défendre les positions israéliennes. Ainsi, l'avis consultatif rendu par la CIJ sur le mur n'existe que grâce à la demande de l'Assemblée générale, le Conseil, paralysé, s'étant montré dans l'incapacité d'examiner la situation résultant de la construction de ce mur. La situation apparue après l'attaque du Hamas du 7 octobre 2023

[1] *Conséquences juridiques pour les États de la présence continue de l'Afrique du Sud en Namibie (Sud-Ouest africain) nonobstant la résolution 276 (1970) du Conseil de sécurité, Avis consultatif du 21 juin 1971,* CIJ Recueil 1971, p. 53, § 113-114.

illustre également ce phénomène récurrent du blocage de cet organe, ici encore en raison du veto américain, et l'utilité du recours à l'Assemblée générale.

289– Là encore, un argument souvent agité s'appuie sur le caractère de recommandation des résolutions en cause qui n'obligeraient donc personne (hors le cas des résolutions visant le fonctionnement interne de l'Organisation). Sans vouloir aborder un sujet complexe et longtemps controversé, la réalité est un peu différente, car la portée politique de ces textes peut être très forte spécialement lorsque la majorité les soutenant est massive comme c'est fréquemment le cas avec ceux sur la Palestine. Ils peuvent également avoir une valeur normative en particulier lorsque, comme dans le cas qui nous occupe, elles se fondent sur des principes juridiques incontestables, et en dénoncent la violation ou le non-respect. Les principes juridiques invoqués existent bel et bien indépendamment de la résolution qui s'y réfère, notamment lorsqu'ils ont une valeur coutumière, l'illégalité est également incontestable avec son corollaire, à savoir l'exigence de mettre fin à l'illicite. Il s'ensuit que les obligations des autres États membres de l'ONU restent celles de la non-reconnaissance, de la non-assistance et de la coopération pour mettre un terme à cette illégalité.

L'absence de volonté politique

290– Le problème n'est donc pas là ; il est dans le manque de volonté politique pour tirer les conséquences de cette impasse et de cette surdité de l'État hébreu rétif à toute prise en compte des exigences légales dans ses rapports avec les Palestiniens. La panoplie des moyens de pression licites est étendue et variée, englobant des mesures diplomatiques, économiques ou affectant les communications. Ces moyens pourraient, sans affecter indûment la population israélienne, être exercés sur l'État israélien pour le conduire à montrer moins de mépris pour la légalité internationale[1]. Cela d'autant plus que certaines des décisions onusiennes remontent à plusieurs dizaines d'années.

291– Voici quelques exemples des décisions du Conseil de sécurité adoptées dans les années 70 et 80 et qui sont demeurées lettre morte depuis lors, sans mise en œuvre aucune. L'annexion *de jure* de Jérusalem-Est par

---

[1] Voir les explications in ONU, *Situation des droits de l'homme dans les territoires palestiniens occupés depuis 1967*, A/74/507, 21 octobre 2019, § 72 et s.

Israël a été déclarée nulle et non avenue (résolutions 478 {1980} et 2334 {2016}). Les colonies israéliennes de peuplement en territoire palestinien occupé, y compris à Jérusalem-Est, ont été considérées comme contraires au droit international, leur construction devait être arrêtée sans délai et les États tiers ne devaient leur fournir aucun appui (résolutions 446 et 452 {1979}, 465 {1980}, 2334 {2016}). Le principe de l'inadmissibilité de l'acquisition de territoires par la force a été réitéré à de multiples reprises depuis 1967 (résolution 242{1967}). Les résolutions 476 et 478 (1980) ont mis en avant l'impératif de mettre fin à l'occupation prolongée du territoire palestinien occupé, etc.

292– Devant le refus israélien, combien de résolutions ont insisté sur l'applicabilité *de jure* de la 4e Convention de Genève dans le territoire palestinien occupé, position dont le bien-fondé a été, en tant que de besoin, confirmé par la Cour internationale de Justice qui a demandé aux États parties à ce traité (au nombre de 196) de faire respecter par Israël le droit international humanitaire incorporé dans ce traité. Pour sa part, le Haut-Commissariat des Nations Unies aux droits de l'homme a établi que, de 2009 à 2017, Israël avait appliqué... moins de 0,5 % des recommandations relatives aux droits de l'homme qui lui avaient été adressées ! Bref, l'ONU bute sur la réalité de la faiblesse palestinienne et de la toute-puissance d'Israël protégé par les États-Unis et soutenu par d'autres États, notamment européens, qui affichent pourtant leur attachement au droit international lorsque leurs adversaires le transgressent (exemple récent de l'agression de l'Ukraine par la Russie). Et pourtant, Israël est membre de l'ONU et la Charte de celle-ci impose que chaque membre doit remplir de bonne foi les obligations qu'il a assumées (article 2, § 2). Certes la possibilité d'exclure un membre qui « enfreint de manière persistante les principes énoncés dans la... Charte » existe bel et bien (article 6) ; mais ses conditions de mise en œuvre sont telles qu'Israël ne court aucun risque. L'Assemblée générale a le pouvoir de décision en la matière, mais elle ne peut agir que sur recommandation du Conseil de sécurité où le veto des États-Unis, et peut-être celui d'autres membres du P5, fera barrage. Le précédent de l'Afrique du Sud d'avant l'abolition de l'apartheid l'a bien montré lorsque pas moins de trois membres permanents (États-Unis, France et Royaume-Uni) se sont opposés à son exclusion pourtant réclamée par l'Assemblée générale[1].

---

[1] J-P. Cot, A. Pellet et M. Forteau, *La Charte des Nations Unies. Commentaire article par article*, Economica, vol. I, 2005, p. 557 et s. (commentaire de l'article 6 par Ch. Leben et M. Forteau).

Dans ces conditions, la voie diplomatique avouant ses limites, le recours à la justice peut s'avérer fructueux même s'il ne constitue pas la panacée. Le Président de l'Autorité palestinienne, Mahmoud Abbas, a d'ailleurs souligné tout l'intérêt que la Palestine lui portait[1].

C/ Forces et faiblesses de la justice internationale

293– Les juridictions internationales sont chargées de dire le droit et de trancher les différends entre les États (et certaines entre les États et les particuliers) habituellement sur la base du droit international. Certaines ont également la capacité de rendre des avis consultatifs toujours sur la base du droit international, une fois saisies par des organes et organisations internationaux habilités. Se sont également développés des tribunaux internationaux compétents en matière pénale et dont la raison d'être est de poursuivre les personnes suspectées d'avoir commis des infractions graves qu'ils ont compétence de sanctionner. D'autres juridictions internationales sont attachées à des organisations régionales et peuvent également connaître de questions internationales. De plus, on adoptera ici une approche large prenant essentiellement en compte les fonctions contentieuses de l'organe considéré sans trop s'arrêter à son statut de juridiction ou non. Ce qui nous amènera à évoquer des organes internationaux qui ne sont pas des juridictions au sens strict du terme. Mais avant de voir quelles procédures touchent au contentieux israélo-palestinien, on évoquera, aussi rapidement que possible, les atouts et les faiblesses des juridictions internationales, ne serait-ce que pour mieux mesurer leur apport éventuel à la résolution du conflit qui nous occupe.

Atouts

294– Parmi les atouts, il faut citer l'impartialité, la haute qualification et l'indépendance des membres de ces juridictions (au sens large), l'inefficacité des pressions politiques à leur encontre même si les juges internationaux ont leur sensibilité en la matière, l'égalité des parties dans le procès, la focalisation sur la dimension juridique indépendamment d'autres considérations non juridiques, etc. Il faut également mentionner la teneur du droit applicable dont on a vu qu'il a été ignoré à de multiples reprises par Israël, qui explique d'ailleurs l'opposition de ce pays aux solutions fondées sur le droit. On pourrait à cet égard évoquer, en raison

---

[1] *New York Times*, 16.05.2011.

de certaines similitudes entre les deux situations, l'avis consultatif rendu par la Cour internationale de Justice, le 21 juin 1971, à propos des conséquences juridiques pour les États de la présence continue de l'Afrique du Sud en Namibie malgré la résolution 276 (1970) du Conseil de sécurité.

295– Dans cet avis, la Cour a notamment jugé que, lorsqu'un organe compétent de l'ONU constate d'une manière obligatoire qu'une situation est illégale comme en l'espèce, *cette constatation ne peut rester sans conséquence*. Les États Membres de l'ONU ont par suite l'obligation de reconnaître l'illégalité et le défaut de validité du maintien de la présence sud-africaine en Namibie et ils sont tenus de n'accorder à l'Afrique du Sud, pour son occupation de la Namibie, aucune aide ni aucune assistance quelle qu'en soit la forme. Les États Membres ne peuvent établir de relations conventionnelles avec l'Afrique du Sud dans les cas où le gouvernement de ce pays prétendrait agir au nom de la Namibie ou en ce qui la concerne. Ces mêmes États ont l'obligation de ne pas entretenir avec l'Afrique du Sud des relations de caractère économique ou autre de nature à affirmer l'autorité de l'Afrique du Sud dans le territoire. Ces obligations sont même étendues aux États non membres de l'ONU dès lors que tous les États doivent se souvenir que la présence illégale de l'Afrique du Sud en Namibie porte préjudice à un peuple qui doit compter sur l'assistance de la communauté internationale pour atteindre les objectifs auxquels correspond la mission sacrée de civilisation[1]. Dans un autre avis consultatif plus récent, celui sur *les Effets juridiques de la séparation de l'archipel des Chagos de Maurice en 1965*, la CIJ a jugé que tous les États étaient tenus de coopérer avec l'Organisation des Nations Unies pour mettre fin à la violation d'obligations découlant du droit à l'autodétermination[2]. On le voit ce type d'analyse pourrait aisément être transposé à la situation israélo-palestinienne.

Obstacles

296– La voie de la justice internationale peut néanmoins être parsemée de difficultés. Pour n'en citer que quelques-unes, évoquons d'abord le

---

[1] *Conséquences juridiques pour les États de la présence continue de l'Afrique du Sud en Namibie (Sud-Ouest africain) nonobstant la résolution 276 (1970) du Conseil de sécurité, Avis consultatif du 21 juin 1971*, CIJ Recueil 1971, p. 16.

[2] *Effets juridiques de la séparation de l'archipel des Chagos de Maurice en 1965, Avis consultatif du 25 février 2019*, CIJ Recueil 2019, p. 140, § 182.

consentement des États concernés, sans lequel les juridictions internationales ne peuvent s'estimer compétentes pour statuer, et on ne sera pas surpris qu'Israël le refuse généralement, car conscient des risques de condamnation encourus. Le statut de la Palestine peut aussi soulever problème, dans la mesure où son caractère étatique est encore contesté par certains États, dont Israël. On a évoqué l'initiative juridique de la Palestine consistant notamment à adhérer à de nombreuses conventions multilatérales. Or, les déclarations de certains États (Israël, États-Unis et Canada notamment) formulées à cette occasion visent à couper tout lien conventionnel et donc toute possibilité pour la Palestine de se fonder sur ces conventions pour saisir la juridiction internationale éventuellement prévue par ces textes pour résoudre les litiges entre les États parties.

297– À cet égard, certaines voies de droit sont plus porteuses que d'autres. Les avis consultatifs, spécialement ceux de la CIJ, sont ouverts non aux États, mais à des organes et organisations internationaux et donc utilisables si une majorité d'États vote en ce sens, ce qui a été le cas à deux reprises jusqu'ici à l'Assemblée générale de l'ONU. Et lors de la procédure, la Palestine peut faire entendre sa voix et les États partageant sa vision du conflit peuvent également intervenir ; les mêmes possibilités existent bien entendu pour Israël et les États qui lui sont proches[1]. L'avis consultatif n'est toutefois pas obligatoire en lui-même, ce que ne manque pas de rappeler ses détracteurs. Mais il ne faut pas oublier que ces avis sont, sur le fond des questions abordées, fondés sur le droit, le même que celui appliqué en cas de contentieux, et donc l'analyse et les conclusions de l'avis ont non seulement une autorité morale, car elles reflètent l'opinion de la juridiction, mais également une certaine autorité juridique puisqu'elles qualifient juridiquement les situations en cause et en déclarent la légalité ou l'illégalité lorsque la question posée l'implique. Mentionnons pour finir le fait que les juridictions n'ont pas, sauf exception, la maîtrise de l'exécution de leurs décisions, et cela peut générer des difficultés de mise en œuvre, notamment si les deux États sont d'inégale puissance[2].

---

[1] P. Palchetti « La participation de la Palestine à la procédure devant la Cour internationale de Justice » in Th. Garcia (sous la direction de), *La Palestine : d'un État non membre de l'ONU à un État souverain ?,* Pedone, 2016, p. 79-88.

[2] L. Boisson de Chazournes et A. Angelini, « Regards sur la mise en œuvre des décisions de la Cour internationale de Justice », *L'Observateur des Nations Unies*, 2016-1, p. 63-81.

SECTION II/
La Cour internationale de Justice

298– Deux demandes d'avis consultatifs, l'une passée, l'autre plus récente, ont été soumises à cette juridiction. La Cour internationale de Justice jouit d'un grand prestige et d'une autorité certaine ; formée de 15 juges, elle constitue l'organe judiciaire principal des Nations Unies (article 92 de la Charte de l'ONU) avec deux fonctions essentielles. Elle est à même d'examiner, d'une part, des litiges entre États, avec le consentement indispensable de ces derniers, et, d'autre part, des demandes d'avis consultatifs présentées par des organes ou des institutions internationales ayant reçu pouvoir à cet effet. C'est ainsi qu'en décembre 2003 une telle demande relative à la licéité du mur édifié par Israël dans le territoire palestinien lui a été transmise par l'Assemblée générale de l'ONU. Cette démarche, l'Assemblée générale vient de la rééditer à la fin 2022 à propos des conséquences juridiques découlant des politiques et pratiques d'Israël dans le territoire palestinien occupé, y compris Jérusalem-Est

§1/ L'avis consultatif relatif au mur

A/ Origine[1]

299– Apparu à partir de 1996, le projet d'édification d'un mur pour séparer Israël du territoire palestinien occupé, pour simplifier, sera réellement mis au premier plan, étudié, officiellement adopté et réalisé par phases progressives à partir de 2001. L'objectif déclaré, officiellement en tout cas, est d'assurer la sécurité des Israéliens dans une période où se multiplient les attentats-suicides palestiniens et leurs victimes israéliennes. Le projet portait sur un peu plus de 700 kilomètres de mur, même si sur la plus grande partie, il s'agit plutôt d'une barrière (comme l'appelle la Cour suprême d'Israël), mais qui devient un mur en zone urbaine. Les Israéliens préfèrent l'appeler « clôture » ou « barrière de sécurité », alors que pour les Palestiniens il s'agit d'un « mur de l'apartheid » ou « mur de la honte » dans la mesure où il vise à séparer les deux populations principalement sur la base de la nationalité.

---

[1] R. Backmann, *Un mur en Palestine*, Gallimard (Folio), 2009 ; M. Sfard, *Le Mur et la Porte*, Zulma essais, 2020 ; Kh. Tafakji, *31° Nord, 35° Est*, La Découverte, 2020.

300– La Cour internationale de Justice a décrit cet ouvrage, plus complexe et plus coûteux qu'il n'y paraît, comme comportant : 1) une clôture équipée de détecteurs électroniques ; 2) un fossé pouvant atteindre quatre mètres de profondeur ; 3) une route de patrouille asphaltée à deux voies ; 4) une route de dépistage (bande de sable lisse permettant de détecter des empreintes de pieds) parallèle à la clôture ; 5) six boudins de barbelés empilés qui marquent le périmètre des installations. L'ouvrage a une largeur de 50 à 70 mètres, laquelle peut aller jusqu'à 100 mètres à certains endroits. S'y ajoutent des barrières « avancées », ainsi que des murs en béton généralement implantés là où des agglomérations palestiniennes côtoient le territoire israélien[1].

301– Devant l'inertie du Conseil de sécurité, bloqué par le veto américain, l'Assemblée générale de l'ONU s'empare du sujet et s'en alarme en raison du tracé lui-même et de ses retombées sur les Palestiniens. Sur le premier point, le tracé s'écarte de la Ligne verte (jusqu'à 22 kilomètres) et pénètre ainsi allègrement en territoire palestinien occupé, y compris à l'intérieur et sur le pourtour de Jérusalem-Est, avec pour conséquence une amputation de plus de 16 % de ce territoire palestinien. Sur le second point, le projet a conduit à la confiscation et la destruction de terres et de ressources palestiniennes, au bouleversement de la vie de milliers de civils et à ce qui peut être considéré comme une annexion *de facto* de vastes parties des terres palestiniennes. Plusieurs dizaines de milliers de Palestiniens vivraient dans des agglomérations quasiment encerclées (qualifiées dès lors « d'enclaves »). Et un très grand nombre de colons resteraient dans la zone comprise entre la Ligne verte et le mur faisant craindre dès lors une annexion de fait, le tracé du mur suivant en effet un cours sinueux pour englober la plupart des colonies du « côté israélien ».

302– La portion de la Cisjordanie entre la Ligne verte et le mur, appelée « zone fermée » ou « zone charnière », est soumise, à partir de 2003, à un régime juridique draconien pour les Palestiniens. En effet, ceux qui y résident jusqu'alors ne peuvent désormais plus y demeurer et les non-résidents, y accéder, qu'à la condition qu'ils soient munis d'une autorisation israélienne. Ce que certains auteurs ont appelé un « filet juridique » avec pour objectif de « filtrer les personnes admises à franchir

---

[1] *Conséquences juridiques de l'édification d'un mur dans le territoire palestinien occupé, Avis consultatif du 9 juillet 2004,* CIJ Recueil 2004, p. 170, § 82.

la clôture en laissant passer presque tout le monde - Israéliens, touristes, visiteurs - *à l'exception des Palestiniens* et transforme en fait la vie de ces derniers en un cauchemar quotidien »[1]. Tout cela ne rappelle-t-il pas une politique de séparation sur la base de la nationalité, et plus simplement une ségrégation raciale ?

303– L'instrument juridique utilisé pour ce faire est un système de permis auxquels sont soumis les seuls Palestiniens pour aller travailler, accéder à leurs terres, se faire soigner, étudier, se déplacer d'une manière générale, etc. Le cercle des heureux « bénéficiaires » est restreint : ainsi seul le propriétaire du lopin de terre peut le demander, mais pas ses enfants ou sa famille dont l'aide lui est pourtant indispensable. Et il faut remplir nombre de formulaires, distincts selon les motifs, pour espérer en obtenir un, généralement de durée limitée et bien sûr révocable. De plus, l'entrée comme la sortie de ces zones fermées ne sont possibles que par des portes d'accès spécifiques, dont certaines sont fermées, et d'autres ouvertes de temps à autre, généralement de façon imprévisible et pour de courtes durées[2]. S'agissant de Jérusalem, il faut préciser que les Palestiniens qui y résident risquent de perdre ce droit s'ils se retrouvent du côté du mur situé en Cisjordanie. Et l'accès à Jérusalem-Est est susceptible de devenir des plus compliqués pour les très nombreux Palestiniens (120.000 à 140.000) vivant en Cisjordanie, mais dépendant d'infrastructures et de services situés à Jérusalem-Est (hôpitaux, universités, écoles, emplois, marchés pour les produits agricoles, etc.)[3]

304– C'est dans ces conditions que l'Assemblée générale de l'ONU adopte, le 27 octobre 2003, la résolution ES-10/13 qui exige d'Israël d'interrompre ses travaux et de démanteler la section du mur qui s'écarte de la « Ligne verte », puis, le 8 décembre 2003, la résolution ES-10/14 par laquelle elle demande un avis consultatif à la Cour internationale de Justice. Cette demande est ainsi libellée : « (q)uelles sont en droit les conséquences de l'édification du mur qu'Israël, puissance occupante, est en train de construire dans le territoire palestinien occupé, y compris à

---

[1] R. Backmann, « De la séparation à l'annexion. Le mur d'Israël en Palestine », in C. Ayad et autres, *Ce que la Palestine apporte au monde*, Institut du monde arabe, le Seuil, 2023, p. 47 (italiques ajoutés).

[2] CIJ Recueil 2004, p. 170, § 82 et s.

[3] Commission des droits de l'homme, *Rapport du Rapporteur spécial de la Commission des droits de l'homme, M. John Dugard sur la situation des droits de l'homme dans les territoires palestiniens occupés par Israël depuis 1967*, E/CN.4/2005/29, 7 décembre 2004.

l'intérieur et sur le pourtour de Jérusalem-Est, selon ce qui est exposé dans le rapport du Secrétaire général, compte tenu des règles et des principes du droit international, notamment la quatrième Convention de Genève de 1949 et les résolutions consacrées à la question par le Conseil de sécurité et l'Assemblée générale ? »

305– Ce texte a été voté par 90 États, 74 se sont abstenus et 8 s'y sont opposés parmi lesquels Israël, les États-Unis, l'Australie, l'Éthiopie et quatre petites îles du Pacifique. Pendant la procédure devant la Cour internationale de Justice des exposés écrits ont été déposés par pas moins de 44 États (dont Israël, les États-Unis, la France, etc.), la Palestine et quatre organisations internationales (ONU, Organisation de la coopération islamique, Ligue des États arabes et Union européenne). La procédure orale a vu l'intervention de 12 États, de la Palestine et de deux organisations internationales (Organisation de la coopération islamique, et Ligue des États arabes). La Cour a finalement rendu son avis consultatif le 9 juillet 2004[1].

B/ Les violations israéliennes du droit international

Observations préalables

306– L'avis a été voté par une écrasante majorité des juges (14 sur 15 sur la presque totalité des points). Seul le juge américain a fait dissidence ayant préféré que la Cour s'abstienne de rendre son avis ; encore a-t-il admis que les colonies de peuplement israéliennes en Cisjordanie violaient la 4e Convention de Genève et que, par suite, les tronçons du mur destinés à les protéger constituaient également une violation du droit international humanitaire. En outre, a-t-il ajouté, vu les graves souffrances de la population palestinienne vivant à l'intérieur et aux alentours des enclaves créées par ces tronçons du mur, la condition de proportionnalité exigée par l'exercice de la légitime défense, alléguée par Israël pour justifier la construction du mur, n'était pas remplie[2]. Il faut savoir que, pour sa part,

[1] Voir les commentaires de R. Abi-Saab, « Conséquences juridiques de l'édification d'un mur dans le territoire palestinien occupé » : quelques réflexions préliminaires sur l'avis consultatif de la Cour internationale de Justice », *Revue Internationale de la Croix Rouge*, Septembre 2004, vol. 86 n° 855, p. 633-657 ; C. Barrat, « Le mur. Analyse d'une décision de la Cour internationale de justice », *Études rurales*, n° 173-174, 2005 (http://journals.openedition.org/etudesrurales/8134) ; R. Rivier, « Conséquences juridiques de l'édification d'un mur dans le territoire palestinien occupé, Cour internationale de Justice, Avis consultatif du 9 juillet 2004 », *Annuaire français de droit international*, vol. 50, 2004 p. 292 et s.

[2] CIJ Recueil 2004, « Déclaration de M. le juge Buergenthal », p. 244, § 9.

la Cour suprême israélienne a jugé, juste avant le prononcé de l'avis, et ceci à propos d'un tronçon du mur d'une quarantaine de kilomètres, qu'Israël en tant que puissance occupante avait bien le droit de construire un tel mur pour assurer sa sécurité, mais que des portions de celui-ci imposaient aux Palestiniens des souffrances trop lourdes, excessives et devaient donc être déplacées.

307– Une partie de cet avis porte, de façon préalable comme c'est logique, sur des questions de compétence et de procédure que l'on n'étudiera pas ici. En résumé, il s'agit d'objections d'Israël et d'autres participants à la procédure telles que : la question posée n'est pas claire, il s'agit d'un problème politique et non juridique, l'avis de la Cour nuirait à un règlement négocié, la demande d'avis est irrégulière, la Cour n'est pas suffisamment informée, etc. Le but est à l'évidence de dissuader la Cour d'examiner la question posée, craignant sans doute - à juste titre - que sur le fond du droit la position d'Israël soit tout simplement intenable. Israël est allé jusqu'à demander à la Cour que le juge de nationalité égyptienne ne siège pas et ne participe pas à l'examen de la demande d'avis.

308– Mais la Cour mondiale, développant un raisonnement classique, a repoussé toute cette argumentation avant de se tourner vers le fond du problème en prenant soin de préciser que le tracé du mur n'est uniquement appréhendé que lorsqu'il empiète sur le territoire palestinien occupé. Elle va alors constater de la part d'Israël de multiples violations de différentes règles applicables que la Cour a dû identifier au préalable dans la mesure où Israël contestait que ces règles lui soient opposables (comme la 4e Convention de Genève ou différentes conventions de protection des droits de l'homme). Comme ces différents points ont déjà été abordés plus haut (chapitres II et III), nous allons pouvoir examiner brièvement le raisonnement des juges et leurs principales constatations.

Les constatations de la CIJ

309– a) Le premier point concerne la *violation du droit du peuple palestinien à disposer de lui-même*. Pour la Cour, les mesures prises antérieurement par Israël auxquelles s'ajoute l'édification du mur constituent un obstacle grave à l'exercice par le peuple palestinien de son droit à l'autodétermination qu'Israël méconnaît de ce fait. Rappelons qu'une partie substantielle du mur se trouve à l'intérieur du territoire palestinien occupé. Le tracé du mur a été déterminé pour inclure dans la zone dite fermée (partie de la Cisjordanie comprise entre la Ligne verte et le mur) la plus grande partie (80 %) des colonies de peuplement installées dans le territoire palestinien occupé (y compris Jérusalem-Est). Or, ces colonies de peuplement, observe la Cour, sont contraires au droit international (6e alinéa de l'article 49 de la 4e Convention de Genève). À ses yeux, le mur et le régime qui lui est associé, dont on vient de voir la teneur et les conséquences sur la vie des Palestiniens, créent ainsi sur le terrain un « fait accompli » qui pourrait fort bien devenir permanent, et cela, malgré les dénégations israéliennes. En pareil cas, la construction de celui-ci équivaudrait à une annexion *de facto* et transgresserait le droit international et en particulier le principe maintes fois rappelé de l'inadmissibilité de l'acquisition de territoires par la force.

310– b) La Cour aborde ensuite la *violation du droit international humanitaire et celle des traités de protection des droits de l'homme*. Comme on a eu l'occasion de le dire, Israël pense que ces instruments ne s'appliquent pas au territoire palestinien occupé (*supra*, chapitre III). Argumentation repoussée, sans surprise, par la Cour. Dès lors, les nombreux écarts avec les règles applicables sont successivement recensés. Ainsi, la destruction ou la réquisition de propriétés pour la construction du mur sont déclarées contraires au Règlement de La Haye de 1907 (articles 46 et 52) et à la 4e Convention de Genève (article 53). Le mur et le régime dont il est assorti ont un impact négatif sur la liberté de circulation des habitants du territoire palestinien occupé (à l'exception des ressortissants israéliens et assimilés) et heurtent ainsi le Pacte international relatif aux droits civils et politiques (article 12, § 1). Sont également ignorés le droit au travail, le droit à la santé, le droit à l'éducation et le droit à un niveau de vie suffisant tels que garantis par le Pacte international relatif aux droits économiques, sociaux et culturels et par la Convention des Nations Unies relative aux droits de l'enfant. Les changements démographiques provoqués sont, quant à eux, contraires la 4e Convention de Genève (article 49, 6e alinéa) et aux résolutions du Conseil de sécurité pertinentes sur le sujet.

311– La doctrine a toutefois été critique à l'égard de la Cour dans la mesure où cette dernière a retenu une lecture restrictive de la 4e Convention de Genève, et en particulier de son article 6, lecture lourde de conséquences. La Cour interprète en effet cette disposition comme signifiant que l'ensemble de la 4e Convention ne s'applique plus au territoire palestinien occupé, à l'exception des dispositions énumérées précisément par cet article 6. Ce faisant, elle a réduit fortement les protections prévues par cet instrument en excluant, à tort donc, l'application de dispositions et de qualifications d'importance[1].

312– c) La Cour envisage ensuite les *dérogations* prévues par certaines conventions relatives aux droits de l'homme dans la mesure où elles permettent, en certaines circonstances, de ne pas observer tout ou partie des droits garantis. Mais la Cour trouve que les conditions entourant ces dérogations ne sont pas remplies en l'espèce et, par suite, celles-ci ne peuvent donc jouer. La Cour n'est pas davantage convaincue par l'invocation par Israël de l'état de nécessité ou de la légitime défense (l'insécurité invoquée par Israël ne vient de l'extérieur, mais d'un territoire occupé par ce pays). Finalement, les motifs de sécurité, lourdement mis en avant par Israël pour légitimer l'existence du mur et le choix de son tracé, ne lui paraissent pas fondés. Et force est de constater de nouveau que le mur avec son tracé et son régime, draconien et discriminatoire, portent atteinte de manière grave à de nombreux droits des Palestiniens habitant dans le territoire occupé par Israël sans que de telles atteintes puissent être justifiées par des impératifs militaires ou des nécessités de sécurité nationale ou d'ordre public.

C/ Conséquences juridiques

313– Quelles conséquences tirer de ces constats ? La Cour les clarifie pour Israël, les États tiers et l'ONU en cohérence avec les principes gouvernant la responsabilité internationale des États.

a) *S'agissant d'Israël*, ce pays doit respecter le droit à l'autodétermination du peuple palestinien et les obligations auxquelles il est tenu en vertu du droit international humanitaire et du droit international relatif aux droits de l'homme, et également assurer la liberté d'accès aux Lieux saints sous son contrôle depuis 1967. Il doit cesser immédiatement les travaux d'édification du mur dans le territoire palestinien occupé, y compris à l'intérieur et sur le pourtour de Jérusalem-Est. Cela implique le démantèlement immédiat des portions de cet ouvrage situées sur le territoire palestinien occupé, y compris à l'intérieur et sur le pourtour de Jérusalem-Est, et l'abrogation ou la privation d'effets du régime juridique

[1] CIJ Recueil 2004, p. 185, § 125 ; A. Imseis, "Critical reflections on the international humanitarian law aspects of the ICJ wall advisory opinion", *American Journal of International Law*, 2005, vol. 99, p. 102 et s. ; D. Momtaz, "Israel and the fourth Geneva Convention: on the ICJ advisory opinion concerning the separation barrier", *Yearbook of international humanitarian law,* 2005, p. 344 et s.

qui lui est associé. Tous les dommages causés par la construction de ce mur doivent être réparés, sous la forme de restitution des terres, vergers, oliveraies ou autres biens immobiliers saisis, ou d'indemnisation pour tout préjudice subi en raison de l'édification du mur.

314– b) Pour ce qui est des *États tiers*, le statut des règles transgressées (*erga omnes, jus cogens*) leur interdit de reconnaître la situation illicite ainsi créée par Israël. Ensuite, ces États tiers ne doivent pas prêter aide ou assistance au maintien de cette situation. Ils doivent, à l'inverse, veiller à ce qu'il soit mis fin aux entraves, résultant de la construction du mur, à l'exercice par le peuple palestinien de son droit à l'autodétermination. Les États parties à la 4e Convention de Genève relative à la protection des personnes civiles en temps de guerre, du 12 août 1949, ont, eux, l'obligation de la faire respecter par Israël.

315– c) Pour ce qui est, enfin, de *l'ONU* et spécialement de l'Assemblée générale et du Conseil de sécurité, ceux-ci doivent examiner, dans le respect de l'avis, quelles nouvelles mesures doivent être prises pour mettre un terme à la situation illicite en cause. La Cour rappelle le respect dû au droit notamment humanitaire *par toutes les parties* et souligne que la mise en conformité avec les résolutions 242 (1967) et 338 (1973), donc la solution à deux États, trace la voie pour sortir de l'illicite.

D/ Quelle suite ?

316– Comme cela est spécifié à plusieurs reprises par la Cour, l'avis est donné à l'Assemblée générale de l'ONU puisque c'est elle qui l'a sollicité. En toute logique, celle-ci en prend acte rapidement, le 20 juillet 2004, dans sa résolution ES-10/15, en exigeant qu'Israël s'y conforme, et que tous les États Membres des Nations Unies respectent leurs obligations juridiques telles qu'elles sont précisées par la Cour. Elle demande aussi au Secrétaire général de l'ONU d'établir un registre des dommages causés à toutes les personnes physiques ou morales affectées par la construction du mur. Vu l'importance de ce dernier point et l'obligation de réparation pesant sur Israël, elle y consacrera une autre résolution, le 15 décembre 2006 (ES-10/17), par laquelle elle établit le registre des Nations Unies concernant les dommages causés par la construction du mur dans le territoire palestinien occupé.

317– Compte tenu de l'hostilité manifestée par Israël contre la demande d'avis, il ne fallait guère espérer voir ce pays tirer les conséquences logiques de l'illégalité commise et encore moins y remédier. À la limite, Israël attache plus d'importance aux décisions de sa Cour suprême, qui, faut-il le rappeler, n'a jamais remis en cause l'existence du mur, mais a tout au plus exigé de retoucher, dans quelques cas dont elle a eu à connaître, certaines parties, mineures, de son tracé ; mais même là cette prise en compte a été exclue par le gouvernement lorsque la construction était déjà faite. Voilà qui explique que résolution après résolution, l'Assemblée générale de l'ONU s'est échinée vainement à demander qu'Israël respecte les obligations juridiques que lui impose le droit international et que l'avis rappelle, arrête immédiatement la construction du mur dans le territoire palestinien occupé, démantèle immédiatement la partie déjà construite, rapporte ou prive d'effet toutes les mesures législatives et réglementaires relatives au mur, et répare les dommages causés par cette construction.[1]

318– En dehors de certains cas très particuliers, non en cause ici, l'avis consultatif n'est pas obligatoire par lui-même, d'un point de vue strictement juridique ; il s'agit plus simplement de l'opinion juridique de la Cour sur la réponse à la question posée. Il revêt toutefois une autorité morale certaine, surtout voté comme il l'a été par une imposante majorité des juges. Et il ne faut pas oublier qu'il est fondé sur des arguments, règles et principes juridiques dont la juridiction fait, tout simplement si l'on ose dire, application au cas qui lui est soumis. Sur le fond (hormis donc les questions de compétence et de procédure), c'est le même droit qui aurait joué s'il s'était agi d'un contentieux bilatéral que deux États auraient demandé à la Cour de trancher par un arrêt obligatoire. C'est la raison pour laquelle cet avis est très fréquemment invoqué et cité à chaque fois qu'il est traité de l'une des questions abordées par celui-ci. L'ignorer revient donc à ignorer le droit et à en faire fi, au profit d'une politique fondée sur les rapports de force. Comme l'a fort justement remarqué le juge Mohamed Shahabuddeen, bien que l'avis consultatif n'ait aucune force

---

[1] A/RES/247 (2022) ; la plupart des résolutions évoquent d'une manière ou d'une autre, l'avis consultatif ; voir notamment celles libellées « Pratiques israéliennes affectant les droits de l'homme du peuple palestinien dans le territoire palestinien occupé, y compris Jérusalem-Est » : A/RES/75/98 (2020) ; A/RES/74/89 (2019) ; A/RES/73/99 (2018) ; A/RES/72/87 (2017) ; A/RES/71/98 (2016) ; A/RES/66/79 (2011) ; A/RES/65/105 (2010) ; A/RES/64/94 (2009) …

obligatoire, c'est néanmoins un énoncé du droit avec autant d'autorité qu'un jugement prononcé dans le cadre d'une procédure contentieuse[1].

§2/ La demande d'avis consultatif sur les conséquences juridiques découlant des politiques et pratiques d'Israël dans le territoire palestinien occupé

A/ Genèse

319– Le problème n'étant pas résolu, mais à l'inverse aggravé, il était inéluctable qu'un jour ou l'autre il revienne devant une juridiction internationale, et plus logiquement devant la Cour internationale de Justice. Par certains côtés, cela n'est pas sans rappeler la procédure relative au Sud-Ouest africain (territoire correspondant à l'actuelle Namibie administrée, entre 1915 et 1990, par l'Afrique du Sud). La Cour internationale de Justice a eu à se pencher sur cette dernière situation à plusieurs reprises en y consacrant pas moins de quatre avis consultatifs (1950, 1955, 1956 et 1971) et un arrêt (1962). Et ce n'est que par son avis consultatif du 21 juin 1971 qu'elle en est venue à bout en indiquant que la présence continue de l'Afrique du Sud en Namibie était illégale et que ce pays avait l'obligation d'en retirer immédiatement son administration. Toujours est-il que par sa résolution 77/247 du 30 décembre 2022, l'Assemblée générale décide de nouveau de se tourner vers la Cour internationale de Justice pour solliciter un avis consultatif.

Cette fois-ci les questions posées sont les suivantes :

« a) Quelles sont les conséquences juridiques de la violation persistante par Israël du droit du peuple palestinien à l'autodétermination, de son occupation, de sa colonisation et de son annexion prolongées du territoire palestinien occupé depuis 1967, notamment des mesures visant à modifier la composition démographique, le caractère et le statut de la ville sainte de Jérusalem, et de l'adoption par Israël des lois et mesures discriminatoires connexes ?

b) Quelle incidence les politiques et pratiques d'Israël visées au paragraphe... ci-dessus ont-elles sur le statut juridique de l'occupation et quelles sont les conséquences juridiques qui en découlent pour tous les États et l'Organisation des Nations Unies ? »

---

[1] *Precedent in the World Court*, Cambridge University Press, 2007, p. 165.

L'Assemble générale précise que la Cour devra tenir compte des règles et principes du droit international, dont la Charte des Nations Unies, le droit international humanitaire, le droit international des droits de l'homme, les résolutions pertinentes du Conseil de sécurité et du Conseil des droits de l'homme et les siennes propres, et bien sûr l'avis consultatif précité de la CIJ du 9 juillet 2004 sur la question du mur.

320– On le voit, le droit à l'autodétermination, l'occupation prolongée et sans fin du territoire palestinien, la colonisation, la question de l'annexion, les politiques discriminatoires, le statut de Jérusalem, et leurs nombreuses et graves conséquences sont au cœur de cet avis. En réalité, l'Assemblée générale rejoint finalement plusieurs voix qui se sont déjà prononcées en faveur d'un retour devant la Cour internationale de Justice au moyen d'une nouvelle demande d'avis consultatif. Parmi celles-ci on peut citer celles des rapporteurs spéciaux sur la situation des droits de l'homme dans le territoire palestinien occupé, celle de la récente Commission internationale indépendante chargée d'enquêter dans le territoire palestinien occupé, y compris Jérusalem-Est, et en Israël, celle du Haut-Commissariat aux droits de l'homme, celle des milieux académiques, etc.[1] Les questions juridiques soulevées ont été exposées précédemment et on a pu mesurer toute leur sensibilité tant juridique que politique.

B/ Jeu des acteurs

321– Il est navrant de constater que cette demande d'avis consultatif n'a pas été soutenue par davantage d'États pour qui le droit est censé compter. Sans doute ce texte a été voté par 98 États pour, 17 contre, mais on compte 52 abstentions et 25 non votants. On retrouve les opposants habituels (Israël bien sûr, les États-Unis, le Canada, l'Australie, certaines îles du pacifique, etc.) Mais ces derniers ont reçu le renfort d'un certain

---

[1]ONU, *Rapport de la Commission internationale indépendante chargée d'enquêter dans le Territoire palestinien occupé, y compris Jérusalem-Est, et en Israël*, A/77/328, 14 septembre 2022, § 92 a) ; Conseil des droits de l'homme, *Rapport du Rapporteur spécial sur la situation des droits de l'homme dans les territoires palestiniens occupés depuis 1967, Michael Lynk*, A/HRC/49/87, 12 août 2022, § 58 ; ONU, *Situation des droits de l'homme dans les territoires palestiniens occupés depuis 1967*, A/74/507, 21 octobre 2019, § 80 d) ; Conseil des droits de l'homme, *Rapport du Rapporteur spécial sur la situation des droits de l'homme dans les territoires palestiniens occupés depuis 1967, John Dugard, sur la non-application de la résolution S-1/1 du Conseil des droits de l'homme*, A/HRC/5/11, 8 juin 2007, § 17 ; A. Imseis, "Negotiating the Illegal: On the United Nations and the Illegal Occupation of Palestine, 1967-2020", *European Journal of International Law*, 2020, vol. 31, p. 1055-1085 ; voir aussi les références à propos de la question de l'apartheid (chapitre III).

nombre d'États européens. L'Union européenne s'est en effet divisée entre 7 membres pour, 7 contre et 13 abstentions[1]. Dans une lettre envoyée à plus de 50 pays, le Premier ministre israélien ne souffle mot du fond du problème, mais parle d'« effort concerté visant à isoler Israël, à discréditer nos préoccupations légitimes en matière de sécurité et à délégitimer notre existence même » et demande que les Palestiniens abandonnent cette procédure ou, à défaut, que les pays destinataires s'y opposent lors du vote[2]. Mme Navi Pillay, Présidente de la Commission internationale indépendante chargée d'enquêter dans le territoire palestinien occupé, y compris Jérusalem-Est, et en Israël, a fait observer que « (l)es récentes déclarations du Secrétaire général et de nombreux États membres ont clairement indiqué que toute tentative d'annexion unilatérale du territoire d'un État par un autre État constitue une violation du droit international, et est nulle et non avenue ; 143 États membres, dont Israël, ont voté (...) en faveur d'une résolution de l'Assemblée générale réaffirmant ce principe... À moins d'être universellement appliqué, y compris à la situation dans le territoire palestinien occupé, ce principe fondamental de la Charte des Nations unies sera vidé de son sens »[3]. Ainsi est clairement posée la question fondamentale de savoir si le droit international doit s'appliquer de façon égale à tous ou s'il est à géométrie variable ; autrement dit, la question du deux poids, deux mesures...

322– Ainsi des États, qui habituellement votent en faveur des résolutions répétitives et rédigées comme la résolution 77/247, ne l'ont pas fait cette fois-ci en raison de la demande d'avis consultatif qui y a été ajoutée. Craignent-ils la simple constatation du droit alors qu'ils se font fort de rappeler, à juste titre, les exigences du droit international à d'autres occasions comme avec l'agression dont l'Ukraine a été victime[4] ? Ce que l'on peut redouter est que cette attitude renforce la croyance dans un double standard, un droit à application variable qui fait perdre de sa crédibilité au droit lui-même et renforce ceux qui le manipulent au gré des circonstances....

---

[1] *Pour* : Belgique, Irlande, Luxembourg, Malte, Pologne, Portugal, Slovénie. *Contre* : Allemagne, Autriche, Estonie, Hongrie, Italie, Lituanie, Tchéquie. *Abstentions* : Bulgarie, Chypre, Croatie, Danemark, Espagne, Finlande, France, Grèce, Lettonie, Pays-Bas, Roumanie, Slovaquie, Suède.

[2] *The times of Israel*, August 24, 2023.

[3] "Commission of Inquiry finds that the Israeli occupation is unlawful under international law", https://www.ohchr.org/en/press-releases/2022/10/.

[4] N. Boeglin, « Situation dans le territoire palestinien et justice internationale : brèves réflexions sur la tentative en cours auprès de la Cour internationale de Justice (CIJ) », https://derechointernacionalcr.blogspot.com.

Pour sa part, Israël, dont certains diplomates pensent qu'il craint particulièrement cette démarche[1], a décidé une série de sanctions, notamment financières, telles que le prélèvement de millions d'euros sur les taxes dues aux Palestiniens, cela pour « punir » l'Autorité palestinienne de l'adoption de cette résolution. Une quarantaine d'États membres de l'ONU, mêlant d'ailleurs des soutiens, mais aussi des opposants à la résolution et également des abstentionnistes, ont déclaré leur rejet de ces mesures punitives et demandé leur retrait immédiat[2]. Le Secrétaire général de l'ONU, António Guterres, a, quant à lui, fait part de sa profonde préoccupation devant cette décision israélienne[3]. Une telle réaction de l'État hébreu est habituelle et déjà par le passé l'Autorité palestinienne a été sanctionnée pour avoir, par exemple, saisi la Cour pénale internationale.

C/ État de la procédure

323– S'agissant de la procédure que suit actuellement cette demande, on note qu'au début août 2023, 57 exposés écrits, confidentiels jusqu'à la phase orale, ont été déposés au Greffe de la Cour. Plusieurs États, quel que soit d'ailleurs le sens de leur vote, ont donc fait montre de leur intérêt, parmi lesquels on trouve sans surprise Israël et la Palestine. On doit également mentionner les exposés écrits d'organisations internationales autorisées par la Cour à intervenir (la Ligue des États arabes, l'Union africaine et l'Organisation de la coopération islamique). Le délai pour le dépôt des exposés écrits ayant expiré le 25 juillet 2023, le Greffe a informé les États et organisations auteurs d'exposés écrits de la liste des déposants, et leur a transmis ces mêmes documents. Par ailleurs, le 25 octobre 2023 marque l'expiration du délai dans lequel ces États et organisations internationales cités avaient la possibilité de présenter des observations écrites sur les exposés reçus. Finalement, de telles observations écrites en réponse ont été communiquées, dans l'ordre de leur réception, par la Jordanie, l'Organisation de la coopération islamique, le Qatar, le Bélize, le Bangladesh, la Palestine, les États-Unis, l'Indonésie, le Chili, la Ligue des États arabes, l'Égypte, l'Algérie, le Guatemala, la Namibie et le Pakistan. Toutefois l'accès à cet ensemble de documents ne sera possible, au plus

---

[1] « Territoires palestiniens : l'occupation israélienne au crible de la Cour internationale de justice », 21.9.2023 (www.lemonde.fr).

[2] « Une quarantaine de pays réclament la levée des sanctions adoptées récemment par Israël contre l'Autorité palestinienne », 17.01.2023 (*Ibid.*)

[3] « La paix avec les Palestiniens exige volonté politique et courage, selon Guterres », *ONU info*, 22.02.2023.

tôt, qu'après la phase orale de la procédure, prévue entre le 19 et le 26 février 2024 et pour laquelle sont programmées pas moins de 52 interventions. Preuve encore une fois d'un intérêt qui ne faiblit pas pour les enjeux de ce conflit. En tout état de cause, l'avis de la CIJ sera scruté avec beaucoup de soin car il devrait clarifier la situation juridique et aider toutes les parties prenantes à avancer dans la recherche d'une solution à ce conflit qui n'en finit pas de rebondir.

§3/ L'affaire du transfert de l'ambassade américaine à Jérusalem

324– La Palestine a pris l'initiative d'une procédure contentieuse contre les États-Unis au sujet du transfert de leur ambassade à Jérusalem. C'est le 28 septembre 2018 qu'elle a déposé une requête à ce sens en arguant de violations par les États-Unis de la Convention de Vienne sur les relations diplomatiques du 18 avril 1961. Comme nous l'avons vu au chapitre I, le Président Trump a, le 6 décembre 2017, reconnu Jérusalem comme capitale d'Israël et annoncé le transfert de l'ambassade américaine dans cette ville, transfert devenu effectif le 14 mai 2018. Pour la Palestine, la Convention de Vienne précitée impose à l'État accréditant d'établir « dans l'État accréditaire » une mission diplomatique pour lui permettre de s'acquitter de ses fonctions. Or, vu le statut spécial de cette ville, « (l)e transfert dans la ville sainte de Jérusalem de l'ambassade des États-Unis en Israël constitue une violation de la Convention de Vienne » ainsi que, plus généralement, de son objet et de son but et des « autres règles du droit international général » auxquelles renvoie ce traité, y compris les droits réitérés par la Cour internationale de Justice dans son avis consultatif du 9 juillet 2004. Elle prie par suite cette juridiction de constater cette violation, de prescrire aux États-Unis de retirer leur ambassade de cette ville et de fournir des assurances et des garanties de non-répétition de leur comportement illicite[1].

325– Pour fonder la compétence de la Cour (le consentement des États-Unis est ici requis), la Palestine s'appuie sur le Protocole de signature facultative à la Convention de Vienne sur les relations diplomatiques, concernant le règlement obligatoire des différends qui lie également les États-Unis. Or, ce pays a d'emblée fait savoir qu'il ne pensait pas avoir de relation conventionnelle avec la Palestine dans le cadre de la Convention

[1] CIJ, Requête introductive d'instance enregistrée au greffe de la Cour le 28 septembre 2018, *Transfert de l'ambassade des Etats-Unis à Jérusalem (Palestine c. Etats-Unis d'Amérique).*

de Vienne précitée ou de son Protocole de signature facultative. Ce dont il a déduit que la Cour internationale de Justice était manifestement incompétente pour connaître de la requête, et que l'affaire devait être rayée de son rôle général. Vu l'opposition des parties, une ordonnance en date du 15 novembre 2018 a été adoptée par la Cour pour régler la procédure et les échanges d'écritures qui doivent porter en premier lieu sur la question de la compétence et de la recevabilité de la requête. Si la Palestine a bien déposé son mémoire en temps utile (et nommé un juge *ad hoc* en la personne de l'ancien Président de la CIJ, Gilbert Guillaume), tel ne semble pas avoir été le cas des États-Unis. Et le 12 avril 2021, la Palestine a sollicité le report de la procédure orale qui devait s'ouvrir le 1er juin 2021, ce pour permettre aux parties de trouver une solution amiable au différend. Sur ce point, il n'est sans doute pas inutile de rappeler le départ de D. Trump et l'arrivée, à partir du 20 janvier 2021, d'un nouveau Président, J. Biden. Par suite, la Palestine a peut-être voulu ménager l'avenir et espérer que la nouvelle administration revienne sur le transfert. Les audiences prévues ont dès lors été reportées jusqu'à nouvel ordre, les États-Unis n'ayant émis aucune objection à ce report[1]. Depuis lors aucune information nouvelle sur cette procédure n'est disponible sur le site Internet de la Cour internationale de Justice, encore faut-il observer que le Président Biden n'a pas changé la décision de son prédécesseur sur ce point.

§4/ L'initiative de l'Afrique du Sud contre Israël et la question du génocide

A/ La requête sud-africaine

326– Le 29 décembre 2023, l'Afrique du Sud saisissait la CIJ d'une requête contre Israël pour *génocide*[2]. Il faut bien entendu replacer cette procédure dans le contexte de l'opération militaire israélienne dans la bande de Gaza (*Glaive de fer*) consécutive à l'opération *Déluge d'Al-Aqsa* du Hamas (*supra*, chapitre III). Cette initiative a immédiatement retenu l'attention et provoqué des flots de commentaires en raison de la gravité de la mise en cause, le génocide étant le crime des crimes, du passé des Juifs victimes eux-mêmes d'un génocide, des relations difficiles entre les

[1] *Transfert de l'ambassade des Etats-Unis à Jérusalem (Palestine c. Etats-Unis d'Amérique)*, Ordonnance du 15 novembre 2018. CIJ, Recueil 2018, p. 708 ; Nations Unies, *Rapport de la Cour internationale de Justice*, 1er août 2022-31 juillet 2023, A/78/4, p. 35-36.

[2] *Application instituting proceedings and request for the indication of provisional measures*, https://www.icj-cij.org/fr/affaire/192/introduction-instance.

deux pays en raison des liens passés entre Israël et l'Afrique du Sud du temps de l'apartheid, du fait que l'Afrique du Sud n'agit pas pour protéger ses nationaux - comme le veut le schéma habituel - mais une population étrangère (les Palestiniens), d'où des interrogations sur ses objectifs et motifs, du nouveau fossé qui s'est creusé entre le Nord et le Sud global et le rôle qu'y joue désormais l'Afrique du Sud, etc. Il n'est évidemment pas question de voir tout cela de plus près, et on se limitera uniquement au traitement judiciaire de la requête sans aborder, en dépit de leur intérêt, les autres facettes de la situation.

326 bis– L'Afrique du Sud agit sur le fondement de la Convention sur la prévention et la répression du crime de génocide du 9 décembre 1948, conclue après que l'Assemblée générale de l'ONU a déclaré le génocide « crime du droit des gens » et l'a qualifié de « fléau » (A/RES/96 (I) {1946}). Les deux États sont en effet parties à ce traité qui en lie aujourd'hui 153, y compris la Palestine. L'Afrique du Sud s'appuie sur ce texte d'abord pour fonder la compétence de la CIJ dans la mesure où l'article 9 de celui-ci prévoit que les différends entre les parties contractantes, notamment à propos de la responsabilité d'un État partie en matière de génocide, seront soumis à la CIJ. Sur le fond ensuite, ce texte définit le génocide (article 2) comme s'entendant de « ... l'un quelconque des actes ci-après, commis dans *l'intention de détruire, ou tout ou en partie, un groupe national, ethnique, racial ou religieux, comme tel* : a) meurtre de membres du groupe ; b) atteinte grave à l'intégrité physique ou mentale de membres du groupe ; c) soumission intentionnelle du groupe à des conditions d'existence devant entraîner sa destruction physique totale ou partielle ; d) mesures visant à entraver les naissances au sein du groupe ; e) transfert forcé d'enfants du groupe à un autre groupe. » Il déclare que les actes suivants doivent être punis (article 3) « a) le génocide ; b) l'entente en vue de commettre le génocide ; c) l'incitation directe et publique à commettre le génocide ; d) la tentative de génocide ; e) la complicité dans le génocide. » Sont ensuite prévues diverses obligations à la charge des États parties : a) ne pas commettre de génocide ; b) prévenir le génocide ; c) le punir ; d) prendre les mesures législatives nécessaires pour donner effet aux dispositions de la Convention ; e) prévoir des sanctions pénales efficaces frappant les personnes coupables des crimes concernés ; f) juger les personnes accusées de génocide devant une juridiction compétente de l'État sur le territoire duquel l'acte a été commis, ou devant une juridiction pénale internationale compétente ; g) accorder l'extradition en cas d'accusation de génocide, conformément à la législation et aux traités en vigueur...

327– Suivant la logique de ce traité, il appartenait à l'Afrique du Sud de faire une double démonstration : les actes génocidaires d'une part, l'intention génocidaire d'autre part.

a) S'agissant des *actes reprochés à Israël et constitutifs de génocide*, l'Afrique du Sud en répertorie de nombreux qui révèlent, de façon irréfutable selon elle, l'existence d'une ligne de conduite et de l'intention afférente qui rend plausible l'allégation d'actes de génocide. Et de développer en particulier les points suivants, procédant d'une intention génocidaire : les meurtres de Palestiniens, les atteintes graves à leur intégrité physique et mentale, leur expulsion massive et leur déplacement, la privation de l'accès à la nourriture et à l'eau, la privation de l'accès aux abris, vêtements, produits d'hygiène et conditions sanitaires adéquates, la privation d'un accès approprié à des soins médicaux, la destruction de la vie palestinienne et les mesures visant à entraver les naissances palestiniennes. Sans entrer dans le détail d'une question, dont la gravité n'a nul besoin d'être relevée et exposée plus haut (chapitre III), les actes invoqués vont du nombre excessif de morts de civils palestiniens, dont une partie substantielle de femmes et d'enfants, aux destructions d'une portée considérable frappant indistinctement les objectifs militaires et les biens civils (logements, écoles, hôpitaux, cimetières, sites archéologiques, culturels et autres...) Cela en plus du déplacement massif d'une grande partie de la population du Nord vers le Sud où l'insécurité et la précarité l'ont quand même poursuivie et des conséquences humanitaires désastreuses qui rendent extrêmement difficile, précaire, voire désormais impossible la vie des Gazaouis faute d'abris sûrs, de nourriture, de soins...

b) Pour ce qui est de *l'intention génocidaire*, l'Afrique du Sud égrène les nombreuses et regrettables déclarations officielles israéliennes, notamment celles du Président, du Premier ministre, de plusieurs ministres, de parlementaires, de soldats. Ainsi, le Président Isaac Herzog a dit qu'il ne fallait pas faire de distinction entre le Hamas et les civils palestiniens : « c'est toute une nation qui est responsable. Tous ces beaux discours sur les civils qui ne savaient rien et ne faisaient rien sont faux, absolument faux. ... et nous nous battrons jusqu'à leur briser la colonne vertébrale. » Le ministre de la Défense, Yoav Gallant, a précisé qu'Israël « imposait un siège complet à Gaza. Pas d'électricité, pas de nourriture, pas d'eau, pas de combustible. Tout est fermé. Ceux que nous combattons sont des animaux et nous agissons en conséquence... Nous détruirons tout » Et a cru bon de préciser avoir levé toutes les limites. Un autre encore a évoqué le largage d'une bombe nucléaire sur la bande de Gaza et dit que « des civils qui n'y sont pour rien, ça n'existe pas dans la bande de Gaza » (Amichai Eliyahu, ministre israélien du patrimoine), etc. Autant de propos glaçants, déshumanisants et choquants qui, pour l'Afrique du Sud, témoignent de la volonté génocidaire du défendeur.

Ayant exposé la motivation de son initiative, l'Afrique du Sud demande à la CIJ de dire et juger qu'Israël a manqué et continue de manquer aux obligations que lui impose la Convention sur le génocide, que cet État doit immédiatement mettre fin à tout acte et toute mesure manquant à ses obligations, qu'il doit s'assurer que les personnes coupables soient punies par une juridiction nationale ou internationale compétente, qu'il doit réparation aux victimes, et qu'il doit offrir des assurances et des garanties de non-répétition des violations commises.

Ce sont là des demandes sur *le fond* qui nécessitent évidemment un examen qui va prendre du temps. Or, le contexte gazaoui est à l'urgence dans la mesure où, lancée début octobre 2023, l'opération militaire d'Israël (*Glaive de fer*) ne paraît pas proche de son terme et le Premier ministre annonce même qu'elle va durer quelques mois encore. D'où la demande sud-africaine de neuf *mesures conservatoires*, soit des « mesures prises par la juridiction saisie afin d'éviter que, pendant la durée du procès et en attendant la décision sur le fond, les droits en cause soient compromis. »[1] De fait, les plaidoiries y relatives ont lieu rapidement, les 11 et 12 janvier 2024, et le 26 janvier la CIJ rend son ordonnance sur ces mesures, sachant que pour sa part Israël a demandé i) le rejet de cette demande en indication de mesures conservatoires, et ii) la radiation de l'affaire du rôle de la Cour.

B/ L'ordonnance du 26 janvier 2024

328– Dans cette ordonnance[2]**,** la Cour accueille une bonne partie des demandes de l'Afrique du Sud en indiquant six mesures. Celles-ci sont

[1] J. Salmon (sous la direction de), *Dictionnaire de droit international public*, Bruylant, 2001, p. 698.

[2] *Application de la Convention pour la prévention et la répression du crime de génocide dans la bande de Gaza (Afrique du Sud c. Israël), Demande en indication de mesures conservatoires*, Ordonnance du 26 janvier 2024 ; « Gaza : la Cour internationale de justice appelle à protéger les Palestiniens contre un « risque réel et imminent » de génocide », 27.01.2024 (www.lemonde.fr).

votées à une très large majorité de 15 ou 16 juges sur 17. Un seul juge « permanent » et le juge *ad hoc* israélien (les deux parties ont nommé chacune un juge *ad hoc* qui s'ajoutent aux 15 juges « permanents ») ont fait dissidence, encore que ce dernier, l'ancien Président de la Cour suprême israélienne, a voté en faveur de deux des mesures décidées. Avant d'en venir à l'examen du contenu des mesures sollicitées, la CIJ, fidèle à une démarche classique, vérifie que les conditions habituellement exigées pour le prononcé de telles mesures sont bel et bien réunies en l'espèce. Elle s'assure dès lors de sa compétence *prima facie*, de la qualité pour agir de l'Afrique du Sud (au demeurant non contestée par Israël), du caractère plausible des droits allégués par le demandeur, de l'existence d'un lien entre les droits dont la protection est recherchée et les mesures conservatoires demandées, et de l'urgence (soit du risque réel et imminent qu'un préjudice irréparable soit causé aux droits revendiqués avant le prononcé de la décision définitive). La Cour estime, malgré la dénégation du défendeur, que ces différentes conditions sont remplies. Après quoi, sont indiquées les six mesures suivantes sachant que les mesures adoptées n'ont pas à être les mêmes que celles sollicitées :

– i) Israël doit prendre toutes les mesures en son pouvoir pour *prévenir* la commission, à l'encontre des Palestiniens de Gaza, de tout acte entrant dans le champ d'application de la Convention sur le génocide (en particulier les actes tels que le meurtre de membres du groupe palestinien, l'atteinte grave à l'intégrité physique ou mentale de membres de ce groupe, la soumission intentionnelle de ce groupe à des conditions d'existence devant entraîner sa destruction physique totale ou partielle, et les mesures visant à entraver les naissances au sein de ce groupe) (15 voix contre 2).

– ii) Israël doit veiller, avec effet immédiat, à ce que son *armée* ne commette aucun des actes visés ci-dessus (15 voix contre 2).

– iii) Israël doit prendre toutes les mesures en son pouvoir pour *prévenir et punir l'incitation directe et publique* à commettre le génocide à l'encontre des membres du groupe des Palestiniens de la bande de Gaza (16 voix contre 1).

– iv) Israël doit prendre sans délai des mesures effectives pour permettre la *fourniture des services de base et de l'aide humanitaire* requis de toute urgence afin de remédier aux difficiles conditions d'existence auxquelles sont soumis les Palestiniens de la bande de Gaza (16 voix contre 1).

– v) Israël doit prendre des mesures effectives pour *prévenir la destruction et assurer la conservation des éléments de preuve* relatifs aux allégations de génocide (15 voix contre 2).

– vi) Israël doit *fournir à la Cour un rapport* sur l'ensemble des mesures qu'il aura prises pour exécuter l'ordonnance dans un délai d'un mois à compter du 26 janvier 2024, et ce rapport sera ensuite communiqué à l'Afrique du Sud, avec possibilité pour cette dernière de soumettre à la Cour ses observations à son sujet (15 voix contre 2).

329– La démarche de l'Afrique du Sud est ainsi couronnée de succès même si la demande formulée par ce pays de suspension immédiate des opérations militaires israéliennes a été repoussée. Il est vrai que dans une affaire précédente, relative également à un litige sur un génocide prétendument commis par l'Ukraine, la Cour a, par ordonnance du 16 mars 2022, indiqué parmi les mesures conservatoires que « 1) (l)a Fédération de Russie doit suspendre immédiatement les opérations militaires qu'elle a commencées le 24 février 2022 sur le territoire de l'Ukraine... » Certains commentaires, dont celui de Raphaëlle Maison, considèrent néanmoins qu'« au regard de la spécificité de la bande de Gaza (espace restreint très densément peuplé) et de la nature de la stratégie militaire israélienne (bombardements massifs, déplacement forcé, ciblage des hôpitaux, siège drastique), seul l'arrêt de l'offensive permettrait à Israël de respecter cette ordonnance. C'est également le cas s'agissant des services de base et de l'aide humanitaire dont la fourniture doit être permise... »[1] On pourra également regretter que n'a pas été retenue la demande sud-africaine suivant laquelle, Israël « ...doit s'abstenir de refuser ou de restreindre l'accès à Gaza des missions d'établissement des faits, des titulaires de mandats internationaux et d'autres organismes chargés d'aider à la protection et à la conservation desdits éléments de preuve. » On sait combien ce pays s'oppose à ce type d'interventions de tiers, qualifiés et impartiaux, qui auraient, notamment en la circonstance, rendu de précieux services. De plus, on a vu que les médias internationaux sont empêchés de pénétrer dans la bande de Gaza. Ce « huis-clos » n'aide évidemment pas à la conservation des preuves.

---

[1] Raphaëlle Maison, « À la Cour internationale de justice, un revers pour Israël », *Orient XXI*, 30 janvier 2024 ; N. Boeglin, « Gaza / Israël : quelques réflexions concernant l'ordonnance de la Cour Internationale de Justice (CIJ) », https://blogue.sqdi.org/2024/02/02/gaza-israel-quelques-reflexions-concernant-lordonnance-de-la-cour-internationale-de-justice-cij/

Quoi qu'il en soit, la Cour s'est montrée sensible à la réalité gazaouie et a nourri sa réflexion avec divers documents et déclarations de responsables de l'ONU, de l'OMS et de l'UNRWA. De même a-t-elle pris en compte la position prise, le 16 novembre 2023, par 37 rapporteurs spéciaux, experts indépendants et membres de groupes de travail au titre des procédures spéciales du Conseil des droits de l'homme de l'ONU qui se sont dits alarmés de la rhétorique « visiblement génocidaire et déshumanisante maniée par de hauts responsables gouvernementaux israéliens ». Et de citer aussi le Comité pour l'élimination de la discrimination raciale (ONU) pour « (s)a vive inquiétude quant à la nette augmentation des propos haineux à caractère raciste et déshumanisant tenus à l'égard des Palestiniens depuis le 7 octobre ». Elle a été également frappée par les déclarations des officiels israéliens rapportées plus haut. Autre point saillant de l'ordonnance : la préoccupation humanitaire. On a vu que l'une des mesures conservatoires porte sur l'aide et l'assistance humanitaire à la bande de Gaza. S'y ajoute le nécessaire respect du DIH qui est rappelé aux parties, alors que l'on sait que celui-ci apparaît largement absent dans ce conflit. Les otages encore détenus par le Hamas ne sont pas oubliés : la Cour se dit gravement préoccupée par leur sort et appelle à leur libération immédiate et inconditionnelle.

329 bis– La Cour rappelle le caractère obligatoire de ses ordonnances, d'où des obligations juridiques internationales à la charge d'Israël et on a vu que ce pays doit remettre un rapport sur l'exécution de cette décision dont l'Afrique du Sud aura connaissance avec faculté de le commenter. Bien entendu, il faut souligner que cette décision ne préjuge en rien la question de la compétence pour connaître du fond de l'affaire (qui ne paraît toutefois pas vraiment poser problème), ni aucune question relative à la recevabilité de la requête ou au fond lui-même (on sait que l'intention génocidaire est difficile à démontrer). Elle laisse à cet égard intact le droit de chaque partie de faire valoir ses moyens et ses défenses.

Du point de vue politique, l'accueil rencontré par cette ordonnance est contrasté. Il est clair que les pays qui ont soutenu d'une manière ou d'une autre l'initiative sud-africaine sont satisfaits. En voici quelques-uns : la Bolivie, la Malaisie, la Jordanie, la Turquie, le Venezuela, le Nicaragua, les Maldives, le Pakistan et la Namibie. À quoi s'ajoutent les pays qui ont déclaré que l'opération israélienne équivalait à un génocide ou présentait un tel risque (Algérie, Brésil, Colombie, Cuba, Iran, Irak, Bangladesh, Égypte, Honduras, Libye, Syrie, Tunisie...) et l'Organisation de la coopération islamique forte de ses 57 États membres. L'UE et le chef de la diplomatie européenne, Josep Borrell, attendent une mise en œuvre « complète, immédiate et effective » de cette décision, dont le caractère contraignant est souligné de sorte qu'Israël doit s'y conformer. *Idem* pour l'Espagne qui insiste également sur cette mise en œuvre.

Reste que du côté israélien, le Premier ministre a déclaré que « personne ne nous arrêtera, ni La Haye, ni l'axe du mal, ni personne d'autre »[1], ce qui augure mal de la suite et du respect attendu d'Israël de cette ordonnance. Pour les États-Unis, la procédure sud-africaine est sans fondement ; une réaction sans surprise compte tenu de la proximité des deux pays et du soutien multiforme (politique, militaire, diplomatique) manifesté par ce pays à Israël. En France, le nouveau ministre des Affaires étrangères, interrogé sur le refus de Paris de soutenir la procédure sud-africaine, a déclaré à l'Assemblée nationale « (a)ccuser l'État juif de génocide, c'est franchir un seuil moral. On ne peut exploiter la notion de génocide à des fins politiques. Nous disons fermement aux Israéliens : le respect du droit s'impose à tous, les frappes systématiques à Gaza doivent cesser, mais les mots ont un sens. »[2] En France toujours, les députés de La France insoumise (LFI) ont demandé au gouvernement, mais semble-t-il sans chance d'être écoutés, de prendre d'urgence les mesures nécessaires pour veiller à l'application par Israël des mesures conservatoires décidées par la Cour internationale de justice, face à un « risque génocidaire »[3].

Sur ce dernier point, il faut peut-être indiquer que, tout comme dans l'affaire introduite par la Gambie contre le Myanmar, la CIJ souligne que *tous les États parties à la Convention sur le génocide ont un intérêt commun à veiller à ce que le génocide soit prévenu, réprimé et puni*. Ce qui signifie que les obligations en cause sont dues par tout État partie à la Convention à tous les autres États parties (obligations *erga omnes partes*), et donc, quelle que soit l'affaire, chaque État partie a un intérêt à ce qu'elles soient respectées. La mise en œuvre de l'ordonnance de la Cour devrait

---

[1] « Guerre Israël-Hamas : la CIJ ordonne à Israël d'autoriser l'accès humanitaire à Gaza et lui demande d'empêcher tout éventuel acte de « génocide », 26.01.2024 (www.lemonde.fr).

[2] « Guerre Israël-Hamas : Stéphane Séjourné explique le refus de Paris de soutenir l'Afrique du Sud pour son action devant la CIJ », 17.01.2024 (*Ibid.*). Voir la critique des juristes spécialistes sous la forme d'une tribune, « Gaza : la France en rupture avec le droit international ? », 26.02.2024 (www.liberation.fr).

[3] « Guerre Israël-Hamas : le point sur la situation, pour la journée de lundi 29 janvier », 29.01.2024 (*Ibid.*)

donc concerner tous les États en raison des caractéristiques de l'obligation de prévenir et de punir le crime de génocide, mais aussi de la possibilité d'aide (militaire ou autre) qu'Israël peut recevoir et qui pourrait être utilisée pour commettre un des actes interdits. La responsabilité de tels États pourrait dès lors être engagée. C'est dans ce contexte que, le 12 février 2024, une juridiction hollandaise (La Haye) a ordonné à l'État de cesser toute exportation et transit de pièces de F-35 vers la destination finale Israël, considérant qu'il y avait « un risque clair » que ces matériels exportés par les Pays-Bas soient utilisés par Israël pour commettre des « violations graves du droit humanitaire » à l'encontre des Palestiniens[1].

Du côté procédural, le Nicaragua a déclaré intervenir en tant que partie aux côtés de l'Afrique du Sud ; d'autres, vraisemblablement plus nombreux, vont intervenir pour soumettre leur interprétation de la Convention de 1948 (l'Allemagne, semble-t-il).

Dans ces conditions, il est regrettable que ce qui ressemble fort à un contrefeu allumé par Israël en accusant une douzaine d'employés de l'UNRWA (sur un total de 30.000 dont 13.000 dans la bande de Gaza) d'avoir participé au massacre du 7 octobre ait quelque peu éclipsé la portée de cette importante décision. Plus d'une quinzaine de pays occidentaux, principaux donateurs, se sont empressés, à la suite des États-Unis, de suspendre immédiatement leur financement à cet organisme si vital et central pour la survie des Palestiniens à un moment, qui plus est, où ces derniers font face à une grande détresse humanitaire. Du coup l'UNRWA est menacé de devoir suspendre ses activités très rapidement, ou alors les réduire très fortement, au préjudice de la population palestinienne. Reste la question du véritable objectif du gouvernement israélien au-delà de celui d'éclipser son revers judiciaire : cherche-t-il par là à en finir avec la question des réfugiés palestiniens et de leur droit au retour ?

329 ter– Devant la progression alarmante de l'opération israélienne *Glaive de fer*, l'Afrique du Sud a présenté, le 12 février 2024, une demande urgente de mesures conservatoires additionnelles. Ce pays expose que, le 11 février 2024, le Premier ministre israélien a déclaré que son armée allait « éliminer les bataillons terroristes qui restent encore à Rafah ». Et le même jour, l'armée israélienne a lancé à Rafah une offensive militaire

---

[1] « Les Pays-Bas sommés de stopper la livraison de composants militaires à Israël », 12.02.2024 (www.lemonde.fr).

d'une très forte intensité, qui ne laisse d'inquiéter d'autant qu'une opération terrestre est annoncée dans la foulée. On se rappelle que Tsahal a donnée l'ordre aux Gazaouis de quitter le Nord de la bande de Gaza et d'aller vers le Sud ; mais, compte tenu de la progression continue des bombardements, la population civile n'a eu d'autre choix que de se réfugier finalement à Rafah, ville sise au sud de la bande de Gaza et ville-frontière avec l'Égypte, où se sont groupés plus de 1,4 million d'âmes, alors qu'avant le 7 octobre n'y vivaient que 280.000 habitants. Cette perspective est à l'évidence des plus alarmantes à tel point que le Secrétaire général de l'ONU a déclaré à son propos qu'elle « entraînerait une aggravation exponentielle de ce qui est d'ores et déjà un cauchemar humanitaire aux conséquences régionales insondables. » Dès lors, l'Afrique du Sud invoque l'article 75 du Règlement de la CIJ aux termes duquel « (l)a Cour peut à tout moment décider d'examiner d'office si les circonstances de l'affaire exigent l'indication de mesures conservatoires que les parties ou l'une d'elles devraient prendre ou exécuter », ainsi que l'affaire *Lagrand* à l'occasion de laquelle la Cour avait adopté d'extrême urgence, et sans tenir d'audiences, des mesures conservatoires pour éviter l'exécution d'un condamné à mort aux États-Unis.

Pour sa part, Israël a, le 15 février 2024, demandé le rejet de cette demande expliquant que, d'une part, les mesures conservatoires déjà indiquées par la Cour suffisaient et couvraient la situation dans son ensemble d'autant qu'on ne comptait aucun fait nouveau, et, d'autre part, la référence à l'affaire *LaGrand* n'est guère convaincante, car, dans cette dernière affaire, aucune mesure conservatoire n'existait avant l'intervention en urgence de la Cour. Les deux situations ne sont donc pas comparables.

Dans sa décision du 16 février 2024, la CIJ n'accède pas à la demande sud-africaine, mais son appréciation de la situation mérite une grande attention. D'abord, elle se réfère à la déclaration du Secrétaire général de l'ONU citée à l'instant, preuve qu'elle est consciente de la gravité de l'impact de l'opération israélienne annoncée et de la situation qu'elle qualifie « d'alarmante ». Ensuite, elle estime que celle-ci « exige la mise en œuvre immédiate et effective des mesures conservatoires indiquées par la Cour dans son ordonnance du 26 janvier 2024, qui sont applicables à l'ensemble de la bande de Gaza, y compris Rafah ». Il s'agit là d'un rappel des obligations pesant sur Israël, et de ce que son ordonnance du 26 janvier 2024 doit être respectée par l'État hébreu partout dans la bande de Gaza, donc à Rafah également. Enfin, Elle revient à la charge sur ce point en soulignant que « ... l'État d'Israël demeure pleinement tenu de s'acquitter des obligations lui incombant au titre de la convention sur le génocide et d'exécuter ladite ordonnance, notamment en assurant la sûreté et la sécurité des Palestiniens dans la bande de Gaza. »[1] Rappelons que le 26 février 2024 marque la date de remise par Israël de son rapport sur la mise en œuvre des mesures conservatoires.

SECTION III/
La communication contre Israël devant le Comité pour l'élimination de la discrimination raciale

§1/ Une nouvelle initiative palestinienne

330– Le 23 avril 2018, la Palestine a déposé une communication contre Israël devant le Comité pour l'élimination de la discrimination raciale (ONU) en se fondant sur l'article 11 de la Convention internationale sur l'élimination de toutes les formes de discrimination raciale et en alléguant qu'Israël en a méconnu les articles 2, 3 et 5, et ce, au détriment des palestiniens vivant dans le territoire palestinien occupé, y compris à Jérusalem-Est. Comme le différend n'a pu être résolu dans les six mois suivants, et pour se conformer aux prescriptions procédurales de la Convention (article 11, § 2), l'État de Palestine a de nouveau saisi le Comité le 7 novembre 2018. Pour rappel, il s'agit d'une convention adoptée le 21 décembre 1965 et réunissant aujourd'hui pas moins de 182 États parties. La Palestine y a adhéré le 2 avril 2014, et Israël l'a ratifiée le 3 janvier 1979.

331– D'après son article 2, les États parties condamnent la discrimination raciale et s'engagent à poursuivre par tous les moyens appropriés et sans retard une politique tendant à en éliminer toutes les formes. Son article 3 ajoute que ces mêmes États condamnent spécialement la ségrégation raciale et l'apartheid et s'engagent à prévenir, à interdire et à éliminer sur les territoires relevant de leur juridiction toutes les pratiques de cette nature. Enfin, son article 5 précise que ces États s'engagent à garantir, entre autres, le droit de chacun à l'égalité devant la loi sans distinction de race, de couleur ou d'origine nationale ou ethnique,

[1] CIJ, communiqué de presse n° 2024/16 du 16 février 2024.

notamment dans la jouissance de toute une palette de droits (par exemple le droit à la sûreté, les droits politiques, civils, économiques, sociaux et culturels). Comme on le voit, cette démarche touche au cœur des politiques et pratiques israéliennes appliquées dans le territoire palestinien occupé, avec leur caractéristique discriminatoire et de double système juridique, l'un (favorable) pour les Israéliens, l'autre (défavorable) pour les Palestiniens. Dans ce contexte, l'accusation d'apartheid se fait entendre de plus en plus, ainsi que nous avons pu le constater (*supra*, chapitre III).

332– Le Comité dont il s'agit est, à l'instar des autres comités conventionnels (Comité des droits de l'homme, Comité des droits de l'enfant, etc.), composé d'experts indépendants (ici au nombre de 18) chargés de surveiller l'application par les États parties de la Convention internationale pour l'élimination de toutes les formes de discrimination raciale. Ainsi, examine-t-il les rapports que lui remettent périodiquement les États parties à propos de la mise en œuvre de leurs propres engagements, et peut aussi recevoir des communications d'autres États parties ou même d'individus ou de groupes visant à se plaindre de manquements à ces mêmes engagements. S'agissant des communications interétatiques, elles ne nécessitent pas - à la différence des communications individuelles - d'accord préalable spécifique de l'État dont la responsabilité est recherchée. Pourtant, un problème de compétence se pose.

§2/ L'épineuse question de la compétence

333– Dès le départ, Israël a fait valoir le défaut de compétence du Comité pour connaître de cette communication faute de lien conventionnel entre les deux parties. Et d'expliquer que, selon lui, de telles relations bilatérales n'existeraient tout simplement pas de sorte qu'il n'a aucune obligation au titre de la Convention à l'égard des Palestiniens du territoire occupé, puisque, par sa communication officielle du 16 mai 2014 soumise au Secrétaire général de l'ONU, en sa qualité de dépositaire de la Convention, il a valablement exclu toute relation conventionnelle avec la Palestine. Et cette absence de compétence devrait donc empêcher le Comité d'examiner la communication, car cette procédure suppose que le demandeur et le défendeur soient, d'une part, tous deux parties à la Convention (condition remplie) et, d'autre part, liés entre eux par cette même Convention (condition non remplie). Accessoirement, s'est posée aussi la question de l'épuisement des voies de recours internes, condition exigée, mais non satisfaite, d'après Israël, et ne devant pas être satisfaite, d'après la Palestine.

334– Le 12 décembre 2019, le Comité a finalement, par 10 voix contre 5, tranché en faveur de sa compétence pour examiner la communication soumise, les deux parties lues et entendues. Une opinion dissidente des membres minoritaires du Comité accompagne cette décision. Pour ces derniers, Israël s'étant opposé - peu après l'adhésion de l'État de Palestine à la Convention - à l'établissement de relations conventionnelles avec cet État, qu'il ne reconnaît pas, le Comité n'est donc pas, selon cette opinion minoritaire, compétent pour traiter la communication interétatique en cause[1]. Lors de sa 103e session (30 avril 2021), le Comité a conclu que la communication était recevable, et ce, en s'appuyant notamment sur ses propres constatations et observations relatives aux rapports présentés par Israël dans le cadre du suivi périodique de l'application de la Convention auquel procède régulièrement ce Comité essentiellement sur la base des rapports soumis par les États parties (*supra*, chapitre III)[2].

§3/ Qu'en attendre ?

335– L'étape suivante a consisté en l'établissement d'une Commission de conciliation *ad hoc*, destinée à mettre ses bons offices à la disposition des États intéressés en vue d'une solution amiable du différend. Pour la composer, le Secrétariat, a transmis, le 30 septembre 2021, aux deux États concernés une liste de candidats. Si, le 7 octobre 2021, l'État de Palestine a communiqué son choix, Israël ne l'a pas fait et a, le 22 octobre 2021, exprimé une nouvelle fois son opposition à la procédure[3]. Comme ce choix doit être fait à l'unanimité, il est revenu au Comité lui-même d'y procéder. Les 19 janvier et 10 février 2022, cette Commission de conciliation *ad hoc*, dûment constituée, a tenu deux réunions en ligne d'organisation de la procédure. Et tout début mai 2022, elle a tenu une première réunion avec des représentants de l'État de Palestine, Israël n'ayant pas répondu à son invitation. De mai 2022 à septembre 2023, la Commission a tenu cinq réunions à Genève sur plusieurs divers points liés à son travail.

---

[1] CERD, *Communication interétatique soumise par l'État de Palestine contre Israël : décision sur la compétence*, CERD/C/100/3, 4 et 5, 12 décembre 2019.

[2] CERD, *Communication interétatique soumise par l'État de Palestine contre Israël : décision sur la recevabilité*, CERD/C/103/4, 30 avril 2021.

[3] ONU, *Rapport du Comité pour l'élimination de la discrimination raciale*, A/75/18, 2020 ; A/76/18, 2021 et A/77/18, 2022.

336– Une telle procédure, si elle se poursuivait jusqu'à son terme, devrait déboucher sur un rapport et des recommandations, le tout rédigé par la Commission et, *in fine*, soumis aux deux parties qui doivent alors dire si elles les acceptent ou non. Dans l'hypothèse où les allégations palestiniennes seraient accueillies, en tout ou partie, Israël resterait néanmoins libre, en tout état de cause, de donner la suite qui lui convient aux recommandations reçues. Mais, comme ce pays est vent debout contre cette procédure, autant dire que la Palestine ne doit pas trop espérer de son issue, la communication aux autres États parties du rapport de la Commission ne paraissant pas, particulièrement dans ce contexte, suffisamment dissuasive.

SECTION IV/
La Cour pénale internationale

§1/ La saisine

337– Les relations Palestine/Cour pénale internationale (CPI) ont d'emblée été compliquées. La Palestine a saisi une première fois cette juridiction, le 21 janvier 2009, en tant que non partie au Statut de Rome (le traité qui a donné naissance à la CPI), pour lui demander d'enquêter sur le territoire palestinien occupé à compter du 1er juillet 2002 (date d'entrée en fonction de la CPI). Mais rejet du Procureur, le 3 avril 2012, au motif que le Statut de Rome ne permet qu'aux « États » de faire une telle déclaration ; or, à ses yeux, cette qualité fait défaut à la Palestine qui n'était désignée que comme une « entité observatrice » au sein de l'ONU dépositaire dudit Statut de Rome oubliant que, depuis le 23 novembre 2011, la Palestine était devenue État membre de l'UNESCO et que le Statut de Rome « est ouvert à l'adhésion de *tous* les États » (article 125, § 3, italiques ajoutés). Pensant que cette objection n'avait plus de raison d'être depuis la résolution 67/19 de l'Assemblée générale l'admettant au sein de l'ONU en qualité *d'État* non membre, la Palestine a émis une nouvelle déclaration en juillet 2014.

Une autre initiative, en 2013, s'est révélée également stérile alors qu'elle portait sur des faits d'une gravité certaine. Il s'agit de l'arraisonnement par Israël, le 31 mai 2010, d'une flottille humanitaire, organisée par des ONG (les navires battaient pavillon des Comores, de la

Grèce et du Cambodge), alors qu'elle se dirigeait vers la bande de Gaza pour lui apporter des secours humanitaires (produits alimentaires, médicaments, matériel de construction, jouets d'enfants). Plusieurs rapports indépendants (rapport Palmer) ont conclu que cette interception avait été excessive et non raisonnable (Plusieurs blessés et surtout 9 morts dont certains ayant reçu des balles dans le dos...), tandis que la Commission d'établissement des faits du Conseil des droits de l'homme (ONU) a conclu à la violation de plusieurs droits humains, entraînant de ce fait réparation, et à l'existence de plusieurs actes de torture et de traitement cruel et inhumain subis par les victimes. La Commission a également considéré illégal le blocus de la bande de Gaza en raison du dommage disproportionné infligé à la population civile, et du fait qu'il s'agit d'une sanction collective contraire à l'article 33 de la 4e Convention de Genève[1]. À deux reprises pourtant, le Procureur a estimé qu'il n'y avait raisonnablement pas lieu d'ouvrir une enquête. Et la chambre préliminaire I a finalement validé ce choix en repoussant, le 16 septembre 2020, la contestation des Comores.

338– C'est finalement le 1er janvier 2015, que les autorités palestiniennes ont déclaré reconnaître la compétence de la CPI pour les crimes présumés commis depuis le 13 juin 2014 sur le territoire palestinien occupé (y compris Jérusalem-Est), déclaration suivie le lendemain par l'adhésion de la Palestine au Statut de Rome devenant ainsi, à partir du 1er avril 2015, le 123e membre de cette juridiction. Sur l'ensemble des pays membres de la CPI, seul le Canada a contesté cette adhésion, rejoint, dans une démarche inédite mais, sans doute coordonnée, par les États-Unis et Israël, deux pays qui ne sont pourtant ni l'un ni l'autre membre de la CPI ; ce qui imprègne leur réaction de visées politiques qui s'ajoutent, s'agissant d'Israël, aux craintes des suites de cette adhésion.

339– Après avoir indiqué que la Palestine ne possède pas les attributs d'un État au regard du droit international, Israël ajoute qu'il ne la reconnaît pas en tant qu'État et tient à ce qu'il soit pris acte qu'il ne la considère pas comme partie au Statut et par suite regarde sa demande d'adhésion comme n'ayant aucune validité ou effet en droit[2]. Affirmation curieuse de la part

---

[1] *Report of the United Nations Fact Finding Mission on the Gaza Conflict*, A/HRC/12/48, p. 518, § 1665 et s. ; É. David, *Principes de droit des conflits armés*, Bruylant, 2019, p. 314 et s., 411, 660 et 884.

[2] Voir C.N.63.2015.TREATIES-XVIII.10 et P. Bodeau-Livinec, « L'opposition des États à l'accession de la Palestine aux traités multilatéraux dans le cadre onusien », in Th. Garcia (sous la

d'un État non partie au Statut de Rome et qui se comporte comme s'il l'était, en pensant peut-être déjà à la défense qui devra être plaidée dans le cadre de la procédure au cas où celle-ci mettrait en cause ses nationaux. Israël va également « sanctionner » financièrement l'Autorité palestinienne pour cette adhésion en refusant de lui rétrocéder des recettes douanières qui lui sont pourtant dues et qui équivalent aux deux tiers des recettes budgétaires propres palestiniennes ; et quand il l'a finalement fait, suite aux protestations palestiniennes, il en a quand même retenu une partie[1].

§2/ La décision du Procureur

340– Le 22 mai 2018, la Palestine a de nouveau déféré au Procureur la situation en Palestine depuis le 13 juin 2014, *et sans date limite pour le futur*. Un tel renvoi ne conduisant pas automatiquement au lancement d'une enquête, le Procureur a dû déterminer au préalable si les critères pour ce faire étaient bien satisfaits. À l'issue de l'examen préliminaire, il devait, le 20 décembre 2019, faire part de sa conclusion selon laquelle tous ces critères se trouvaient réunis. Plus précisément : i) il y avait raisonnablement lieu de croire que des crimes de guerre avaient été commis ou étaient en voie de l'être en Cisjordanie, y compris Jérusalem-Est, et dans la bande de Gaza, et ce, respectivement, par les forces de défense ainsi que par les autorités israéliennes, le Hamas et des groupes armés palestiniens ; ii) les affaires susceptibles de résulter de la situation en cause seraient recevables ; et iii) il n'existait aucune raison sérieuse de penser que l'ouverture d'une enquête desservirait les intérêts de la justice.

341– Devant la complexité de la situation palestinienne et des questions factuelles et juridiques qui l'entourent, le Procureur a néanmoins décidé de demander aux juges de la chambre préliminaire I, à laquelle cette affaire a été confiée, de se prononcer clairement *sur l'étendue de la compétence territoriale* de la Cour dans cette situation. D'après sa demande, formulée le 20 décembre 2019 et redéposée le 22 janvier 2020, la compétence

---

direction de), *La Palestine : d'un État non membre de l'ONU à un État souverain ?*, Pedone, 2016, p. 61-78.

[1] « Abbas menace de poursuivre Israël s'il ne lui reverse pas l'intégralité des taxes gelées », 6.4.2015 (www.lemonde.fr) ; CNUCED, *Rapport sur l'assistance de la CNUCED au peuple palestinien : évolution de l'économie du Territoire palestinien occupé*, TD/B/63/3, 2016, § 16-17, et *Les coûts économiques de l'occupation israélienne pour le peuple palestinien et son droit fondamental au développement : aspects juridiques*, 2018, p. 33-34.

territoriale de la Cour s'étend bien au territoire palestinien occupé par Israël depuis la guerre des Six-Jours en juin 1967, à savoir la Cisjordanie (y compris Jérusalem-Est) et la bande de Gaza. Mais il indique rester préoccupé par le fait que le territoire palestinien occupé présente des caractéristiques propres qui l'individualisent fortement et qu'en droit international, la question de la qualité d'État de la Palestine ne semble pas avoir reçu de réponse définitive. C'est dans ce contexte que la CPI va statuer et rendre sa décision, le 5 février 2021[1].

342– Pas moins de 43 États, organisations gouvernementales internationales et non gouvernementales, personnalités et universitaires ont déposé des observations à titre *d'amici curiae* et de groupes de victimes, l'ensemble se partageant entre partisans et opposants à la compétence de la CPI. D'après Israël, « la prétendue adhésion de la « Palestine » ne saurait [...] en soi servir de fondement à la compétence de la CPI car elle n'a pas réglé la question de l'existence ou non d'un État palestinien souverain ». De plus, la condition préalable fondamentale à l'exercice de la compétence de la Cour - à savoir qu'un État pénalement compétent sur son territoire et vis-à-vis de ses ressortissants ait délégué cette compétence à la Cour - n'est clairement pas remplie[2]. Sept États ont appuyé cette thèse israélienne de l'incompétence faute pour la Palestine d'être un État au sens du droit international général (Allemagne, Australie, Autriche, Brésil, Hongrie, Ouganda et Tchéquie).

343– On notera toutefois que, curieusement, certains d'entre eux ont, en 2012, voté en faveur de l'admission à l'ONU de la Palestine en qualité *d'État* non membre (A/RES/67/19), et d'autres se sont abstenus à cette même occasion. La chambre préliminaire n'a pas manqué de faire remarquer que ces mêmes États sont restés silencieux pendant le processus d'adhésion de la Palestine et qu'aucun d'eux n'a contesté l'adhésion de la Palestine devant l'Assemblée des États parties, que ce soit au moment même de l'adhésion ou ultérieurement. Observation d'autant plus décisive

---

[1] Cour pénale internationale, Chambre I, *Situation dans l'État de Palestine, Décision relative à la demande présentée par l'Accusation en vertu de l'article 19-3 du Statut pour que la Cour se prononce sur sa compétence territoriale en Palestine*, N° ICC-01/18, 5 février 2021 ; S. Jamal, « La compétence de la Cour pénale internationale en Palestine. A propos de la décision du 5 février 2021 », *Revue générale de droit international public*, 2021, p. 291-311. Fr. Dubuisson, « La situation de Palestine devant la Cour pénale internationale : la délicate conciliation entre le Statut de Rome et le droit international général », in *Permanence et renouveau de la justice pénale internationale*, Septièmes journées de la Justice pénale internationale, Pedone, p. 81-94.
[2] *Décision ... op. cit.*, § 26 et s.

que seuls les États membres de la CPI ont le pouvoir de contester l'intégration d'un nouvel État, la Cour, elle, jugeant ne pas avoir une telle prérogative[1]. De leur côté, l'Organisation de la coopération islamique et la Ligue des États arabes se sont prononcées en faveur de la compétence de la Cour.

§3/ La décision de la CPI du 5 février 2021

344– Les conclusions essentielles de cette décision sont les suivantes :

– L'État de Palestine est un État partie au Statut ;

– L'État de Palestine est l'État sur le territoire duquel le comportement a eu lieu, aux fins de l'alinéa a) de l'article 12, § 2 du Statut (majorité de deux voix contre une) ;

– La compétence territoriale de la Cour à l'égard de la situation dans l'État de Palestine couvre les territoires occupés par Israël depuis 1967, à savoir Gaza et la Cisjordanie, y compris Jérusalem-Est (majorité de deux voix contre une).

Pour parvenir à cette conclusion, la Cour scinde le problème posé en deux questions : i) la Palestine peut-elle être considérée comme « (l)'État sur le territoire duquel le comportement en cause a eu lieu » au sens de l'article 12, § 2, a du Statut (la « première question ») ? ii) Si oui, quels sont alors les contours de la compétence territoriale de la Cour à l'égard de la situation examinée (« la seconde question ») ?

345– En réponse à la *première interrogation*, la chambre a considéré que, quel que soit son statut au regard du droit international général, l'adhésion de la Palestine au Statut de Rome a suivi la procédure correcte et ordinaire et que la chambre n'est pas habilitée à contester et à examiner le résultat de la procédure d'adhésion menée par l'Assemblée des États parties. Mettant en œuvre une approche fonctionnelle prônée par d'éminents auteurs[2], la chambre considère que la Palestine est un État partie au Statut et, par conséquent, un « État » au sens de l'article 12, § 2, a du Statut. La Palestine a donc accepté de se soumettre aux termes du Statut de Rome de la CPI et, par suite, a le droit d'être traitée comme tout autre État partie pour les questions liées à la mise en œuvre de ce Statut.

---

[1] *Ibid.*, § 101.

[2] M. Forteau, « La Palestine comme « État » au regard du Statut de la Cour pénale internationale », *Revue belge de droit international*, 2012/1, p. 41-66 ; A. Pellet et autres cosignataires, *Les effets de la reconnaissance par la Palestine de la compétence de la CPI*, opinion à la demande de Maître W. Bourdon, avocat à la Cour de Paris, 14 février et 8 mai 2010.

346– S'agissant de la *seconde question*, la chambre considère, comme nous l'avons dit, que la compétence territoriale de la Cour s'étend au territoire occupé par Israël depuis 1967, à savoir Gaza et la Cisjordanie, y compris Jérusalem-Est. Elle relève que, parmi d'autres résolutions formulées de façon similaire, l'Assemblée générale (ONU), dans la résolution 67/19 précitée, « [a réaffirmé] le droit du peuple palestinien à l'autodétermination et à l'indépendance dans un État de Palestine situé sur le territoire palestinien occupé depuis 1967 ». Puis ajoute, d'une part, que l'Assemblée générale des Nations Unies et la Cour internationale de Justice ont déclaré que le droit à l'autodétermination trouve à s'appliquer dans le cas du territoire palestinien occupé, et, d'autre part, que la compétence territoriale de la Cour, telle qu'étendue au territoire occupé par Israël depuis 1967 sur la base des indications pertinentes découlant de l'adhésion de la Palestine au Statut, est conforme au droit à l'autodétermination.

347– Compte tenu de la sensibilité politique des problèmes abordés, la chambre préliminaire I entend faire profil bas et prend soin de souligner les points, à haute teneur politique et polémique, qu'elle n'a pas tranchés. Elle rappelle que la CPI n'est pas compétente pour statuer sur les questions de statut d'État de façon générale, et qu'elle ne se prononce pas sur un différend frontalier en vertu du droit international ni ne préjuge de la question d'éventuelles futures frontières. Sa décision, insiste-t-elle, revêt un caractère exclusivement juridique dans la mesure où elle se borne à déterminer l'étendue territoriale de sa compétence dans l'instance en cause. Sa réponse est fondée sur l'interprétation stricte du Statut de Rome qui gouverne l'organisation, les pouvoirs et la compétence de la Cour. Elle a également estimé que les objections tirées des Accords d'Oslo II et de leurs clauses limitatives de la compétence palestinienne (compétence dont sont exclus la zone C en Cisjordanie et les Israéliens) ne sont pas pertinentes à ce stade de la procédure pour le règlement de la question de la compétence territoriale de la Cour en Palestine. Ces questions et d'autres relatives à la compétence pourraient néanmoins être soulevées ultérieurement, dans le cas où le Procureur présenterait une demande de délivrance d'un mandat d'arrêt ou d'une citation à comparaître.

§4/ L'accueil réservé à la décision de la CPI

348– L'accueil reçu par cette décision a été pour le moins contrasté. Certains se sont réjouis d'une décision « bienvenue et historique » pour lutter contre l'impunité, dont on a vu le poids considérable dans ce conflit[1]. D'autres ont, à juste titre, mis en avant la « victoire du droit international » dans une situation où règne jusqu'ici le seul rapport de force[2]. Mais les pressions et les critiques politiques contre la CPI n'ont pas cessé. Israël a évoqué une décision « antisémite » émanant d'une cour « biaisée », « corrompue » et « politisée ». Mike Pompéo, alors Secrétaire d'État, avait déjà menacé la Cour, le 16 mai 2020, de « graves conséquences » en raison de cette enquête sur le territoire palestinien occupé. Les États-Unis, en partie à cause de leurs propres démêlés avec cette juridiction concernant leurs troupes en Afghanistan, ont tout simplement, le 11 juin 2020, décidé des sanctions contre la Procureure et le personnel de la Cour participant à l'enquête, sanctions qu'ils ont appliquées dès le mois de septembre suivant[3]. Une mesure jamais vue dans l'histoire de la justice internationale, mais applaudie par Israël.

349– D'autres États tels que l'Allemagne ou le Canada se sont joints à ce mouvement utilisant toutes sortes de pression. La CPI a été contrainte de protester contre ce qu'elle a qualifié d'escalade et de « tentative inacceptable d'interférer avec l'État de droit et les procédures judiciaires de la Cour ». 67 pays membres de cette juridiction ont alors adopté une déclaration soulignant leur « soutien indéfectible à la Cour en tant qu'institution judiciaire indépendante et impartiale ». On note également le soutien de l'Union européenne, du Président de l'Assemblée des États parties de la CPI et de nombre d'organisations non gouvernementales à travers le monde, y compris aux États-Unis [4]. Les sanctions américaines

---

[1] FIDH, « Une décision historique et bienvenue de la CPI reconnaît sa compétence territoriale sur la Palestine, y compris Gaza et la Cisjordanie », 9.02.2021 (https://www.fidh.org/fr/regions/maghreb-moyen-orient/israel-palestine/).

[2] J-P. Chagnollaud, « La décision de la CPI du 5 février 2021 : une victoire du droit international », 12 février 2021 (https://iremmo.org/publications/analyses/la-decision-de-la-cpi-du-5-fevrier-2021-une-victoire-du-droit-international/).

[3] A. Hermet, « Les sanctions américaines contre les membres du personnel de la Cour pénale internationale », *Annuaire français de droit international*, 2020, p. 473-488 ; « L'administration Trump augmente la pression sur la Cour pénale internationale », 11.6.2020 (www.lemonde.fr).

[4] N. Boeglin, « Palestine/Cour Pénale Internationale (CPI) : brèves remarques concernant la décision récente de la Chambre Préliminaire de la CPI » (https://www.lemondedudroit.fr/decryptages/74077-palestine-cour-penale-internationale-cpi-breve-mise-en-perspective-concernant-la-decision-recente-de-la-chambre-preliminaire.html) ; « L'ouverture par la CPI d'une enquête sur les territoires

ont en fait été levées, le 2 avril 2021, par le nouveau Président des États-Unis, Joe Biden. Mais son Secrétaire d'État, Anthony Blinken, a clairement fait comprendre que son pays demeurait opposé aux enquêtes de la CPI en Afghanistan et en Palestine.

350– Un autre contraste mérite d'être signalé, celui entre la situation palestinienne et celle de l'Ukraine pour laquelle pas moins de 43 États parties au Statut de Rome ont déféré à la CPI la situation née de l'agression de ce pays par la Russie. Et parmi ces 43 États parties se trouvent cinq des sept États qui se sont déclarés opposés à l'enquête sur le territoire palestinien occupé, et qui d'ailleurs ont également voté contre la demande d'avis consultatif adoptée en décembre 2022 par l'Assemblée générale de l'ONU (Allemagne, Australie, Autriche, Hongrie et Tchéquie) ! Plus récemment, cette fois-ci devant la Cour internationale de Justice, 32 pays (plus les États-Unis), tous occidentaux, sont intervenus en soutien de l'Ukraine en faveur de la compétence de la Cour internationale de Justice contestée par la Russie[1].

351– Quoi qu'il en soit de ces considérations, le Procureur a annoncé, le 3 mars 2021, l'enquête sur la situation en Palestine, estimant toujours qu'il existe une base raisonnable pour ouvrir une telle enquête ainsi que des affaires potentielles recevables. Concrètement, voici les indications relatives aux crimes qui seraient poursuivis :

– Dans le contexte des hostilités ayant éclaté à Gaza en 2014, les forces de défense israéliennes ont commis des crimes de guerre (attaques disproportionnées, homicides intentionnels, attaques intentionnelles contre des objets ou des personnes utilisant les signes distinctifs prévus par les Conventions de Genève).

– Des membres du Hamas et de groupes armés palestiniens sont les auteurs de crimes de guerre (attaques contre la population civile ou contre des biens civils, privation intentionnelle du droit d'une personne protégée

---

palestiniens provoque un séisme diplomatique », 4.3.2021 (www.lemonde.fr). « États-Unis : Sanctions contre la Procureure de la Cour pénale internationale », 3 septembre 2020 (https://www.hrw.org/fr/news/2020/09/03/etats-unis-sanctions-contre-la-procureure-de-la-cour-penale-internationale) ; « Après les menaces de Washington, la Cour pénale internationale réaffirme son « indépendance », 12.9.2018 (www.lemonde.fr).

[1] « Devant la Cour internationale de justice de La Haye, 32 États plaident en faveur de l'Ukraine », 21.9.2023 (www.lemonde.fr) ; *Allégations de génocide au titre de la Convention pour la prévention et la répression du crime de génocide (Ukraine c. Fédération de Russie ; 32 états intervenants), Arrêt du 2 février 2024*, § 14.

d'être jugée régulièrement et impartialement, torture ou traitement inhumain, atteintes à la dignité de la personne).

– Dans le cadre de l'occupation par Israël de la Cisjordanie, y compris Jérusalem-Est, des membres des autorités israéliennes ont commis des crimes de guerre avec, notamment, le transfert de civils israéliens en Cisjordanie depuis le 13 juin 2014 (colonies de peuplement).

– Crimes présumés commis par les forces de défense israéliennes lorsqu'elles ont eu recours à des armes létales et non létales contre des manifestants à partir de mars 2018 près de la clôture marquant la frontière entre la bande de Gaza et Israël (marches du retour de Gaza).

352– Ce dossier ne cesse de s'épaissir à mesure des attaques israéliennes et également de celles du *Hamas*[1]. Il est toutefois évident que l'enquête, parsemée d'embûches, va pour le moins être délicate. On peut penser aux ressources du bureau du Procureur forcément limitées et, de plus, accaparées par d'autres affaires comme celle de l'Ukraine à laquelle bien des États parties attachent une importance de premier ordre et pour laquelle ils fournissent déjà une aide substantielle, ce qui ne serait pas le cas pour celle de la Palestine. Le fait qu'Israël ne soit pas partie au Statut de Rome et conteste vigoureusement la compétence de la Cour ne va pas, à l'évidence, simplifier l'enquête d'autant qu'il a la maîtrise du territoire en cause et qu'il répète qu'il saura protéger les Israéliens éventuellement mis en cause[2]. Quant aux autres États parties, il est vrai que pèse sur eux une obligation de coopération avec la CPI dans les enquêtes et poursuites qu'elle mène pour les crimes relevant de sa compétence, mais, outre les limites posées par le Statut de Rome lui-même (en matière d'immunité par exemple), il est à craindre que cette obligation juridique cède devant les ramifications politiques du problème.

352 bis– Le 17 novembre 2023, cinq États parties au Statut de Rome ont déféré la situation dans l'État de Palestine au bureau du Procureur (Afrique du Sud, Bangladesh, Bolivie, Comores et Djibouti). Le 18 janvier 2024, ils ont été imités par le Mexique et le Chili qui ont procédé à un renvoi additionnel de la situation de la bande de Gaza au bureau du Procureur, pour crimes visés aux articles 6 (génocide), 7 (crimes contre

---

[1] « Contre Israël, de nouvelles plaintes à la Cour pénale internationale », 1.6.2021 (www.lemonde.fr).

[2] « L 'avenir incertain de la Palestine à la Cour pénale internationale », 17.4.2023 (https://www.latribune.fr/opinions/tribunes/l-avenir-incertain-de-la-palestine-a-la-cour-penale-international).

l'humanité) et 8 (crimes de guerre) du Statut de Rome de 1998. En France des sénateurs écologistes ont, le 5 janvier 2024, déposé une « (p)roposition de résolution visant à inviter la France à saisir la Cour pénale internationale sur la situation à Gaza », dont toutefois les chances de succès sont très minces, pour ne pas dire inexistantes. Ces initiatives concernent bien évidemment les hostilités et la violence qui se sont déchaînées depuis le 7 octobre 2023 et l'opération du Hamas *Déluge d'Al-Aqsa*.

Comme le bureau du Procureur est compétent pour connaître des crimes commis sur le territoire d'un État partie et par les ressortissants d'un tel État (la Palestine), et comme le renvoi palestinien ne comporte pas de date limite, les infractions commises par les deux parties (le Hamas d'un côté, l'armée et les officiels israéliens de l'autre) devraient relever de la compétence de la CPI (voir *supra*, chapitre III). Le Procureur a publié dans la presse des tribunes pour rappeler le respect dû par tous aux lois de la guerre et promis de ne pas oublier les enfants de Gaza. De nombreuses ONG lui ont fait des signalements et mettent en cause, notamment, le Président Isaac Herzog, le Premier ministre, Benyamin Netanyahou, et le ministre de la Défense, Yoav Gallant dont on a pu lire plus haut certaines déclarations[1]. Cette enquête devrait être longue et difficile, en raison des obstacles pratiques, lourde politiquement, à tel point que son issue est tout sauf certaine malgré l'ampleur de la souffrance indicible subie par les populations civiles. Quoi qu'il en soit, elle est à mettre en parallèle avec la requête sud-africaine devant la Cour internationale de Justice mettant en cause la responsabilité de l'État d'Israël pour génocide (*supra*, ce chapitre).

SECTION V/
Les juridictions européennes :
quel régime des échanges avec Israël ?

353– Abordons brièvement pour finir les juridictions régionales européennes face à la situation israélo-palestinienne. À l'évidence, les affaires dont il va être fait état ne sont pas du même ordre que celles évoquées jusqu'ici. Trois considérations poussent néanmoins à s'y intéresser, surtout qu'elles ne vont être abordées que sous l'angle du contentieux entre Israël et la Palestine et non dans leur totalité. Elles sont

---

[1] « Guerre Israël-Hamas : la CPI sous pression pour délivrer des mandats d'arrêt pour « crimes de guerre » et « crimes de génocide » 14.11.2023 (www.lemonde.fr).

révélatrices de certaines pratiques nationales, en premier lieu celles d'Israël, mais pas seulement. Elles ne sont pas sans lien avec des intérêts palestiniens, notamment des intérêts économiques. Et les juridictions qui sont intervenues ont, dans certains cas, pris des positions importantes sur des questions clés comme l'occupation ou la colonisation. Ne serait-ce que pour ce dernier aspect, leur étude vaut la peine d'être entreprise. Au bénéfice de ces observations, examinons successivement les affaires qu'ont tranchées, d'une part, la Cour de justice de l'Union européenne (CJUE) et, d'autre part, la Cour européenne des droits de l'homme (CEDH).

§1/ La Cour de justice de l'Union européenne : étiquetage ou interdiction des échanges ?

A/ L'affaire *Brita*

Données

354– La première affaire que l'on peut mentionner est l'affaire *Brita* du nom d'une société allemande qui importe des gazéificateurs d'eau ainsi que des accessoires et des sirops, fabriqués par un fournisseur israélien, Soda-Club, dont le site de production se trouve à Mishor Adumin, une colonie israélienne en Cisjordanie. Pourtant, cette société allemande a informé les autorités douanières allemandes que les marchandises importées par elle de Soda-Club étaient originaires d'Israël et a demandé l'application du régime préférentiel de l'Accord CE-Israël. Il faut en effet savoir que l'UE et Israël ont conclu un accord d'association, approuvé par la décision 2000/384/CE, CECA du Conseil et de la Commission, du 19 avril 2000, et entré en vigueur le 1er juin 2000, qui prohibe les droits de douane à l'importation et à l'exportation ainsi que les taxes d'effet équivalent dans les échanges entre les deux parties. L'UE a également signé un accord d'association avec l'OLP (pour le compte de la Cisjordanie et de la bande de Gaza), approuvé par la décision 97/430/CE du Conseil, du 2 juin 1997, et entré en vigueur le 1er juillet 1997[1]. Lui aussi pose pour règle que les produits originaires de Cisjordanie et de la bande de Gaza sont admis à l'importation dans l'Union en exemption de droits de douane et de taxes d'effet équivalent et sans restriction quantitative ni mesure d'effet équivalent. Comme on le voit, ces deux accords

[1] J. Auvret-Finck, « Le partenariat UE-Palestine » in Th. Garcia (sous la direction de), *La Palestine : d'un État non membre de l'ONU à un État souverain ?*, Pedone, 2016, p. 189-207.

poursuivent une finalité commune, une zone de libre-échange entre les parties concernées, sachant que l'UE est également le premier pourvoyeur d'aide au développement de la Palestine.

355– Pour bénéficier de la préférence tarifaire prévue par l'Accord CE-Israël, Brita a donc mentionné « Israël » comme pays d'origine des marchandises importées et produit des documents, notamment ceux du fournisseur israélien, indiquant que tel était bien le cas. Suspectant que les produits en cause provenaient d'une colonie, les autorités douanières allemandes ont interrogé l'administration douanière israélienne, qui n'a pas répondu. Devant ce silence, ces autorités ont alors refusé le traitement tarifaire préférentiel, faute de preuves convaincantes de l'origine réellement israélienne des produits en cause. C'est ainsi que le litige s'est noué devant un tribunal allemand (tribunal des finances de Hambourg) qui, constatant que la solution passait par l'interprétation de l'Accord CE-Israël, a saisi la CJUE d'un renvoi préjudiciel en interprétation, pour lui poser plusieurs questions.

La solution de la CJUE

356– La question qui nous intéresse est la première dans la mesure où elle a consisté à savoir si les autorités douanières de l'État membre d'importation (ici l'Allemagne) peuvent refuser d'accorder le bénéfice du traitement préférentiel instauré par l'Accord d'association CE-Israël dès lors que les marchandises concernées sont originaires de Cisjordanie et non d'Israël. Dans son arrêt du 25 février 2010[1], la CJUE relève dès l'abord que la réponse dépend étroitement de l'interprétation qu'il convient de retenir du champ d'application de l'Accord d'association CE-Israël (article 83). Même si les deux accords d'association conclus par l'UE, respectivement avec Israël et l'OLP, ont un but identique, créer ou renforcer une zone de libre-échange, chacun d'eux possède un champ d'application territorial propre. Raisonner autrement, en admettant qu'Israël dispose de compétences sur des marchandises fabriquées en Cisjordanie, reviendrait à contraindre les autorités douanières palestiniennes à ne pas exercer leurs propres compétences pourtant prévues par le Protocole CE-OLP. En droit strict, une telle interprétation - créer une obligation pour un sujet tiers sans son consentement -, irait ainsi à l'encontre du principe de l'effet relatif des traités tel que codifié à

[1] CJUE (quatrième chambre), arrêt du 25 février 2010, affaire C-386/08, *Firma Brita GmbH contre Hauptzollamt Hamburg-Hafen.*

l'article 34 de la Convention de Vienne du 23 mai 1969 sur le droit des traités.

357– La conséquence logique de toutes ces considérations est que les produits originaires de Cisjordanie ne relèvent évidemment pas du champ d'application territorial de l'Accord CE-Israël et ne sauraient donc bénéficier du régime préférentiel instauré par celui-ci. Il s'ensuit que les autorités douanières allemandes pouvaient valablement refuser d'accorder le traitement préférentiel prévu par cet accord aux marchandises concernées puisque celles-ci étaient originaires non d'Israël, mais de Cisjordanie, donc du territoire palestinien occupé. La Cour écarte également l'argument selon lequel le bénéfice du régime préférentiel devrait être, en tout état de cause, octroyé aux producteurs israéliens installés en territoire palestinien occupé soit en vertu de l'Accord CE-Israël, soit sur la base de l'Accord CE-OLP. En conséquence, des marchandises certifiées par les autorités israéliennes comme étant originaires d'Israël ne peuvent bénéficier d'un traitement préférentiel qu'en vertu de l'Accord CE-Israël, pourvu, dans ce dernier cas, qu'elles aient été bien fabriquées en Israël (ce qui n'est pas le cas en l'espèce).

358– Il s'agit là d'une reconnaissance du statut international distinct du territoire palestinien occupé, de la défense des prérogatives des autorités douanières palestiniennes et d'une garantie contre les fraudes éventuelles entourant notamment les produits des colonies israéliennes implantées en territoire palestinien occupé. Sur cet ensemble de points, l'interprétation des accords pris par l'UE respectivement avec Israël et l'OLP a permis, à elle seule, de résoudre le problème des exportations des colonies israéliennes alors que le droit européen ne comportait pas, à l'époque, de réglementation spécifique sur cette question. L'arrêt est néanmoins bien silencieux sur les principes de droit international applicables à la situation. Tout cela va rapidement évoluer comme le montre l'affaire *Organisation juive européenne, Vignoble Psagot Ltd contre Ministre de l'Économie et des Finances*.

B/ L'affaire Organisation juive européenne, Vignoble Psagot Ltd/Ministre de l'Économie et des Finances

Origine

359– Sous des dehors anodins d'une question d'information due aux consommateurs européens, cette affaire touche à certains des aspects les plus importants du conflit Israël/Palestine. Il s'agit encore une fois d'un renvoi préjudiciel à la CJUE, cette fois-ci décidé par le Conseil d'État français saisi de deux litiges opposant l'Organisation juive européenne et Vignoble Psagot Ltd au ministre de l'Économie et des Finances, et ce, à propos de la légalité d'un avis relatif à l'indication de l'origine des marchandises issues des territoires occupés par Israël. À strictement parler, ce renvoi préjudiciel concerne l'interprétation du Règlement (UE) n° 1169/2011 du 25 octobre 2011, relatif à l'information des consommateurs sur les denrées alimentaires. En application de ce texte et devant une exécution disparate de la part des États membres, la Commission européenne a adopté, le 12 novembre 2015, une communication intitulée « Communication interprétative relative à l'indication de l'origine des marchandises issues des territoires occupés par l'État d'Israël depuis juin 1967 », critiquée en son temps par les autorités israéliennes.

360– À son tour, l'administration française, pour mettre en œuvre cette communication, a elle-même publié, le 24 novembre 2016, un avis aux opérateurs économiques. Ce dernier texte, reprend, en substance, les principaux points énoncés par la communication de la Commission, à savoir :

– Conformément au droit international, l'UE ne reconnaît pas la souveraineté d'Israël sur les territoires qu'il occupe depuis juin 1967 (le plateau du Golan, la bande de Gaza et la Cisjordanie, y compris Jérusalem-Est), et ne considère pas que ceux-ci font partie du territoire d'Israël ;

– Dès lors que le plateau du Golan et la Cisjordanie (y compris Jérusalem-Est) ne font pas partie du territoire israélien, l'indication « produit en Israël » est considérée comme fausse et susceptible d'induire en erreur ;

– S'agissant des produits issus de Cisjordanie ou du plateau du Golan originaires de colonies de peuplement, une mention limitée à « produit originaire du plateau du Golan » ou « produit originaire de Cisjordanie » ne suffirait pas. Dans de tels cas, il est nécessaire d'ajouter, entre parenthèses, par exemple, l'expression « colonie israélienne » ou des termes équivalents. Ainsi, des indications telles que « produit originaire du plateau du Golan (colonie israélienne) » ou « produit originaire de Cisjordanie (colonie israélienne) » pourraient être utilisées.

C'est dans ce contexte que, par deux requêtes des 24 et 25 janvier 2017, l'Organisation juive européenne et Vignoble Psagot ont, chacune, formé un recours devant le Conseil d'État (France) demandant l'annulation de l'avis ministériel précité, par ailleurs ouvertement blâmé par le Conseil représentatif des institutions juives de France (CRIF)[1].

Décision

361– Par son arrêt du 12 novembre 2019[2], la CJUE, réunie en grande chambre, répond très clairement à la question principale du Conseil d'État français. Elle considère en effet, rejoignant ainsi la Commission européenne, que la réglementation européenne applicable doit être interprétée en ce sens que les denrées alimentaires originaires d'un territoire occupé par l'État d'Israël doivent porter non seulement la mention de ce territoire, *mais également, dans le cas où de telles denrées alimentaires proviennent d'une localité ou d'un ensemble de localités constituant une colonie israélienne à l'intérieur dudit territoire, la mention de cette provenance*. Le raisonnement aboutissant à cette conclusion mérite d'être exposé, fût-ce de manière concise. La règle à suivre est que l'indication du pays d'origine ou du lieu de provenance d'une denrée alimentaire ne doit pas être trompeuse et doit être mentionnée si son absence est susceptible d'induire en erreur les consommateurs, en leur laissant croire que cette denrée alimentaire a un pays d'origine ou un lieu de provenance différent de la réalité.

---

[1] « La justice européenne valide l'étiquetage pour les produits issus des « colonies israéliennes », 12.11.2019 (www.le.monde.fr).

[2] *CJUE (Grande chambre), arrêt de la Cour du 12 novembre 2019, affaire C-363/18, Organisation juive européenne, Vignoble Psagot Ltd contre Ministre de l'Économie et des Finances* ; Fr. Dubuisson et G. Poissonnier, « Étiquetage des produits en provenance des colonies israéliennes : la Cour de justice confirme la légalité de la législation européenne et française », *Semaine Juridique*, Ed. G., n° 51, 2019, pp. 2309-2314 ; D. Alland, « Étiquetage des produits issus des colonies israéliennes : selon la Cour de Justice de l'Union européenne, 'l'Union contribue au strict respect du droit international, et notamment des principes de la Charte des Nations Unies' », *Revue générale de droit international public*, 2020, p. 122-127 ; G. Poissonnier, « Étiquetage des produits des colonies israéliennes : un petit pas vers le respect du droit international », 16 novembre 2019 (https://aurdip.org/l-etiquetage-specifique-des/).

362– La Cour a interprété les notions clés « d'État », de « territoire » et de « lieu de provenance » employées par le Règlement n° 1169/2011 précité. Cette dernière notion, importante en l'espèce, exige la mention « colonie israélienne » située dans un des « territoires occupés par l'État d'Israël », à condition que le terme « colonie » renvoie à un lieu géographiquement déterminé. L'information sur la « colonie israélienne » est en effet d'autant plus indispensable que son omission serait problématique. D'abord, pour éviter que les consommateurs ne soient induits en erreur quant au fait que l'État d'Israël est présent dans ces territoires en tant que puissance occupante et non pas en tant qu'entité souveraine, il apparaît nécessaire d'indiquer que lesdites denrées alimentaires ne sont pas originaires de cet État.

363– Ensuite, les colonies de peuplement installées dans certains des territoires occupés par l'État d'Israël se caractérisent par la circonstance qu'elles concrétisent une politique de transfert de population menée par cet État en dehors de son territoire, *en violation des règles du droit international humanitaire*. Or, omettre la mention « colonie israélienne » risque d'induire les consommateurs en erreur puisque seul le territoire d'origine serait alors indiqué. Il se trouve que le Règlement n° 1169/2011 déjà cité précise bien que l'information des consommateurs doit permettre à ces derniers de se décider en toute connaissance de cause et dans le respect non seulement de considérations sanitaires, économiques, écologiques ou sociales, *mais également de considérations d'ordre éthique ou ayant trait au respect du droit international.*

364– Sous l'angle qui nous occupe, plusieurs prises de position de la CJUE méritent attention[1]. D'abord, la Cour s'appuie sur les règles du droit international, humanitaire en l'occurrence, pour considérer que les territoires palestiniens (ou syriens, s'agissant du Golan) sont soumis à une juridiction limitée de l'État d'Israël, en tant que *puissance occupante*, tout en disposant chacun d'un statut international propre et distinct de celui de cet État. Elle insiste ainsi sur le statut juridique de l'occupation qui est celui, comme nous l'avons vu (*supra*, chapitre II), du territoire palestinien. Elle confirme que la Cisjordanie est un territoire dont le peuple, à savoir le

[1] D. Alland, *op.cit.* ; Fr. Dubuisson et G. Poissonnier, *loc. cit.* ; Ch. Beaucillon, « Le consommateur européen, nouvel auxiliaire de la politique juridique extérieure de l'UE ? À propos de l'affaire C-363/18, *Organisation juive européenne et vignoble PSAGOT LTD c. Ministère de l'Économie et des finances*, 12 novembre 2019 », *Annuaire français de droit international*, 2019, p. 377-385.

peuple palestinien, jouit du *droit à l'autodétermination*, citant l'avis consultatif maintes fois évoqué de la Cour internationale de justice du 9 juillet 2004. S'agissant du plateau du Golan, la même logique lui fait dire que celui-ci est un territoire syrien et non israélien.

365– Pour ce qui est des colonies de peuplement, leur illégalité n'est pas esquivée avec l'invocation de la 4e Convention de Genève (article 49, § 6), de l'avis consultatif de la CIJ sur le mur, des résolutions du Conseil de sécurité et des déclarations de l'UE elle-même, dont la Cour rappelle qu'elle « contribue au strict respect du droit international, et notamment des principes de la Charte des Nations unies » reprenant ainsi les termes du traité sur l'Union européenne. Autant de rappels bienvenus face aux tentations de certains États, y compris membres de l'Union, de fuir le droit et de privilégier les considérations exclusivement politiques. La Cour aurait pu spécifiquement s'appuyer sur la résolution 2334 (2016) du Conseil de sécurité qui, après voir réaffirmé l'absence de fondement légal de ces colonies de peuplement israéliennes, la violation flagrante qu'elles infligent au droit international et l'obstacle majeur qu'elles constituent à la réalisation de la solution des deux États et à l'instauration d'une paix globale, « demande à tous les États... de faire une distinction, dans leurs échanges en la matière, entre le territoire de l'État d'Israël et les territoires occupés depuis 1967 ».

Portée

366– Décriée comme « discriminatoire » par Israël[1], cette décision marque une avancée certaine notamment grâce à l'analyse de la CJUE, mais certains commentateurs en ont déploré l'efficacité toute relative[2]. Et ont fait valoir que, *primo*, l'obligation d'étiquetage spécifique ainsi clarifiée s'applique à une portion très faible des échanges israélo-européens. *Deuxio*, la traçabilité des produits des colonies est délibérément masquée par les autorités israéliennes ainsi que par les mélanges de produits opérés entre ceux de différentes zones (israéliennes et non israéliennes) rendant du coup tout contrôle inefficace. *Tertio*, la faiblesse du contrôle européen assombrit davantage encore ce tableau. Ainsi de la décision de la Direction générale de la concurrence, de la consommation

[1] « Israël dénonce la décision d'étiqueter les produits issus des colonies comme « discriminatoire », 13.11.2019 (www.lemonde.fr).

[2] É. Pichet et G. Poissonnier, « L'étiquetage spécifique des produits des colonies israéliennes de Cisjordanie validée par la CJUE », 25 mars 2020 (https://aurdip.org/l-etiquetage-specifique-des/).

et de la répression des fraudes française de suspendre ses contrôles des marchandises provenant des colonies après le renvoi préjudiciel du Conseil d'État à la CJUE.

367– Il faut signaler à ce sujet que la Commission européenne a fait récemment savoir qu'à partir du 16 mai 2023 les importateurs dans l'UE de produits originaires d'Israël (le territoire palestinien occupé est donc exclu) devront mentionner le nouveau code « Y864 » dans la déclaration d'importation. À défaut, ils ne pourront bénéficier des tarifs préférentiels et des quotas de l'Accord d'association UE-Israël. Une mesure qui est présentée comme devant faciliter ne serait-ce que le recueil de statistiques des exportations issues des colonies, mais qui, compte tenu de son caractère déclaratif, laisse entière la question du contrôle, les administrations douanières européennes étant déjà en difficulté[1].

368– Une note aux opérateurs, émise par l'administration française des douanes, récapitule le régime applicable aux exportations israéliennes vers l'UE. Elle rappelle que les marchandises produites dans les colonies de peuplement israéliennes, implantées sur les territoires sous administration israélienne depuis juin 1967, ne peuvent pas bénéficier du régime tarifaire préférentiel prévu par l'Accord d'association UE-Israël. En revanche, les marchandises fabriquées en dehors de ces territoires sont éligibles à cette même préférence, à condition que toutes les preuves de l'origine préférentielle délivrées ou établies en Israël indiquent obligatoirement le code postal et le nom de la ville, du village ou de la zone industrielle du lieu de l'opération conférant le caractère originaire à la marchandise. Il faut en effet savoir que la liste des lieux non éligibles à la préférence tarifaire figure sur le site de la Commission européenne. Elle confirme également que la nouvelle disposition tarifaire particulière (DTP) « Y864 » atteste que la marchandise ne provient pas d'une des localités situées dans les territoires occupés depuis juin 1967, et ne manque pas de rappeler qu'en l'utilisant, le déclarant s'engage à avoir vérifié la conformité des informations requises pour prétendre à un traitement préférentiel[2].

---

[1] « L'UE impose un code pour l'importation de produits issus des colonies israéliennes », 22.6.2023 (www.lemonde.fr).
[2] NAO, 13 juin 2023 (https://www.edouane.com/dgddi-nao-n23000176-accord-ue-israel-creation-dun-code-taric-dtp/).

Vers une interdiction ?

369– Toute cette réglementation suppose, on l'a dit, que les contrôles soient performants et dissuasifs, ce qui ne semble pas le cas jusqu'ici. Mais même respectée, elle ne constitue pas un véritable frein à la commercialisation des produits des colonies qui pourront quand même être écoulés avec l'étiquetage adéquat. Or, une telle activité économique favorise, ne serait-ce qu'indirectement, le maintien et peut-être l'expansion de ces colonies, par ailleurs déjà fortement soutenues par les pouvoirs publics israéliens, et *in fine* la poursuite de l'illégalité. Une autre considération milite pour aller plus loin, à savoir les conséquences à tirer de l'illégalité intrinsèque de ces colonies tant du point de vue du droit international humanitaire (4e Convention de Genève) que du droit international pénal (Statut de la CPI).

370– L'obligation de non-reconnaissance de cette illégalité, comme l'obligation de non-assistance à la poursuite de cette illégalité posent la question de savoir si, en effet, il ne faut pas aller plus loin. On se souvient qu'en 1980 le Conseil de sécurité avait demandé, « une fois de plus à tous les États de ne fournir à Israël aucune assistance qui serait utilisée spécifiquement pour les colonies de peuplement des territoires occupés »[1]. Des auteurs soutiennent que « les mesures de différenciation adoptées par l'UE se révèlent très minimales au regard des exigences du droit international, qui pencheraient bien davantage vers une interdiction pure et simple de l'importation des produits des colonies ». Et de préconiser l'interdiction de la participation d'entreprises privées à la continuation de la situation illégale liée à la colonisation du territoire palestinien[2].

371– Alors qu'elle importe bien davantage des colonies israéliennes que de Palestine (100 fois plus par colon que par Palestinien, semble-t-il) et qu'elle est le plus important partenaire commercial d'Israël, l'UE, divisée, paraît bien peu encline à fermer ses frontières aux exportations des colonies. Elle préfère financer l'Autorité palestinienne et, si nécessaire, faire profil bas devant la destruction par les forces israéliennes des constructions édifiées grâce à un financement européen[3]. Cela étant, le

---

[1] S/RES/471 (1980).

[2] Fr. Dubuisson et G. Poissonnier, « La politique de différenciation de l'Union Européenne à l'égard des produits originaires des colonies israéliennes : quels fondements en droit européen et international ? », *Revue belge de droit international*, 2018/1, p. 11-42.

[3] J. Auvret-Finck, *op. cit*, p. 202 et s.

Sénat irlandais a voté, en juillet 2018, une proposition de loi interdisant les importations de biens et services en provenance de colonies où qu'elles se trouvent dans le monde. Parmi ces dernières sont visées les colonies israéliennes implantées dans les territoires palestiniens, provoquant d'un côté la satisfaction des ONG et des responsables palestiniens, et, de l'autre, l'ire du gouvernement israélien[1].

372– La Société civile (plus d'une centaine d'ONG) a, quant à elle, lancé, le 20 février 2022, une initiative citoyenne européenne *(#StopSettlements*) dans le but d'« assurer la conformité de la politique commerciale commune avec les traités de l'Union européenne ainsi que le respect du droit international » et de solliciter une réglementation des transactions commerciales avec les entités de l'occupant établies ou exerçant leurs activités dans des territoires occupés, pour empêcher les produits qui en sont originaires d'entrer sur le marché de l'UE. Quoique formulée de façon générale, elle vise en premier lieu l'interdiction du commerce des produits issus des colonies israéliennes sur le marché européen. Cette initiative a vu le jour une première fois le 5 juillet 2019, mais la Commission européenne, y voyant une demande de sanctions (mesures restrictives), en a dans un premier temps refusé l'enregistrement ; décision toutefois annulée par le Tribunal de l'UE (arrêt du 12 mai 2021) estimant qu'il s'agissait bien d'une mesure commerciale relevant des attributions de la Commission. L'initiative a ensuite été enregistrée le 8 septembre 2021[2]. Mais pour espérer prospérer, elle doit émaner de citoyens de 7 États membres de l'UE et parvenir, au bout d'un an, à réunir 1 million de signataires avec un nombre minimal de soutiens dans au moins 7 pays membres. Or, au 24 février 2023, elle comptait 277.717 signatures.

373– Le Conseil des droits de l'homme (ONU) s'est également intéressé à l'impact des activités économiques des colonies. La mission internationale indépendante d'établissement des faits chargée par lui d'étudier les effets des colonies de peuplement israéliennes sur les droits civils, politiques, économiques, sociaux et culturels des Palestiniens dans le territoire palestinien occupé a fait plusieurs constats sur ce point. Son

---

[1] « Irlande : interdiction d'importer des colonies israéliennes », 11.07.2018 (www.lefigaro.fr) ; « Israël : l'Irlande interdit l'importation de produits et services en provenance des colonies », 16.07.2018 (www.amnesty.fr).

[2] Décision d'exécution (UE) 2021/1484 de la Commission, JOUE L 328/1, 16.9.2021.

rapport indique en particulier que « les entreprises ont, directement et indirectement, permis la construction et la croissance des colonies de peuplement, les ont facilitées et en ont profité » et qu'à cet égard plusieurs activités, identifiées, contribuaient à la violation des droits des Palestiniens[1]. Par la suite, le Conseil des droits de l'homme a adopté, le 24 mars 2016, la résolution 31/36 sur les colonies de peuplement israéliennes demandant que soit établie une base de données, actualisée chaque année, de toutes les entreprises impliquées dans certaines activités de ces colonies.

374– C'est ainsi qu'une telle base de données a vu le jour prenant en compte une dizaine d'activités, sans donc englober toutes les activités économiques liées aux colonies de peuplement, ni même d'autres activités économiques menées dans le territoire palestinien occupé susceptibles de poser problème au regard du respect des droits de l'homme. Elle ne recense que des « entreprises » à l'exclusion d'autres organismes, mais toutes les entreprises qu'elles soient situées en Israël, dans le territoire palestinien occupé ou à l'étranger. Si au départ, 321 d'entre elles ont pu être identifiées, 112 seulement, la plupart sises en Israël, ont finalement été retenues après recueil et échange d'informations. Avant de figurer dans cette base de données, chaque entreprise concernée est en effet approchée et informée, ce qui lui permet éventuellement de contester l'appréciation portée sur ses activités[2]. Reste l'interrogation sur l'efficacité réelle de ce procédé : ce *naming and shaming* est peut-être efficace pour les entreprises étrangères, à les supposer soucieuses de leur réputation, mais douteux pour les entreprises israéliennes, de loin les plus nombreuses et les plus impliquées dans ces activités.

§2/ La Cour européenne des droits de l'homme : l'affaire *Baldassi*. Boycott, désinvestissement, sanctions (BDS) et liberté d'expression

A/ BDS

375– La campagne internationale « Boycott, Désinvestissement et Sanctions » (BDS) a été lancée le 9 juillet 2005 par un appel émanant de

[1] Conseil des droits de l'homme, *Rapport de la mission internationale indépendante d'établissement des faits chargée d'étudier les effets des colonies de peuplement israéliennes sur les droits civils, politiques, économiques, sociaux et culturels des Palestiniens dans le territoire palestinien occupé, y compris Jérusalem-Est*, A/HRC/22/63, 7 février 2013, § 96.
[2] Voir les *Rapports du Haut-Commissaire des Nations Unies aux droits de l'homme*, A/HRC/43/71, 28 février 2020 ; et A/HRC/37/39, 1er février 2018.

plusieurs dizaines d'ONG palestiniennes, tout juste un an après l'avis consultatif de la Cour internationale de Justice déclarant illégal le mur israélien édifié dans le territoire palestinien occupé (*supra*, ce chapitre). Cette campagne appelait à de larges boycotts et à des initiatives de retrait d'investissements contre Israël inspirés de ceux appliqués à l'Afrique du Sud pour sa politique d'apartheid. L'objectif visé est de faire pression sur l'État hébreu pour que celui-ci se conforme enfin au droit international et plus particulièrement i) reconnaisse le droit du peuple palestinien à l'autodétermination, ii) mette fin à l'occupation et à la colonisation de toutes les terres arabes et démantèle le mur, iii) reconnaisse les droits fondamentaux des citoyens arabo-palestiniens d'Israël à une complète égalité, et iv) respecte les droits des réfugiés palestiniens à recouvrer leurs maisons et leurs biens comme le requiert la résolution 194 de l'Assemblée générale de l'ONU.

376– Trois types d'actions sont envisagés : a) le boycott pour inciter les consommateurs à ne pas acheter de produits israéliens ou obtenus dans les colonies ; b) Le désinvestissement qui passe par une décision des gouvernements, des institutions ou des entreprises de cesser d'investir ou de coopérer économiquement avec Israël ; c) les sanctions par la remise en cause des accords économiques avec Israël. En tout état de cause, ce mouvement entend viser la politique israélienne et ses partisans et non des personnes ou des groupes en raison de leur origine ou de leur religion, ni leurs entreprises ou leurs produits[1].

B/ La pénalisation en France

377– Dans le contexte de l'opération *Plomb durci* mené par Israël contre la bande de Gaza en 2009, quelques militants, notamment ceux du « collectif Palestine 68 », ont participé, les 26 septembre 2009 et 22 mai 2010, à une action, à l'intérieur d'un hypermarché Carrefour en France, pour appeler au boycott des produits israéliens. Ils exposèrent ainsi des produits présentés comme d'origine israélienne dans trois caddies placés à la vue des clients et distribuèrent des tracts. Ces personnes furent pour cela citées à comparaître par le procureur de la République de Colmar devant le tribunal correctionnel de Mulhouse ; et ce, entre autres, pour provocation à la discrimination économique, délit prévu par l'article 24, alinéa 8, de la

[1] C. Ayad, « Le boycott, une arme à double tranchant » in *Ce que la Palestine apporte au monde*, Institut du monde arabe et le Seuil, 2023, p. 187 et s. ; « Qu'est-ce que le mouvement BDS, à l'origine des appels au boycott d'Israël ? », 12.11.2015 (www.lemonde.fr).

loi du 29 juillet 1881. Il faut savoir que deux circulaires ont rapidement organisé ce type de poursuites. D'une part, la circulaire du 12 février 2010 (circulaire Michèle Alliot-Marie) qui entend généraliser la solution retenue par un jugement du tribunal correctionnel de Bordeaux condamnant une militante pour avoir appelé au boycott des produits israéliens dans un supermarché et la déclarant coupable de l'infraction de provocation à la discrimination fondée sur la nationalité ; d'autre part, la circulaire du 15 mai 2012 (celle Michel Mercier) qui précise le raisonnement juridique que les parquets doivent suivre pour les poursuites visant des auteurs d'appels de ce type.

378– Le tribunal correctionnel de Mulhouse prononça la relaxe (jugements du 15 décembre 2011), mais la Cour d'appel de Colmar prit le contrepied de cette décision (arrêts du 27 novembre 2013) considérant les militants poursuivis coupables du délit de provocation à la discrimination et les condamnant à une amende avec sursis et à diverses sommes pour préjudice moral et en remboursement des frais exposés par les parties civiles. Il faut noter qu'à la différence de l'hypermarché concerné, des associations se sont effectivement constituées partie civile (le Bureau National de Vigilance Contre l'Antisémitisme (BNVCA), la Ligue Internationale contre le Racisme et l'Antisémitisme (LICRA), l'Association Alliance France-Israël et l'association Avocat Sans Frontière (ASF).

379– La Cour de cassation (chambre criminelle) va, par deux arrêts du 20 octobre 2015, rejeter les pourvois des militants qui s'étaient vainement appuyés sur la violation des articles 7 et 10 de la Convention européenne des droits de l'homme. Elle jugea en particulier que la Cour d'appel avait justifié sa décision, dès lors que celle-ci avait considéré que les éléments constitutifs du délit de provocation à la discrimination étaient réunis, et que l'exercice de la liberté d'expression, garanti par l'article 10 de la Convention européenne des droits de l'homme, pouvait être, en application du second alinéa de ce texte, soumis à des restrictions ou sanctions constituant, comme en l'espèce, des mesures nécessaires, dans une société démocratique, à la défense de l'ordre et à la protection des droits d'autrui[1].

[1] R. Medard Inghilterra, « Provocation à la discrimination et appel au boycott de produits étrangers : la Cour de cassation tranche le débat », *La Revue des droits de l'homme*, n° 7, décembre 2015 ; J-C. Duhamel, « L'appel au boycott des produits israéliens ne relève pas de la liberté d'expression, mais constitue une provocation à la discrimination. Analyse critique d'une jurisprudence française », *Revue des droits et libertés fondamentaux*, 2016, chronique n° 09.

Commentaire du journal *le Monde* « ces arrêts de la Cour de cassation font de la France l'un des rares pays du monde, et la seule démocratie, où l'appel au boycott par un mouvement associatif ou citoyen pour critiquer la politique d'un État tiers est interdit. »[1] C'est dans ces circonstances que cette affaire a été portée devant la Cour européenne des droits de l'homme (CEDH).

C/ L'arrêt de la CEDH

380– Par son arrêt du 11 juin 2020[2], La CEDH (5e section) a jugé que la condamnation des requérants n'a pas reposé sur des motifs pertinents et suffisants, et que le juge français n'a ni correctement appliqué l'article 10 de la Convention européenne des droits de l'homme, ni ne s'est fondé sur une appréciation acceptable des faits. L'analyse de cette décision, que nous n'aborderons que sous l'angle de la liberté d'expression, fait apparaître que, pour la CEDH, « le boycott est avant tout une modalité d'expression d'opinions protestataires. L'appel au boycott, qui vise à communiquer ces opinions tout en appelant à des actions spécifiques qui leur sont liées, relève donc en principe de la protection de l'article 10 de la Convention. » En soi, il est donc licite, surtout que, comme l'enseigne la jurisprudence de la CEDH (arrêt *Perinçek*), le discours politique est, par nature, source de polémiques et est souvent virulent. Il est d'intérêt public, sauf s'il dégénère en un appel à la violence, à la haine ou à l'intolérance.

381– Or, la CEDH observe que tel qu'interprété et appliqué en l'espèce, le droit français interdit tout appel au boycott de produits à raison de leur origine géographique, quels que soient la teneur de cet appel, ses motifs et les circonstances dans lequel il s'inscrit. Comme le souligne la Cour, « l'appel à la discrimination relève de l'appel à l'intolérance, lequel, avec l'appel à la violence et l'appel à la haine, est l'une des limites à ne dépasser en aucun cas dans le cadre de l'exercice de la liberté d'expression. *Toutefois, inciter à traiter différemment ne revient pas nécessairement à*

---

[1] « Qu'est-ce que le mouvement BDS, à l'origine des appels au boycott d'Israël ? », 12.11.2015 (www.lemonde.fr).

[2] CEDH (5e section), *Affaire Baldassi et autres c. France* (Requêtes nos 15271/16 et 6 autres), Arrêt du 11 juin 2020 (www.coe.int) ; A. Quéré, « L'arrêt Baldassi de la CEDH : l'interdiction française d'appeler au boycott des produits israéliens viole la liberté d'expression », *Revue des droits et libertés fondamentaux*, 2020, chronique n° 58 ; E. Derieux, « CEDH : L'appel au boycott de produits israéliens relève de la liberté d'expression », 16/06/2020 (https://www.actu-juridique.fr/) ; G. Poissonnier, « Boycott des produits israéliens : ces éléments qui ont fait pencher la CEDH », 23/07/2020 (https://www.actu-juridique.fr/).

inciter à discriminer » (italiques ajoutés). Précisément, les militants poursuivis n'ont pas été condamnés pour avoir proféré des propos racistes ou antisémites ou pour avoir appelé à la haine ou à la violence, et pas davantage pour s'être montrés violents ou pour avoir causé des dégâts lors des événements en cause. Le dossier fait apparaître qu'il n'y eut ni violence, ni dégât, et d'ailleurs l'hypermarché touché ne s'est pas constitué partie civile.

382– Dans ces conditions, on comprend mieux que la Cour d'appel de Colmar n'a pas analysé les actes et propos poursuivis à la lumière des faits de l'espèce et a conclu de manière générale que l'appel au boycott constituait une provocation à la discrimination, au sens de l'article 24, alinéa 8, de la loi du 29 juillet 1881, et qu'il « ne saurait entrer dans le droit à la liberté d'expression ». Ainsi, le juge français n'a pas établi que la condamnation des requérants en raison de l'appel au boycott de produits en provenance d'Israël qu'ils ont lancé était nécessaire, dans une société démocratique, pour atteindre le but légitime poursuivi, à savoir la protection des droits d'autrui. Or, une telle caractérisation est exigée par l'article 10 de la Convention européenne des droits de l'homme qui garantit un niveau élevé de protection du droit à la liberté d'expression. Cela d'autant plus que les actions et les propos reprochés aux requérants concernaient un sujet d'intérêt général, et qu'ils relevaient de l'expression politique et militante. Cet article 10, § 2, qui permet sous condition, de limiter la liberté d'expression, ne laisse guère de place pour des restrictions à la liberté d'expression s'agissant de discours politiques ou de questions d'intérêt général.

D/ La mise en œuvre

383– La décision de la CEDH contredit donc celle des juridictions françaises et pose pour principe que l'appel au boycott est légal à moins qu'il ne s'accompagne d'un appel à l'intolérance, à la violence ou encore à la haine. Autant de limites à ne dépasser en aucun cas dans le cadre de l'exercice de la liberté d'expression, mais ces limites n'ont guère été franchies en l'espèce. De même, la CEDH distingue bien cette affaire de l'affaire *Willem c. France* (arrêt du 16 juillet 2009) où elle avait validé la condamnation pour provocation à la discrimination sur le fondement des articles 23 et 24 de la loi précitée du 29 juillet 1881. Dans cette dernière affaire, il s'agissait d'un maire qui avait annoncé sa décision de demander aux services municipaux de restauration de boycotter les produits israéliens, usant ainsi des pouvoirs attachés à sa qualité d'édile au mépris, selon la Cour, de la neutralité et du devoir de réserve qui étaient les siens. Qui plus est, il n'avait ni ouvert un débat au sein du Conseil municipal ni organisé un vote, de sorte qu'il ne pouvait prétendre avoir favorisé la libre discussion sur un sujet d'intérêt général.

384– Dans l'affaire *Baldassi,* insiste la Cour, ce sont de simples citoyens soucieux de lancer un débat sur un sujet d'intérêt général. La CEDH prend également soin de citer à l'appui l'analyse du rapporteur spécial de l'ONU sur la liberté de religion ou de conviction qui considère qu'« en droit international, le boycottage est considéré comme une forme légitime d'expression politique, et que les manifestations non violentes de soutien aux boycotts relèvent, de manière générale, de la liberté d'expression légitime qu'il convient de protéger. » Et cela tout en signalant que « les propos nourris de clichés et de stéréotypes antisémites, le rejet du droit d'Israël d'exister et l'incitation à la discrimination contre les Juifs en raison de leur religion doivent être condamnés. »

385– La surprise a été de constater que, suite à cet arrêt, le ministère de la justice français a émis une dépêche à l'allure quelque peu ambiguë qui semble vouloir malgré tout maintenir la pénalisation du boycott au prix d'un amoindrissement de la portée de cette décision de la CEDH. Seul et unique enseignement qui en est tiré : une exigence de motivation supplémentaire, après avoir considéré que « la Cour européenne n'a... pas invalidé la possibilité de poursuite des appels au boycott »[1]. Des analyses ont dès lors fait valoir que l'objectif poursuivi par cette démarche est de sauver le délit à tout prix, mais s'agissant uniquement des produits israéliens puisque la dépêche en cause ne porte que sur ces produits, et non sur le boycott de produits étrangers de manière générale. Elle semble même vouloir maintenir en vie les circulaires anciennes (circulaires précitées de 2010 et de 2012), en principe rendues obsolètes par l'arrêt *Baldassi*[2].

386– Par suite, la Ligue des Droits de l'Homme (LDH), la Fédération Internationale pour les Droits Humains (FIDH), et l'Association France

---

[1] *Dépêche relative à la répression des appels discriminatoires au boycott des produits israéliens*, DP/2020/0065/A4BIS, 20 octobre 2020.

[2] Fr. Dubuisson et G. Poissonnier, « Boycott des produits israéliens : la France persiste à y voir un délit en dépit de la décision de la CEDH », 12 novembre 2020 (https://www.actu-juridique.fr/).

Palestine Solidarité (AFPS), ont, le 13 avril 2021, saisi le Comité des ministres du Conseil de l'Europe, dont l'une des fonctions est d'assurer le suivi de l'exécution des arrêts de la CEDH, des dispositions prises par l'administration française pour exécuter l'arrêt *Baldassi*[1]. Mais il semblerait que, le 20 avril 2023, ce Comité des ministres ait clos sa surveillance, et ce, après avoir constaté que la condamnation a été annulée et l'affaire renvoyée devant la Cour d'appel de Paris. Il précise que des exigences de motivation des décisions ont été rappelées aux magistrats, lesquels ont appliqué à plusieurs reprises dans d'autres affaires, les principes de l'arrêt *Baldassi*. Enfin, la dépêche d'octobre 2020 en cause est mentionnée et présentée comme rappelant que les parquets sont invités à poursuivre les seuls faits (en les caractérisant *in concreto*) d'appels se présentant comme de véritables appels à la haine ou la discrimination et non pas de simples discours et actions politiques[2].

---

[1] « Appel au boycott des produits israéliens : la France doit appliquer l'arrêt de la CEDH », Communiqué commun de l'AFPS, la LDH et la FIDH, 15 avril 2021 ; Fr. Dubuisson et G. Poissonnier, « Appel au boycott des produits israéliens : l'affaire rebondit devant le Conseil de l'Europe », 2 mai 2021 (https://aurdip.org).

[2] Conseil de l'Europe, « France : renforcement de la liberté d'expression dans le cadre d'appels au boycott commercial », 20 avril 2023 (www.coe.int).

En guise de conclusion

Comment conclure sur un tel conflit si ancien et si complexe. Qui plus est, la récente confrontation militaire entre l'armée israélienne et le Hamas n'est toujours pas finie à l'heure de la rédaction de ces quelques lignes.

Récapitulons brièvement. On a vu que le droit des Palestiniens à une patrie est incontestable, tout comme celui des Israéliens. Le droit international reconnaît au peuple palestinien le droit à l'autodétermination sur le territoire formé par la Cisjordanie, y compris Jérusalem-Est, et la bande de Gaza, et cela, depuis des dizaines d'années. L'occupation du territoire palestinien depuis près de 57 ans empêche la réalisation de l'émancipation palestinienne et sa légalité est contestée, sa poursuite n'ayant plus aucune justification. Plaider les besoins de sécurité pour nier le droit à l'autodétermination ne peut convaincre, d'autant moins que l'insécurité alléguée vient directement ou indirectement, en totalité ou en partie, de l'absence d'accomplissement des aspirations légitimes des Palestiniens. Et le besoin de sécurité, dont l'appréciation soulève à elle seule une foule d'interrogations, peut-il éclipser un droit impératif reconnu par la communauté internationale ? Peut-il imposer la méconnaissance continue des droits légitimes de toute une population ? Imaginons la déstabilisation internationale qui résulterait de la volonté de certains États puissants qui se mettraient à brandir leurs besoins de sécurité pour élargir leur territoire au détriment de ceux de leurs voisins...

Il est à peine besoin d'ajouter que les colonies israéliennes en territoire palestinien sont dénuées de toute justification légale ; elles sont contraires au droit international et ont été condamnées un nombre incalculable de fois autant par des États s'exprimant à titre individuel que par des institutions internationales recueillant la position collective de nombreux États.

L'évocation périodique de projets d'annexion formelle du territoire palestinien, en plus de l'annexion rampante résultant de faits accomplis répétés et à peine masqués, alimente forcément les inquiétudes, pour ne rien dire de l'opposition ouverte du gouvernement israélien à la naissance d'un État palestinien et de l'incertitude grandissante autour du futur de la bande de Gaza.

Le refus de l'État d'Israël de l'applicabilité aux Palestiniens des conventions internationales portant sur le droit humanitaire ou les droits de l'homme n'a pas été admis par la communauté internationale. Et le comportement de ce pays en la matière a été analysé comme consistant en une série de violations continues et répétées de nombreuses prescriptions de ces conventions, là encore au préjudice de la population palestinienne. Le débat sur l'existence et les modalités d'un apartheid israélien témoigne de la gravité de cette situation et du sort quotidien subi par les Palestiniens.

La justice internationale est rarement saisie de ces questions, et ce, en raison du refus israélien de la voir s'emparer de questions que les Palestiniens souhaiteraient pourtant lui soumettre. Malgré cela, on assiste à une évolution et certaines juridictions internationales, parmi les plus prestigieuses, ont été conduites à aborder tel ou tel aspect de ce conflit. Mais même si la justice ne parle pas, les États demeurent toujours tenus au respect de leurs obligations internationales. Quoi qu'il en soit, les décisions rendues jusqu'ici confortent l'idée que le droit offre une lueur d'espoir pour la sortie de ce conflit. Quant aux procédures pénales individuelles, il reste à souhaiter que tous ceux, Israéliens ou Palestiniens, qui ont commis des crimes - et ce n'est malheureusement pas une hypothèse d'école - rendent des comptes et soient poursuivis, et le cas échéant, sanctionnés. Comme l'a fait remarquer le Haut-Commissaire aux droits de l'homme (ONU) « la justice est une condition préalable pour mettre fin aux cycles de violence et pour que les Palestiniens et les Israéliens puissent prendre des mesures significatives vers la paix. »

* * *

Après la première décision de la Cour internationale de Justice dans l'affaire du génocide portée par l'Afrique du Sud contre Israël, l'éditorial du *Monde* a choisi pour titre « Gaza : le nécessaire et inlassable rappel du droit. » Et il conclut par ces mots : « Entendre la justice internationale est un indispensable préalable. » La voix du droit permet en effet de voir le chemin susceptible de se préserver de toutes ces tragédies à répétition. Bien sûr, ce que dit le droit est une chose, l'appliquer, en tenir compte en est une autre. Et la distance entre les deux peut être hérissée de nombreux et redoutables obstacles. Une chose paraît sûre en tout cas, les rapports de droit sont préférables aux rapports de force. Et la gestion du conflit toujours et encore par le recours à la force aboutit invariablement à une impasse, même lorsque le rapport de forces est d'un déséquilibre et d'une asymétrie rarement vus.

Le respect du droit signifie sa stricte observation par soi-même, mais aussi par les autres. Il signifie aussi de tirer les conséquences de ses propres manquements comme de ceux des autres, spécialement lorsque les principes juridiques en cause reflètent les valeurs fondamentales de la communauté internationale. C'est précisément le cas avec le conflit israélo-palestinien dans lequel sont en jeu de tels principes (droit à l'autodétermination, règles fondamentales du droit international humanitaire, interdiction du génocide et des crimes contre l'humanité, interdiction de la discrimination raciale et de l'apartheid...) Il convient donc que les États se mobilisent pour en promouvoir le respect et la mise en conformité, y compris, lorsque cela est possible, pour prendre les mesures nécessaires (incitations ou sanctions) à cette mise en œuvre par les autres, qu'il s'agisse d'alliés ou d'adversaires. Cela suppose, on l'aura compris, de ne pas varier d'attitude selon l'auteur du manquement. Un enseignement que, malheureusement, les États de droit comme les autres perdent trop souvent de vue.

Lorsque l'asymétrie est si forte, comme dans le cas israélo-palestinien, il est impératif que la communauté internationale intervienne d'une façon ou d'une autre pour que justement justice soit rendue à chacun. L'incarnation la plus aboutie (ou la moins mal achevée) de la communauté internationale demeure le système des Nations Unies. Une des leçons de ce conflit est que les institutions internationales, et singulièrement l'ONU, ont vu leurs interventions engendrer des effets contrastés. Si le plan de partage de l'ONU de 1947 a abouti à la naissance de l'État d'Israël, la réalisation du droit à l'autodétermination des Palestiniens se fait, quant à elle, attendre. Dans l'intervalle, toutefois, la revendication palestinienne est inlassablement rappelée, le respect des droits de ce peuple régulièrement exigé et ses violations recensées par l'ONU. D'où d'ailleurs des relations exécrables de l'Organisation mondiale avec Israël qui, en dehors du Conseil de sécurité où il est quasi-systématiquement protégé par le veto des États-Unis, se défie et ne coopère que rarement avec les autres organes. Cela étant, il est illusoire de penser qu'une solution reposant sur le droit de chaque partie puisse voir le jour sans participation de l'ONU ou de la communauté internationale agissant sous une autre forme tant, encore une fois, un fossé abyssal sépare les deux parties du point de vue de leur puissance respective. Les laisser seuls dans un face à face, ou même avec un État médiateur fort, mais partisan, serait la garantie d'un énième échec.

Bibliographie

La bibliographie sur le conflit israélo-égyptienne est immense ; ne sont ici mentionnées que les principales références utilisées pour le présent ouvrage.

Ouvrages

Hervé Ascensio, Emmanuel Decaux et Alain Pellet (sous la direction de), *Droit international pénal*, Pedone, 2012.

Christophe Ayad et autres, *Ce que la Palestine apporte au monde*, Institut du monde arabe, le Seuil, 2023.

Xavier Baron, *Les Palestiniens. Genèse d'une nation*, Points, Histoire, 2000.

Abdelwahab Biad, *La Cour internationale de Justice et le droit international humanitaire. Une Lex specialis revisitée par le juge*, Bruylant, 2011.

Pierre Blanc et Jean-Paul Chagnollaud, *L'invention tragique du Moyen-Orient*, Autrement, 2017.

Pierre Blanc et Jean-Pierre Chagnollaud, *Israël face à Israël*, Autrement, 2018.

Pierre Blanc, Jean-Paul Chagnollaud et Sid-Ahmed Souiah, *Palestine, la dépossession d'un territoire*, L'Harmattan, 2007.

Michel Bole Richard, *Israël – Le nouvel apartheid*, Les Liens qui Libèrent, 2013.

Alhadji Bouba Nouhou, *Israël et l'Afrique*, Karthala, 2003.

Antonio Cassesse, *Violence et droit dans un monde divisé*, PUF, 1990.

Jean-Paul Chagnollaud, *Israël/Palestine* : *La défaite du vainqueur*, Sindbad/Actes Sud, 2017.

Jean-Pierre Cot, Mathias Forteau et Alain Pellet (sous la direction de), *La Charte des Nations Unies. Commentaire article par article*, Economica, 2005, vol. I et II.

James Crawford, *Les articles de la CDI sur la responsabilité de l'État : Introduction, texte et commentaires*, Pedone, 2003.

Sylvain Cypel, *Les Emmurés. La société israélienne dans l'impasse*, La Découverte, 2005.

Sylvain Cypel, *L'État d'Israël contre les Juifs*, La Découverte, 2020.

Patrick Daillier, Mathias Forteau et Alain Pellet, *Droit international public*, LGDJ, 2009.

Jean d'Aspremont et Jérôme de Hemptinne, *Droit international Humanitaire,* Pedone, 2012.

Éric David, *Principes de droit des conflits armés*, Bruylant, 2019.

Yoram Dinstein, *The International Law of Belligerent Occupation*, Cambridge University Press, Cambridge, 2009.

Charles Enderlin, *Par le feu et le sang. Le combat clandestin pour l'indépendance d'Israël, 1936-1948*, Hachette, Pluriel, 2009.

Charles Enderlin, *Le grand aveuglement. Israël et l'irrésistible ascension de l'islam radical*, Albin Michel, 2009.

Charles Enderlin, *Paix ou guerres. Les secrets des négociations israélo-arabes 1917-1997*, Stock, 1997.

J-P. Filiu, *Comment la Palestine fut perdue et pourquoi Israël n'a pas gagné*, le Seuil, 2024.

Thierry Garcia (sous la direction de), *La Palestine : d'un État non membre de l'ONU à un État souverain ?*, Pedone, 2016.

Alain Gresh, *Israël-Palestine. Vérités sur un conflit*, Arthème/Fayard, 2007.

Alain Gresh et Dominique Vidal, *Les 100 Clés du Proche-Orient*, Hachette, Pluriel, 2003.

Slim Laghmani, *L'ordre juridique international. Une théorie tiers-mondiste*, Nirvana, 2021.

Robert Kolb and Sylvain Vité, *Le droit de l'occupation militaire : perspectives historiques et enjeux juridiques actuels*, Bruylant, 2009.

Vaios Koutroulis, *Le début et la fin de l'application du droit de l'occupation*, Pedone, 2010.

Nadine Picaudou, *Les Palestiniens. Un siècle d'histoire*, Editions Complexes, 1997.

Eugene Rogan, *Histoire des Arabes*, Perrin (Tempus), 2013.

Charles Rousseau, *Droit international public*, tome II, Sirey, 1974.

Jean Salmon (sous la direction de), *Dictionnaire de droit international public*, Bruylant, 2001.
Elias Sanbar, *Dictionnaire amoureux de la Palestine*, Plon, 2010.
Michael Sfard, *Le Mur et la Porte*, Zulma essais, 2020.
Mohamed Shahabuddeen, *Precedent in the World Court*, Cambridge University Press, 2007.
Khalil Tafakji, *31° Nord, 35° Est*, La Découverte, 2020.
V. Tilley (ed.), *Occupation, Colonialism, Apartheid ? A re-assessment of Israel's practices in the occupied Palestinian territories under international law* (Version 1), 2009, University of Sussex.
Simon Valadou, *La Jordanie et la paix avec Israël*, L'Harmattan, 2012.

Articles

Rosemary Abi-Saab, « Conséquences juridiques de l'édification d'un mur dans le territoire palestinien occupé » : quelques réflexions préliminaires sur l'avis consultatif de la Cour internationale de Justice », *Revue Internationale de la Croix Rouge*, Septembre 2004, vol. 86, n° 855, p. 633-657.
Denis Alland, « Étiquetage des produits issus des colonies israéliennes : selon la Cour de Justice de l'Union européenne, 'l'Union contribue au strict respect du droit international, et notamment des principes de la Charte des Nations Unies' », *Revue générale de droit international public*, 2020, p. 122-127.
Valentina Azarova, *Israel's unlawfully prolonged occupation: consequences under an integrated legal framework*, 2 June 2017.
Michael Barnett, Nathan Brown, Marc Lynch, and Shibley Telhami, "Israel's One-State Reality. It's Time to Give Up on the Two-State Solution", April 14, 2023, *Foreign Affairs*, May/June 2023.
Claudie Barrat, « Le mur. Analyse d'une décision de la Cour internationale de justice », *Études rurales*, n° 173-174, 2005.
Charlotte Beaucillon, « Le consommateur européen, nouvel auxiliaire de la politique juridique extérieure de l'UE ? À propos de l'affaire C-363/18, Organisation juive européenne et vignoble PSAGOT LTD c. Ministère de l'Économie et des finances, 12 novembre 2019 », *Annuaire français de droit international*, 2019, p. 377-385.
Orna Ben-Naftali, Aeyal Gross et Keren Michaeli, « Illegal occupation: framing the Occupied Palestinian Territory », *Berkeley Journal of International Law*, vol. 23, 2005, p. 551-614.

Eyal Benvenisti, "Symposium on revisiting Israel's settlements the missing argument: the article that changed the course of history?", *American Journal of International Law*, 2017, vol. 111, p. 31-35.

Yehuda Z. Blum, « The Missing Reversioner: Reflections on the Status of Judea and Samaria", *Israel Law Review*, 1968, p. 279-301.

Alain Bockel, « L'autonomie palestinienne - la difficile mise en œuvre des accords d'Oslo-Washington », *Annuaire français de droit international*, 1994, p. 261-286.

Alain Bockel, « L'accord d'Hébron (17 janvier 1997) et la tentative de relance du processus de paix israélo-palestinien », *Annuaire français de droit international*, 1997, p. 184-198.

Alain Bockel, « Le retrait israélien de Gaza et ses conséquences sur le droit international », *Annuaire français de droit international*, 2005, p. 16-26.

Alain Bockel « Gaza : le processus de paix en question », *Annuaire français de droit international*, 2009, p. 173-187.

Laurence Boisson de Chazournes et Antonella Angelini, « Regards sur la mise en œuvre des décisions de la Cour internationale de Justice », *L'Observateur des Nations Unies*, 2016-1, p. 63-81.

Karin Calvo-Goller, « L'Accord du 13 septembre 1993 entre Israël et l'O.L.P. : le régime d'autonomie prévu par la Déclaration Israël/OLP », *Annuaire français de droit international*, 1993, p. 435-450.

François Dubuisson et Ghislain Poissonnier, « Étiquetage des produits en provenance des colonies israéliennes : la Cour de justice confirme la légalité de la législation européenne et française », *Semaine Juridique*, Ed. G., n° 51, 2019, pp. 2309-2314.

François Dubuisson et Ghislain Poissonnier, « La politique de différenciation de l'Union Européenne à l'égard des produits originaires des colonies israéliennes : quels fondements en droit européen et international ? » ; *Revue belge de droit international*, 2018/1, p. 11-42.

Jean-Christophe Duhamel, « L'appel au boycott des produits israéliens ne relève pas de la liberté d'expression, mais constitue une provocation à la discrimination. Analyse critique d'une jurisprudence française », *Revue des droits et libertés fondamentaux*, 2016, chronique n° 09.

Mathias Forteau, « La Palestine comme État au regard du statut de la Cour pénale internationale », *Revue belge de droit international*, 2012/1, p. 41-66.

Alain Gresh, « Palestine, de la colonisation à l'apartheid », *Le Monde diplomatique*, septembre 2022.

Alexandre Hermet, « Les sanctions américaines contre les membres du personnel de la Cour pénale internationale », *Annuaire français de droit international*, 2020, p. 473-488.

ICRC, *Occupation and Other Forms of Administration of Foreign Territory*, Expert meeting, Report prepared and edited by Tristan Ferraro Legal adviser, ICRC, 2012.

Ardi Imseis, "Negotiating the Illegal: On the United Nations and the Illegal Occupation of Palestine, 1967-2020", *European Journal of International Law*, vol. 31, 2020, p. 1055-1085.

Ardi Imseis, "Critical Reflections on the International Humanitarian Law aspects of the ICJ Wall Advisory Opinion", *American Journal of international Law*, 2005, p. 102-118.

Ardi Imseis, "On the Fourth Geneva Convention and the Occupied Palestinian Territory", *Harvard International Law Journal*, Volume 44, Number 1, Winter 2003, p. 65-138.

Sarah Jamal, « La compétence de la Cour pénale internationale en Palestine. À propos de la décision du 5 février 2021 », *Revue générale de droit international public*, 2021, p. 291-311.

Maurice Kamto et Brusil Miranda Metou, « Les avis consultatifs de la CIJ : entre *juris dictio* et pragmatisme politique », *L'Observateur des Nations Unies*, 2016-1, p. 133-169.

Amnon Kapeliouk, « Retour sur les raisons de l'échec de Camp David », *Le Monde diplomatique*, février 2022.

Vaios Koutroulis, « The application of international humanitarian law and international human rights law in situation of prolonged occupation: only a matter of time? », *International Review of the Red Cross*, Volume 94, n° 885, Spring 2012, p. 165-205.

Michaël Lyink, « Prolonged Occupation or Illegal Occupant? », *Blog of the European Journal of International Law*, May 16, 2018.

Peter Maurer, « Obstacles au droit international humanitaire : la politique israélienne d'occupation », *Revue internationale de la Croix-Rouge*, vol. 94, n° 888, hiver 2012, p. 323-331.

Robin Medard Inghilterra, « Provocation à la discrimination et appel au boycott de produits étrangers : la Cour de cassation tranche le débat », *La Revue des droits de l'homme*, n° 7, décembre 2015.

Theodor Meron, “The West Bank and international humanitarian law on the eve of the fiftieth anniversary of the Six-day war”, *American Journal of International Law*, 1990, vol. 84, p. 357-375.

Djamchid Momtaz, « Israel and the Fourth Geneva Convention: On the ICJ Advisory Opinion Concerning the Separation Barrier”, *Yearbook of International Humanitarian Law*, 2005, p. 344-355.

Ghislain Poissonnier et Éric David, « Les colonies israéliennes en Cisjordanie, un crime de guerre ? », *La Revue des droits de l'homme*, n° 16, 2019.

Antoine Quéré, « L'arrêt Baldassi de la CEDH : l'interdiction française d'appeler au boycott des produits israéliens viole la liberté d'expression », *Revue des droits et libertés fondamentaux*, 2020, chronique n° 58.

Raphaëlle Rivier, « Conséquences juridiques de l'édification d'un mur dans le territoire palestinien occupé, Cour internationale de Justice, avis consultatif du 9 juillet 2004 », *Annuaire français de droit international*, vol. 50, 2004 p. 292-336.

Adam Roberts “Occupation, Military, termination of”, *Max Planck Encyclopedia of Public International Law,* 2009.

Jean Salmon, « La proclamation de l'État palestinien », *Annuaire français de droit international*, 1988, p. 37-62.

Jean Salmon, « La qualité d'État de la Palestine », *Revue Belge de droit international*, 2012-I, p. 13-40.

Meir Shangar, « The Observance of International Law in the Administered Territories », *Israel Yearbook of Human Rights*, 1971, p. 262-277.

Yuval Shany, ‘Faraway, so close: the legal status of Gaza after Israel's disengagement’, *Yearbook of International Humanitarian Law*, Vol. 8, 2005, p. 369-383.

Rapports ONU et autres : (par ordre chronologique décroissant)

ONU, *Situation des droits humains dans les territoires palestiniens occupés depuis 1967, Rapport de la Rapporteuse spéciale sur la situation des droits de l'homme dans les territoires palestiniens occupés depuis 1967*, Francesca Albanese, A/78/545, 20 0ctobre 2023.

OMS, *Situation sanitaire dans le territoire palestinien occupé, y compris Jérusalem-Est, et dans le Golan syrien occupé*, Rapport du Directeur général, A76/15, 17 mai 2023.

Conseil des droits de l'homme, *Situation des droits de l'homme dans le Territoire palestinien occupé, y compris Jérusalem-Est, et obligation de garantir les principes de responsabilité et de justice,* Rapport du Haut-Commissaire des Nations Unies aux droits de l'homme, A/HRC/52/75, 13 février 2023.

ONU, *Les colonies de peuplement israéliennes dans le Territoire palestinien occupé, y compris Jérusalem-Est, et le Golan syrien occupé*, Rapport du Secrétaire général, A/77/493, 3 octobre 2022.

ONU, *Rapport de la Rapporteuse spéciale sur la situation des droits de l'homme dans les territoires palestiniens occupés depuis 1967*, A/77/356, 21 septembre 2022.

ONU, *Rapport de la Commission internationale indépendante chargée d'enquêter dans le Territoire palestinien occupé, y compris Jérusalem-Est, et en Israël*, A/77/328, 14 septembre 2022.

ONU, *Les coûts économiques de l'occupation israélienne pour le peuple palestinien : coût des restrictions supplémentaires imposées dans la zone C*, 2000-2020, A/77/295, 16 août 2022.

Conseil des droits de l'homme, *Rapport du Rapporteur spécial sur la situation des droits de l'homme dans les territoires palestiniens occupés depuis 1967*, A/HRC/49/87, 12 août 2022.

CNUCED, *Rapport sur l'assistance de la CNUCED au peuple palestinien : Évolution de l'économie du Territoire palestinien occupé*, TD/B/EX(72)/2, 8 août 2022.

ONU, *Répercussions économiques et sociales de l'occupation israélienne sur les conditions de vie du peuple palestinien dans le Territoire palestinien occupé, y compris Jérusalem-Est, et de la population arabe du Golan syrien occupé*, A/77/90–E/2022/66, 8 juin 2022.

Conseil des droits de l'homme, *Rapport de la Commission internationale indépendante chargée d'enquêter dans le Territoire palestinien occupé, y compris Jérusalem-Est, et en Israël*, A/HRC/50/21, 9 mai 2022.

Conseil des droits de l'homme, *Situation des droits de l'homme dans le Territoire palestinien occupé, y compris Jérusalem-Est, et obligation de garantir les principes de responsabilité et de justice,* Rapport du Haut-Commissaire des Nations Unies aux droits de l'homme, A/HRC/49/25, 23 février 2022.

ONU, *Situation des droits humains dans les territoires palestiniens occupés depuis 1967*, A/76/433, 22 octobre 2021.

CNUCED, *Rapport sur l'assistance de la CNUCED au peuple palestinien : Évolution de l'économie du Territoire palestinien occupé*, TD/B/EX(71)/2, 20 septembre 2021.

UN, *Israeli settlements in the Occupied Palestinian Territory, including East Jerusalem, and in the occupied Syrian Golan Israeli settlements in the Occupied Palestinian Territory, including East Jerusalem, and in the occupied Syrian Golan*, Report of the United Nations High Commissioner for Human Rights, A/HRC/46/65, 15 February 2021.

ONU, *Situation des droits de l'homme dans les territoires palestiniens occupés depuis 1967*, A/75/532, 22 octobre 2020.

ONU, *Pratiques israéliennes affectant les droits de l'homme du peuple palestinien dans le Territoire palestinien occupé, y compris Jérusalem-Est*, Rapport du Secrétaire général, A/75/336, 1er septembre 2020.

ONU, *Les coûts économiques de l'occupation israélienne pour le peuple palestinien : bouclage de la bande de Gaza et restrictions*, A/75/310, 13 août 2020.

ONU, *Situation des droits de l'homme dans les territoires palestiniens occupés depuis 1967*, A/74/507, 21 octobre 2019.

ONU, *Les coûts économiques de l'occupation israélienne pour le peuple palestinien : aspects fiscaux,* A/74/272, 2 août 2019.

Conseil des droits de l'homme, *Rapport de la Commission d'enquête internationale indépendante sur les manifestations dans le Territoire palestinien occupé*, A/HRC/40/74, 6 mars 2019.

ONU, *Les colonies de peuplement israéliennes dans le Territoire palestinien occupé, y compris Jérusalem-Est, et le Golan syrien occupé*, Rapport du Haut-Commissaire des Nations Unies aux droits de l'homme, A/HRC/40/42, 30 janvier 2019.

ONU, *Les coûts économiques de l'occupation israélienne pour le peuple palestinien*, A/73/201, 10 octobre 2018.

Conseil des droits de l'homme, *Rapport du Rapporteur spécial sur la situation des droits de l'homme dans les Territoires palestiniens occupés depuis 1967*, A/HRC/37/75, 14 juin 2018.

CNUCED, *Les coûts économiques de l'occupation israélienne pour le peuple palestinien et son droit fondamental au développement : aspects juridiques*, ONU, 2018.

ONU, Situation des droits de l'homme dans les territoires palestiniens occupés depuis 1967, A/72/556, 23 octobre 2017.

ONU, Situation des droits de l'homme dans les territoires palestiniens occupés depuis 1967, A/HRC/34/70, 13 avril 2017.

ONU, *Rapport du Comité pour l'exercice des droits inaliénables du peuple palestinien*, A/72/35, 2017.

ESCWA, *Israeli Practices towards the Palestinian People and the Question of Apartheid*, Economic and Social Commission for Western Asia, E/ESCWA/ECRI/2017/1, 2017.

ONU, *Situation des droits de l'homme dans les territoires palestiniens occupés depuis 1967*, A/71/554, 19 octobre 2016.

CNUCED, *Rapport sur l'assistance de la CNUCED au peuple palestinien : évolution de l'économie du Territoire palestinien occupé*, TD/B/63/3, 2016.

Rapport du Rapporteur spécial sur la situation des droits de l'homme dans les territoires palestiniens occupés depuis 1967, A/HRC/25/67, 13 janvier 2014.

Conseil des droits de l'homme, *Rapport de la mission internationale indépendante d'établissement des faits chargée d'étudier les effets des colonies de peuplement israéliennes sur les droits civils, politiques, économiques, sociaux et culturels des Palestiniens dans le territoire palestinien occupé, y compris Jérusalem-Est*, A/HRC/22/63, 7 février 2013.

ONU, *Situation des droits humains dans les territoires palestiniens occupés depuis 1967*, A/76/433, 22 octobre 2012.

ONU, *Rapport du Rapporteur spécial sur la situation des droits de l'homme dans les territoires palestiniens occupés depuis 1967*, A/HRC/16/72, 10 janvier 2011.

UN, *Report of the United Nations Fact Finding Mission on the Gaza Conflict*, A/HRC/12/48, 15 September 2009.

Conseil des droits de l'homme, *Rapport du Rapporteur spécial sur la situation des droits de l'homme dans les territoires palestiniens occupés depuis 1967*, A/HRC/4/17, 29 janvier 2007.

ONU, *Situation des droits de l'homme dans les territoires palestiniens occupés depuis 1967*, A/61/470, 27 septembre 2006.

Commission des droits de l'homme, *Rapport du Rapporteur spécial de la Commission des droits de l'homme sur la situation des droits de l'homme dans les territoires palestiniens occupés par Israël depuis 1967*, E/CN.4/2005/29, 7 décembre 2004.

ONU, *Origines et évolution du problème palestinien, 1917-1988*, Étude établie à l'intention et sous la direction du Comité pour l'exercice des droits inaliénables du peuple palestinien, 1990.

Jurisprudence

CERD, *Communication interétatique soumise par l'État de Palestine contre Israël : décision sur la compétence*, CERD/C/100/3, 4 et 5, 12 décembre 2019.

CERD, *Communication interétatique soumise par l'État de Palestine contre Israël : décision sur la recevabilité*, CERD/C/103/4, 30 avril 2021.

Cour de justice de l'Union européenne (quatrième chambre), arrêt du 25 février 2010, affaire C-386/08, *Firma Brita GmbH contre Hauptzollamt Hamburg-Hafen.*

Cour de justice de l'Union européenne (Grande chambre), arrêt du 12 novembre 2019, affaire C-363/18, Organisation juive européenne, *Vignoble Psagot Ltd contre Ministre de l'Économie et des Finances.*

Cour européenne des droits de l'homme*, (5e section), Affaire Baldassi et autres c. France* (Requêtes nos 15271/16 et 6 autres), Arrêt du 11 juin 2020.

Cour internationale de Justice, *Conséquences juridiques pour les États de la présence continue de l'Afrique du sud en Namibie (Sud-Ouest africain) nonobstant la résolution 276 (1970) du Conseil de sécurité, avis consultatif du 21 juin 1971.*

Cour internationale de Justice, *Sahara occidental, Avis consultatif du 16 octobre 1975.*

Cour internationale de Justice, *Certaines terres à phosphates à Nauru, arrêt du 26 juin 1992.*

Cour international de justice, *Affaire relative au Timor oriental*, *Arrêt du 30 juin 1995.*

Cour internationale de justice, *Licéité de la menace ou de l'emploi d'armes nucléaires, Avis consultatif du 8 juillet 1996.*

Cour internationale de Justice *Conséquences juridiques de l'édification d'un mur dans le territoire palestinien occupé, Avis consultatif du 9 juillet 2004.*

Cour internationale de Justice, *Effets juridiques de la séparation de l'archipel des Chagos de Maurice en 1965, Avis consultatif du 25 février 2019.*

Cour internationale de Justice, *Application de la Convention pour la prévention et la répression du crime de génocide dans la bande de Gaza (Afrique du sud c. Israël), Ordonnance du 26 janvier 2024.*

Cour pénale internationale, chambre I, *Situation dans l'État de Palestine, Décision relative à la demande présentée par l'Accusation en vertu de l'article 19-3 du Statut pour que la Cour se prononce sur sa compétence territoriale en Palestine*, N° : ICC-01/18, 5 février 2021.

Sites électroniques

www.amnesty.org (Amnesty international)
https://aurdip.org/ (Association des Universitaires pour le Respect du Droit International en Palestine)
www-btselem.org (ONG, B'Tselem)
www.coe.int (Conseil de l'Europe)
curia.europa.eu/ (Cour de justice de l'UE)
ecfr.eu/publication/ (European Council on Foreign Relations)
www.ejiltalk.org (European journal of international Law)
www.foreignaffairs.com (Foreign affairs)
www.icj-cij.org (Cour internationale de Justice)
www.icrc.org (Comité International de la Croix-Rouge)
www.lemonde.fr (Quotidien Le Monde)
www.liberation.fr (Quotidien Libération)
www.monde-diplomatique.fr (Mensuel d'informations et d'analyses)
www.ohchr.org (site du Haut-Commissariat de l'ONU aux droits de l'Homme)
orientxxi.info (site d'information)
news.un.org (site d'information de l'ONU)
www.un.org (site de l'ONU)
www.yesh-din.org (Site ONG israélienne)

Index

Les chiffres renvoient non aux pages mais aux numéros des paragraphes. En gras, les passages principaux.

Table des matières

Structures éditoriales du groupe L'Harmattan

L'Harmattan Italie
Via degli Artisti, 15
10124 Torino
harmattan.italia@gmail.com

L'Harmattan Hongrie
Kossuth l. u. 14-16.
1053 Budapest
harmattan@harmattan.hu

L'Harmattan Sénégal
10 VDN en face Mermoz
BP 45034 Dakar-Fann
senharmattan@gmail.com

L'Harmattan Cameroun
TSINGA/FECAFOOT
BP 11486 Yaoundé
inkoukam@gmail.com

L'Harmattan Burkina Faso
Achille Somé – tengnule@hotmail.fr

L'Harmattan Guinée
Almamya, rue KA 028 OKB Agency
BP 3470 Conakry
harmattanguinee@yahoo.fr

L'Harmattan RDC
185, avenue Nyangwe
Commune de Lingwala – Kinshasa
matangilamusadila@yahoo.fr

L'Harmattan Congo
219, avenue Nelson Mandela
BP 2874 Brazzaville
harmattan.congo@yahoo.fr

L'Harmattan Mali
ACI 2000 - Immeuble Mgr Jean Marie Cisse
Bureau 10
BP 145 Bamako-Mali
mali@harmattan.fr

L'Harmattan Togo
Djidjole – Lomé
Maison Amela
face EPP BATOME
ddamela@aol.com

L'Harmattan Côte d'Ivoire
Résidence Karl – Cité des Arts
Abidjan-Cocody
03 BP 1588 Abidjan
espace_harmattan.ci@hotmail.fr

Nos librairies en France

Librairie internationale
16, rue des Écoles
75005 Paris
librairie.internationale@harmattan.fr
01 40 46 79 11
www.librairieharmattan.com

Librairie des savoirs
21, rue des Écoles
75005 Paris
librairie.sh@harmattan.fr
01 46 34 13 71
www.librairieharmattansh.com

Librairie Le Lucernaire
53, rue Notre-Dame-des-Champs
75006 Paris
librairie@lucernaire.fr
01 42 22 67 13

www.ingramcontent.com/pod-product-compliance
Lightning Source LLC
LaVergne TN
LVHW011313061026
849535LV00005B/1533